ライフスキルの育成

学びを共有する大学授業

島田博司

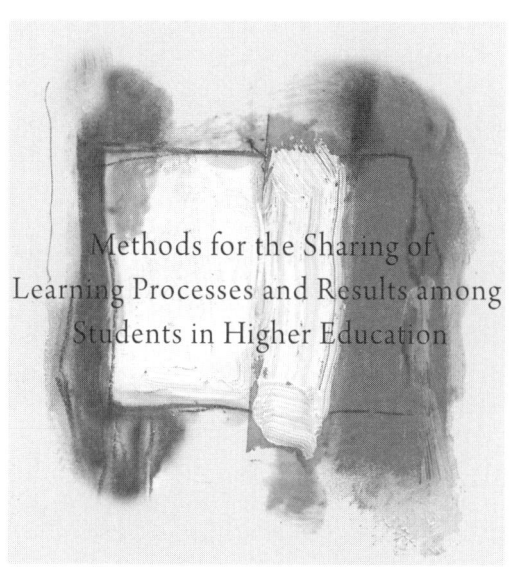

Methods for the Sharing of
Learning Processes and Results among
Students in Higher Education

玉川大学出版部

はじめに

　本稿の目的は、大きくわけて2つある。ひとつ目は、現代社会における大学授業実践研究にとって不可欠な理論モデルとして「SLGE モデル」を提示することである。2つ目は、そのモデルに依拠しながら情報化・消費化時代の現代社会を生きるのに必要な各種スキル（研究スキル、文章作成スキル、文章読解スキル、ライフスキルなど）に対して、大学の典型的な授業形式であるゼミと講義でなにができるかを模索するために、実践研究として「学びの共同体」づくりをベースにおいたプロジェクトを仕掛け、授業開発を目指した結果を提示することである。

　第Ⅰ部の「基礎理論」は、2つの章からなっている。第1章では、大学授業実践研究の動向をまとめている。大学授業研究の包括的なレビューは、まず山内乾史によってなされた[1]。山内は、M・トロウの高等教育発展段階説に依拠しながら、エリート型からマス型へ、さらにマス型からユニバーサル型への各移行期に日本の大学が激しい葛藤を3回経験したことを示し、そのなかで大学授業研究がどのように展開したかを明らかにした。3つの葛藤期とは、最初は日本の高等教育進学率が15%をこえるマス段階に入った1963年前後以降の「第一の葛藤」期、次は専修学校（専門課程）をも含めた高等教育進学率が50%をこえてユニバーサル段階に進んだ1985年前後以降の「第二の葛藤」期、それから専修学校（専門学校）を除く高等教育進学率が50%に近づき、あわせて大学設置基準が大綱化され、少子化が進行した90年代以降の「第三の葛藤」期、の3期である。これら3期のうち、大学授業研究の端緒は「第二の葛藤」期にあり、研究が本格化するようになったのは「第三の葛藤」期にあることを明らかにした。その後、杉谷祐美子は山内の詳細なレビューを受け、その後の展開を回顧し、「実践と研究の統合」の進展をまとめている[2]。これらを受け、本研究の位置づけを行っている。

　続く第2章では、大学授業実践研究の理論的支柱となる「SLGE モデル」を提案する。SLGE モデルは、大学授業研究の本格的な研究がはじまったな

はじめに

かで、先駆的先導的な役割を果たした教育社会学的研究の展開のなかで生まれた。

はじまりは、80年代後半から教育病理のひとつである私語に注目したことにある[3]。それまで教授＝学習過程の社会学として教師の視点から問題化されていた私語について、学生の視点も視野にいれて検討する臨床教育社会学的研究を展開していった。以後、90年代にはノートとりや座席とり、無語、避語といった学生の生態に注目していくなかで、学生の生態が大学授業においてどう問題化するのかについて明らかにしていった[4],[5],[6]。

それらの成果を受け、大学の量的拡大という高等教育制度の段階移行にともなう質的変化を示したトロウ・モデルをふまえながら、社会変動にともなう質的変化を「消費化」と「情報化」という2つのキーワードを通して示すSLGEモデルを構築し、1998年に提案した[7]。SLGEの由来は、それぞれ「Steal」（技などを盗む）、「Learn」（知識や技術などを学ぶ）、「Get & Enjoy」（情報をゲットし、エンジョイする）の頭文字にある。学生の学習スタイルの違いを示す表現である。SLGEモデルは、学生の量的拡大に、消費化と情報化の要因を加味したときに、現出する状況を示している。時代とともに、S型にL型が、さらにG&E型がつけ加わって、授業全体に変化が起きることを明らかにしている。このモデルは、大学授業現場でなにが起きているかを俯瞰するマップを提供し、広く大学授業研究における問題群を提示している。この点で、SLGEモデルは、大学授業研究において理論的な視点を提供し、実践研究を促す、他に類をみないものとなっている。

このモデルを提出する意図は、急速に進行しつつある授業の消費化と情報化がもたらすさまざまな現象や問題の理解を進めるための視点を提供し、授業の現状に対する教師の認識を高め、実効のある授業づくりを促進するためである。

続いて、第II部の「実践研究――情報化・消費化時代の大学授業づくり」では、G&E型への対応が求められる時代を迎え、どのような授業づくりをしていったらいいのか、筆者がSLGEモデルを提案した直後の1999年度から2008年度にかけての10年間に開発研究として継続的に行った実践研究の結果をまとめている。

開発研究として行ったすべてのプロジェクトに共通するのは、いつの時代

でもどんな社会変動があったとしても、コアとなるS型の世界をどう確保し、その上でL型やG&E型の世界を広げていくかというスタンスである。そのために、G&E型の時代に見失われがちなS型の世界を確保する方法として、一定期間（多くの場合、半年か1年）の学習成果を本にまとめ、参加者が共有しあうという「学習成果の共有化」による「学びの共同体づくり」を目指している。学びの共同体づくりでは、S型の世界をコアにおき、その場を確保するなかで、さまざまな目的に特化したプロジェクトが過去のプロジェクトの成果やそのときどきの学生の状況をふまえ、新たな展開をみせていく。大学教育の根幹部であるS型の世界を維持しながら新たな時代に対応し、大学授業の可能性を拓き続ける、おわりなき開かれた研究として、授業現場でのひとつの試みが新たな試みを生み、試行錯誤を重ねていく過程とその結果を明らかにしていく。

　このために、まず序章では、「実践研究の背景・ねらい・概略」を提示する。

　続く、23の章は、実践研究の実際である。まずA部門の6つの章では、S型の時代の代表的な授業スタイルである「ゼミ」を対象に実施した5つのプロジェクトの成果を検証している。そこでは、「知的好奇心の開花」と「情報編集能力の育成」に力点をおいている。

　ついでB部門の17の章では、L型の時代の典型的な教育方法である「講義」を対象に実施した17のプロジェクトの成果をまとめている。そこでは、「自分試し」と「自分さらし」をとっかかりとして、さまざまな要素をくみこんだ授業づくりの試みを明らかにしている。

　終章では、以上の実践研究の成果をまとめている。

目次

はじめに ……………………………………………………………………………… 3

第Ⅰ部　基礎理論 …………………………………………………………………… 13

第1章　大学授業研究の動向 ………………………………………………… 15
1. 大学授業研究のレビュー　*15*
2. 本研究の位置づけ　*18*

第2章　SLGE モデルの提案 ………………………………………………… 20
1. 大学授業現場の理論化　*20*
2. 新たな授業観を求めて　*23*
3. 教師と大学はなにができるか　*33*

第Ⅱ部　実践研究──情報化・消費化時代の大学授業づくり …… 37

序　章　実践研究の背景・ねらい・概略 ………………………………… 39
1. 研究の背景　*39*
2. 研究のねらい──「ライフスキルの育成」の場としての大学　*44*
3. 研究の概略　*45*

A 部門　ゼミ形式の授業における実践研究 ……………………………… 57

第1章　個人研究レポートづくりの誕生 ………………………………… 58
1. 「仕掛ける」授業づくりのはじまり──2つのキーワード　*58*
2. プロジェクト「個人研究レポート」のねらい　*59*
3. 「学習成果の共有化の試み」を問う　*62*
4. 本づくりの変遷　*65*

目次

第2章　個人研究レポートづくりの実際 …………………………… 70
1. プロジェクト開始時の参加者　70
2. 学生へのサポート　72
3. 学生の反応　78
4. 第Ⅰ期「離陸期」をふりかえって　80

第3章　個人研究レポートづくりの展開
　　　　——基部の変遷と主部の創設 …………………………… 82
1. 基部の変更点Ⅰ——参加者と参加形式の変更　82
2. 基部の変更点Ⅱ——「卒論発表ライブ集」と「ゼミ活動総括集」の試み　84
3. 主部の登場——研究論文の収録　85
4. プロジェクト続行上の壁　90
5. 新たな場の設定の必要　93

第4章　自分史エッセイづくりの誕生 ……………………………… 95
1. 学年の壁をとり払う——合同授業の実施とつまずき　95
2. エッセイづくりのきっかけ　96
3. 「自分史エッセイ」の試み　98
4. 言語化のもつ可能性と危険性　99
5. 講義形式の授業にも拡大——「情報公開と匿名性」の問題　100
6. 学生の反応　102
7. 「自分史エッセイ」の試みのその後
　　——講義形式の授業でプロジェクト化　103
8. 第Ⅱ期「転換期」に訪れた危機　103

第5章　ゼミの活性化 ……………………………………………… 106
1. ゼミ活性化の方法Ⅰ——「とりあえずやってみよう！」の声かけ　106
2. ゼミ活性化の方法Ⅱ——ゼミ間交流の産物　107
3. ゼミ活性化の方法Ⅲ——論文作成術ドリルの試み　112
4. ゼミ活性化の方法Ⅳ——「Question 100本ノック」と「MONDOW」の実施　115
5. ゼミ活性化の方法Ⅴ——学生発の企画　116

第6章　ゼミ文化の創造──「ゼミ本」という仕掛け 118
　1．表紙に隠された仕掛け──もうひとつの卒業アルバム化　118
　2．タイトルにこめたもの　118
　3．プロジェクト「個人研究レポート」の終了──新プロジェクトの始動　126

B部門　講義形式の授業における実践研究 129

第1章　自分史エッセイづくりの展開Ⅰ 130
　1．自分史エッセイ「14、17歳のころ」の試み　130
　2．エッセイづくりのプロセスで起きること　131
　3．自分史エッセイ「14、17歳のころ」をふりかえって　134

第2章　自分史エッセイづくりの展開Ⅱ 139
　1．プロジェクト「ケルン」のねらい　139
　2．自分史エッセイ「ケルン」の試み　141
　3．自分史エッセイ「ケルン」の実際　143
　4．学生の反応　145
　5．自分史エッセイ「ケルン」の試みをふりかえって　146
　6．学内の反応　150

第3章　自分史エッセイづくりの展開Ⅲ 153
　1．自分史エッセイ「運動会」の試み　153
　2．エッセイづくりをサポートする小道具
　　　──マニュアル「エッセイを書く際のポイント」の誕生　155
　3．自分史エッセイ「運動会」の実際　158
　4．自分史エッセイ「運動会」の試みをふりかえって　159

第4章　自分史エッセイづくりの展開Ⅳ 162
　1．大学になじむには　162
　2．自分史エッセイ「ケルンⅢ」の試み　164
　3．自分史エッセイ「ケルンⅢ」の試みをふりかえって　165
　4．学内の反応──【大学ガイド版】の発刊に　166

第5章　各プロジェクトに起きつつあった困難 …………… 168
1. 他者とかかわる授業づくりの必要　168
2. 3ゼミで起きた波乱　170
3. 直面する教育困難　171

第6章　幸せのレシピづくりⅠ …………………………… 173
1. 次なるプロジェクトの呼び水——ある本との出合い　173
2. 足慣らしの試み　173
3. 「幸せのレシピ」の試み　175
4. 「Love & Hate」の試み——「自己PR」から「自己紹介」へ　177
5. 「幸せのレシピ」の実際　181
6. 学生の反応　183
7. 「幸せのレシピ」の試みをふりかえって　186

第7章　幸せのレシピづくりⅡ ………………………… 188
1. 「幸せのレシピ2」の試み　188
2. 〈指令〉の実際——「季節のレシピ」と「交流のレシピ」　189
3. 「幸せのレシピ2」の試みをふりかえって　190

第8章　自縛呪文打破Ⅰ ………………………………… 192
1. 発想の転換の必要　192
2. 「まじないづくり」の試み　194
3. プチ言行録の実際　198
4. 学生の反応　201
5. 「まじないづくり」の試みをふりかえって　204

第9章　なぜなに探し …………………………………… 207
1. プロジェクト「自他問答」のねらい　207
2. 「なぜなに集づくり」の試み——2つの企画　209
3. なぜなに集の実際　210
4. 学生の反応　212
5. 「なぜなに集づくり」の試みをふりかえって　214

目次

第10章　自縛呪文打破 II ……………………………………… 216
1. 「まじないづくり」の試みが残した宿題　216
2. 「自縛返し」の試み　216
3. 自縛返し録の実際　218
4. 学生の反応　220
5. 「自縛返し」の試みをふりかえって　223

第11章　自縛呪文打破 III ……………………………………… 224
1. 「流転対話」の試み　224
2. 流転対話録の実際　226
3. 「流転対話」の試みをふりかえって　230

第12章　自縛呪文打破 IV ……………………………………… 232
1. 「自縛解き」の試み　232
2. 自縛解き録の実際　234
3. 学生の反応　238
4. 「自縛解き」の試みをふりかえって　242
5. 自縛呪文打破 II～IV をふりかえって　243

第13章　自戒づくり──「テキスト読書会」の誕生 ………… 245
1. 「自分さえよければ」の落とし穴　245
2. 「自戒づくり」の試み　248
3. 「テキスト読書会」の実施──ブックレビューの提出・朗読会・コメント交換会　250
4. 「テキスト読書会」の反応──学習過程の共有化　253
5. 自戒録の実際　258
6. 「自戒づくり」の試みをふりかえって──学生の反応とともに　260

第14章　傾聴力養成 ……………………………………………… 262
1. 「自戒づくり」の試みが残した宿題　262
2. 「聞き上手」の試み　262
3. ワークショップ「悩み相談会」の実施　266

目次

    4. ワークショップ「レポート作成のためのピアサポート」の実施　*268*
    5. 学生の反応　*269*
    6.「聞き上手」の試みをふりかえって　*272*

第15章　対話力養成　*275*

    1. コミュニケーション能力の必要　*275*
    2. 谷川俊太郎の「33の質問」の試み　*279*
    3.「7つの質問」の試み　*279*
    4.「7つの質問」の実際　*283*
    5. 学生の反応　*284*
    6.「7つの質問」の試みをふりかえって　*287*

第16章　利他力養成　*288*

    1.「利他指令」の試み　*288*
    2.「利他指令」、転じて「外開指令」となった経緯　*292*
    3.「利他指令」、転じて「外開指令」の試みをふりかえって　*293*

第17章　基礎力養成　*298*

    1.「負荷指令」の試み　*298*
    2. 負荷指令録の実際　*300*
    3. 学生の反応　*301*
    4. 負荷指令録づくりをふりかえって――3働（動）のススメ　*306*

終　章　実践研究のまとめ　*309*

    1. ゼミ形式の授業を対象としたプロジェクトの成果　*309*
    2. 講義形式の授業を対象としたプロジェクトの成果　*312*
    3. プロジェクトの総括　*320*

おわりに　*325*

注　*329*

   あとがき　*336*
   初出一覧　*337*

第Ⅰ部 基礎理論

第1章
大学授業研究の動向

　本章では、大学授業実践が研究として成立していく流れを俯瞰し、大学授業研究における本研究の位置づけを行いたい。

1. 大学授業研究のレビュー

　これまでの大学授業研究の包括的なレビューは、2つある。ひとつ目は、山内乾史が『現代大学教育論』(2004)[1]でまとめたもので、この本の「第3章　大学授業とは何か？―改善の系譜」でなされている。

　2つ目には、杉谷祐美子が杉谷祐美子編『大学の学び』(2011)[2]で試みたものがある。この本は、戦後の高等教育についての重要論文を集成し、解説を加えてわが国の高等教育研究のさらなる発展を試み、新しい研究視座の拡大を図るために企画された「リーディングス　日本の高等教育」シリーズ（全8巻）のうちの1冊である。杉谷は、「第4部　変わる大学の授業」の解説として、山内の詳細なレビューを受け、その後の展開を回顧し、「進む実践と研究の統合」という題でまとめている。

　以下では、これら2つのレビューに依拠しながら、大学授業研究の歴史的展開を追ってみよう。

1）大学授業研究のはじまり

　まず、授業研究の包括かつ詳細なレビューを行った山内は、トロウの高等教育発展段階説を用いながら、エリート型からマス型へ、さらにマス型からユニバーサル型への移行期に、大学はその理念や社会的機能、教育のあり方をめぐって、3つの激しい葛藤を経験するという。

「第一の葛藤」期は、日本の高等教育進学率が15％をこえるマス段階に入った1963年前後であり、ほどなく学園紛争を経験する。そこでは、マスプロ教育や教養制度、一般教育のあり方が問題となった。

「第二の葛藤」期は、専修学校（専門課程）をも含めた高等教育進学率が50％をこえてユニバーサル段階に進んだ1985年前後のことであり、いくつかの高等教育機関において大学教育実施上の問題が深刻化しはじめた。こうした背景を受け、70年代も末になると、ようやく大学教育実践、授業実践といった大学教授法や授業改善の研究がはじまった。

「第三の葛藤」期は、専修学校（専門学校）を除く高等教育進学率が50％に近づき、あわせて大学設置基準が大綱化され、少子化が進行した90年代のことであり、授業研究が本格化するようになった。

この分類によれば、大学授業研究の端緒は第二の葛藤期にある。実践研究としては、松本賢治の『大学と教育学』(1978)[3]と寺﨑昌男（代表）の『講座日本の学力　別巻一　大学教育』(1979)[4]の両書を嚆矢とする。その後、関西学院大学や和光大学などの大学単位の授業実践報告が相次ぐ[5],[6],[7]。

この時期、授業実践研究において重要な貢献が浅野誠によってなされている[8],[9],[10],[11]。浅野は、「大学教育実践研究は、大学のあるべき姿の原理的追求という方向と、実践事実からの追求という方向の二つの方向の統一によってなされるべきものと考えられるが、後者の方向が、これまであまりにも弱かった」とし、大学教育実践論の確立を求めている。

もうひとつの重要な動きとして、海外の大学授業研究の成果の翻訳が相次いだことがある。ロンドン大学・大学教授法研究部の『大学教授法入門』(1982)[12]にはじまり、玉川大学出版部を中心に相次いで出版された。

さらに、大学授業研究が学問として制度化される上で、重要なメルクマールとなる組織化が進んだ。それは、1978年の放送教育開発センターの設置と、1979年の一般教育学会の創設である。

また、いくつかの学問領域では、その学問を教育することを研究テーマにした学会の立ちあげも相次いだ。すでに、日本工業教育協会（1952年）や日本医学教育学会（1969年）があったが、歯科医学教育学会（1982年）、経済学教育研究会（1985年）などが設立された。「〇〇学教育法」といったテキストも発刊されるようになり、大学授業研究の制度化がいっそう進んだ。

2) 大学授業研究の本格化と本研究との関連

　その後、大学授業研究が本格化するのは、第三の葛藤期である。この時期の先駆となるのは、組織的な試みとして、広島大学教育研究センター（1972年）の高等教育研究叢書シリーズ（1990年〜）がある[13],[14],[15]。この動きは、大綱化以降、神戸大学大学教育研究センター（1992年）や北海道大学高等教育機能開発総合センター（1995年）などの設置により広範囲に進んでいく。とくに、1994年には大学授業研究を専門とする京都大学高等教育教授システム開発センターの誕生をみる。

　もうひとつ、第三の葛藤期の先駆となる動きが教育社会学でみられる。喜多村和之編『大学教育とは何か』（1988）[16]と片岡徳雄・喜多村和之編『大学授業の研究』（1989）[17]は、この分野の包括的、総合的、実証的な研究に位置づいている。筆者は、『大学授業の研究』のなかで、「授業中の私語」を担当し、私語問題を論じた[18]。教育社会学の流れをくむものとしては、ほかに武内清の学生の受講態度の研究がある[19]。

　その後、筆者は90年代に入り、ノートとりや座席とり、無語、避語などの学生の生態を明らかにする研究を展開していく[20],[21],[22]。これらの成果を受け、「消費化」と「情報化」という社会変化が大学授業に及ぼす影響を俯瞰する理論モデルとして「SLGEモデル」[23]を構築し、マス化し、ユニバーサル化した時代における大学授業のあり方を示した。

　筆者がこれらの研究を行った第三の葛藤期は、研究が爆発的に増えていく。1997年には、日本高等教育学会が創設され、大学授業研究がいっそう進むことになる。授業研究について詳細なレビューをした山内は、「大学授業改善研究の成果が予想をはるかに越えて多く、―中略―、現実には、等比級数的に増大していくこれらの研究すべてを検索するなどという作業は、時間的にも物理的にも不可能である」となげくほどである。

　ところで、第三の葛藤期に増大する実践研究は、心理学的研究や教育工学的研究の貢献が大きい。それらは、授業実践を観察して授業構造を明らかにするミクロな視点からの授業分析研究や、事例から授業デザインを工夫する開発型の研究である。

　授業分析研究は、先ほど紹介した京都大学高等教育教授システム開発セン

ターが発展させた。1996年度から「公開実験授業」とその授業検討会を行い、「授業実践・授業研究・相互研修」の3つの観点から研究をまとめている(24), (25), (26)。

開発型研究は、教授法や学習法に関するガイドブックの作成を進めている。この分野の貢献としては、教育方法の事例集をまとめた赤堀侃司編『ケースブック大学授業の技法』(1997)(27)がある。組織としての動きとしては、メディア教育開発研究センターの伊藤秀子・大塚雄作編『ガイドブック大学授業の改善』(1999)(28)や、名古屋大学高等教育研究センターの池田輝政らの『成長するティップス先生』(2001)(29)などがある。

この他には、第二の葛藤期から研究蓄積のあるものとして、双方向型、発信型、対話型、参画型など学生参加を促す研究がある。かつては講義形式の授業を前提にした研究であったものから、近年は学生のコミットを高めるための実践研究が増えている。先駆的なものとしては、教育学の立場から林義樹は、参加者の役割に注目し、参集型・参与型・参画型の「参加の三段階理論」を提示した(30)。

また、心理学の立場から溝上慎一は、学生の能動的学習参加について整理しながら、学生を能動的学習者に導く方途を模索した(31)。こうした研究の延長線上に、学習科学の知見などをとりこんだ「協同学習」や「協調学習」などの実践研究が積まれている(32), (33)。また、「アクティブ・ラーニング」の可能性を明らかにしたもの(34)や、ITを利用した双方向性授業の質向上を目指すもの(35)などがある。

理論化の視点からは、藤田哲也は授業実践をたんなる報告にとどまらせず、どう研究として位置づけるかについて示唆を与えている(36)。

以上、山内と杉谷のレビューに依拠しながら、大学授業研究の動向を概観した。

2. 本研究の位置づけ

本研究は、筆者も参加していた第三の葛藤期の先駆けとなった教育社会学的な研究の蓄積をベースにして、筆者が提案したSLGEモデルをもとに、第三の葛藤期に増大する実践研究のひとつとして、第三の葛藤期に求められ

る大学授業について開発型の実践研究を行っている。

　ところで、この期に増大する実践研究には、前節でも紹介したように心理学的研究や教育工学的研究の貢献が大きく、研究の中心はミクロな視点からの授業分析研究や事例から授業デザインを工夫する開発型の研究で、その多くは学生の参加やかかわりが重視されている。

　こうした研究と比べると、本研究のオリジナリティは、どこにあるのだろうか。それは、以下の5点に集約できる。

　ひとつ目は、情報化や消費化という社会変動をふまえ、今後目指すべき授業実践を支える包括的な理論モデルとしてSLGEモデルを提供することで授業開発の方向性を示したことにある。SLGEモデルは、マクロな視点から授業開発を促しており、ミクロな視点からなされる研究にバックボーンを提供している。

　2つ目は、学生の社会化を促すために、研究スキルや文章作成スキル、文章読解スキル、ライフスキルなどの各種スキルの育成を目指した点にある。育成のための時空間としては、時間的には「今、このとき」だけでなく「過去」や「未来」をもとりこみ、空間的にはキャンパスだけでなく世界をキャンパスにするという、より広い時空間での学習活動を促し、学生の態度変容や行動変容を促している。

　3つ目は、それを実現していくために、さまざまなプロジェクトを仕掛ける授業を実施した点にある。学生が学びたいという要求課題に応えるだけでなく、社会的に必要とされる必要課題にもとりくんでもらうための仕掛けを次々に用意し、それをプロジェクト化して提供している。

　4つ目は、すべてのプロジェクトに共通するスタンスとして、「学びの共同体」づくりを目指したことである。

　5つ目は、プロジェクトの対象として、現代の大学授業の2つの代表的な授業形式である、ゼミ形式と講義形式の授業をともにとりあげ、授業開発を目指したことにある。

　以上を換言すれば、SLGEモデルを理論的背景に、消費化社会や情報化社会の時代に求められる授業のあり方の一端を明らかにしようとしている。

第2章
SLGE モデルの提案

1. 大学授業現場の理論化

1) 今、大学授業で問われていること

　現代社会のキーワードに、「消費化」と「情報化」がある。これらのキーワードを通して大学授業現場をみると、いま起きている問題群を広くみわたすことができる。
　以下では、見田宗介の『現代社会の理論―情報化・消費社会の現在と未来』(1996)[(1)]に触発されながら、大学授業への消費化と情報化のインパクトをまとめてみたい。

①授業の消費化
　消費化というキーワードは、「授業の消費」と「生きるエネルギーの消尽(蕩尽)」という問題をあぶりだす。
　「授業の消費」とは、授業料の支払いによる授業の購買を意味する。大学教育を購入し消費するという点で、将来役立つかどうかという効用や有用性が問われる。授業評価をすると、学生にとって役立たない、使えない授業はたたかれる。「役立たない授業時間をどうすごそうが私の勝手(自由)」という論理を生む背景はここにある。効用や有用性の観点からすれば、ダブル・スクールが流行るのは当然だろう。そこでは、大学教育では得られない資格などが得られるからである。
　「生きるエネルギーの消尽(蕩尽)」とは、充実し燃焼し尽くすこと、激しい高揚、燃えつきることを意味する。ここでは、なんのために役立つかとい

った効用は関係ない。重要なのは、充足感や満足感が得られるかどうかである。授業でいえば、おもしろいか、興味がもてるか、ノレるか、ハマれるかが問題となる。

消費化という観点でみると、授業は以上の2点が重要なのである。

②授業の情報化

情報には、基本的には3種類ある。第1に認識情報（認知情報―知識としての情報）、第2に行動情報（指令情報―プログラムとしての情報）、第3に美としての情報（充足情報―歓びとしての情報）、の3つである。

1980年代半ばまでの大学大衆化の時代には、認識情報の個人的な獲得に教育の焦点が集まった。しかし、情報化の急速な進行は、認識情報の価値を下落させていく。たとえば、個人的な作業であった「ノートとり」は、共同作業的な「ノート編集」に変わる。ワープロやパソコンの普及にともない、「フロッピィ・ノート」「Eメール・ノート」も登場した。コミュニケーションのペーパーレス化、やりとりの通信化が進行した結果、授業にでることや、授業を聞くことが無駄と感じる感性が生まれてきた。学生は、行動をデザインし、コントロールし、プログラムする行動情報を求めている。

近年、授業の要素として新たに問われるようになったのが、美としての情報である。これは、情報量（ビット）として計ったり、伝達したりすることができないようなものである。授業でいえば、学生は授業にでること自体に歓びを求めつつある。自分の好きなことを自分なりに楽しんで学べる授業なのか。自分が選んだ授業で、自分は輝いているのか。

これは他者への配慮を忘れると、普段はマジメな学生をバカにして適当に授業をこなしておきながら、試験前になるとそれらの学生からノートを調達するような、だれかに要領をかますような授業の受け方を生む。だが、他者収奪的であることをやめるなら、各人がそれぞれの自由を尊重しながらもバラバラにならず、他者と共生し、学びを交歓する方向に向かう。

2) エデュテイメント化とデジタル化の波

授業の消費化と情報化は、どのように現場に押し寄せてきているのだろうか。消費化ではエデュテイメント化が、情報化ではデジタル化がそれを知る

手がかりとなる。

①エデュテイメント化

わかるもわからないも学生次第、わからないこともあとでわかるというような授業がなかなか許される状況ではなくなってきている。学生は、今わからなければ、すぐ授業を投げだしてしまう。わからない授業やつまらない授業が改善されなければ、自分たちなりに授業を楽しむモードに入ってしまう。私語や非聴取が多発し、教室がお茶の間のようになるのはその好例である。

最近、「エデュテイメント」という言葉をよく耳にするようになった。エデュテイメントは、アメリカで注目された授業概念である。これまでの教育のやり方では教育しきれない子どもが多く出現してきたため、エデュテイメントという発想がでてきた。

エデュテイメントとは、エデュケーションとエンターテイメントの合成語である。C・ブロードとN・ラムによれば、エデュテイメントのキー概念として、次の8つをあげている[2]。①学ぶことは楽しいことである、②学ぶことは創造的である、③学ぶことは自然なことである、④学ぶことは個人的なことである、⑤学ぶことは冒険である、⑥学ぶことは一生のものである、⑦われわれは経験を通して学ぶ、⑧学ぶことは「いっしょに試みる」ことである。簡単にいえば、「楽しみながら学び、学びながら楽しむ」ということである。「よく遊ぶこと、すなわちよく学ぶこと」といってもよい。

エデュテイメントとは、エデュケーションのエンターテイメント化を意味するわけではない。わかりやすい、おもしろい授業をすることは大切である。だが、それは学生に迎合し、学生をあおってまで、おもしろおかしい授業を提供し、学生に楽しんでもらうというのとは異なる。それでは、学生は自分で学び続ける歓びや感動を失ってしまう。

②デジタル化

近年、学生のメディア環境は大きく変化した。初等中等教育では、「情報化元年」と位置づけられる1985年以来、学校教育へパソコンの導入が進んでいる。学生たちにとって、パソコンはもはや身近な道具のひとつにすぎない。パソコン世代は、携帯電話、PHS、Eメールなどを自由に使いこなす。

かつてテレビ世代は、一方的に送られてくる情報の受容を強いられた。だが、パソコン世代は、自ら機器をオペレートし、眼前のサイバースペースに働きかける。視覚刺激や聴覚刺激の豊穣は、新たな身体を生み出した。BGMの身体化は、そのはしりであった。それは、音がないと寂しく感じる身体の登場であった。

変化の技術的背景は、情報のデジタル化である。情報のデジタル化の進行は、文字、図、絵、音などの情報処理過程を統合する。技術の進歩と社会の情報化は、マルチメディア化、ネットワーク化、パーソナル化、私化(プライバタイゼーション)をもたらす。対面的な関係が減少し、非対面的な関係が増えてくる。サイバースペースとのかかわりの増大である。

メディア環境の変化は、学習環境にも変化をもたらす。一番の問題は、学生がデジタル環境に適応しているのに対して、教師が遅れていることである。インターネットを介しての情報収集、Eメールのやりとりなどで、学生は「要領よく」学習を進めている。学習態度の変化に対する教師の理解の遅れが現場の教育的遅滞を生んでいることに、当の教師本人が気づいていない。

2. 新たな授業観を求めて

1) トロウ・モデル——大学の量的拡大にともなう質的変化

これまで大学の変化を語るとき、しばしば引用されたのが、M・トロウのモデルである[3]。それは、大学の量的拡大という高等教育制度の段階移行にともなう質的変化を示したものである。

①トロウ・モデルの要点

トロウは、高等教育制度の段階移行を、エリート型からマス型へ、さらにユニバーサル型への変化という図式で説明した。そこでは、該当年齢人口に占める大学在学率は、それぞれ15%まで、15%以上50%まで、50%以上と想定されている。それぞれの特徴を簡略化したものが表1である。

現在日本では、18歳人口の減少の影響と高学歴志向を背景に、大学・短大の進学率(過年度高卒者を含む)が上昇し続けている。平成21(2009)

表1 高等教育制度の段階移行にともなう変化

高等教育制度の段階	エリート型	マス型	ユニバーサル型
該当年齢人口に占める大学在学率	15%まで	15%以上50%まで	50%以上
大学の進学要件	制約的 (家柄や才能)	準制約的 (制度的な資格)	開放的 (個人の選択意思)
高等教育観	人間形成・社会化	知識・技能の伝達	新しい広い経験の提供
カリキュラム	高度に構造化 (剛構造的)	構造化+弾力化 (柔構造的)	段階的学習方式崩壊 (非構造的)
主要な教育方法	個人指導・チューター制・ゼミナール制	多人数講義+補助的ゼミ	情報機器などの活用
高等教育機関の特色	同質性	多様性	極度の多様性
社会と大学との境界	明確な区分 閉じられた大学	相対的に希薄化 開かれた大学	境界区分の消滅 大学と社会の一体化

年度学校基本調査によると、56.2%となっている。男女別では、男子が57.2%、女子が55.3%で、いずれも過去最高となっている。大学(学部)の進学率は50.2%で、はじめて50%をこえて過去最高となっている。他方、短大(本科)進学率は6.0%で、低下し続けている。女子の大学進学者は1996年度に短大進学者を上回り、女子の四大志向の傾向がますます強くなっている。また、高等教育機関(専修学校専門課程等を含む)への進学率(過年度高卒者を含む)は77.6%で、過去最高となっている。日本の高等教育は、すでにユニバーサル化の段階を迎えている。

②教育現場の混迷

　高等教育制度の段階移行にともない、学生は量的に拡大し、質的に変化する。そのため、それぞれの段階の教育に期待されるものも変化する。エリート型からマス型へ、さらにユニバーサル型へと移行するなか、教師は自己変革を迫られる。

　現実に学生は大衆化し、変わった。他方、教師は自分の方は変わる必要はないと考えがちで、変革を怠る。大衆化に応じる必要がないといわんばかりである。

しかし、1991年に実施された大学設置基準の大綱化以降、こうした意識も大きく変わりつつある。各大学で、大学評価、授業評価、FD（教授団の資質向上）などが次々と実施されていくなかで、授業の多くが学生のニーズに応じきれていないことがオープンになった。

だが、現場の教師のとまどいは大きい。自分の授業のどこをどうしていったらいいのか。大学の大衆化・ユニバーサル化という観点からだけでは、望ましい授業のあり方がなかなかみえてこない。情報化・消費社会の到来と、それへの対応の遅れが、現場の混迷を深めている。

2）　大学授業の改善に向けて

大学授業の改善に向けての提言は、これまで大衆化・ユニバーサル化の文脈で語られることが多かった。しかし、現代では消費化と情報化への対応が大きな課題となっている。そこで、授業様式に関する従来の議論を概観した上で、新たな授業モデルを提案したい。

①従来の授業様式観

授業様式に関する一般的な論点を把握しよう。このあたりの事情を知るには、佐藤学の著作[4]が役立つ。

P・ジャクソンは、授業概念を「模倣的様式」と「変容的様式」に分類した[5]。「模倣的様式」は知識の伝達と習得を、「変容的様式」は思考態度や探求方法の形成を目指している。前者は「できること」を、後者は「わかること」を追求している。これらの概念は、歴史的には「実質陶冶」と「形式陶冶」に対応している。教育の価値を、「実質陶冶」では教育内容の知識の学習に、「形式陶冶」は学習を通して形成する態度においている。

生涯学習時代や高度情報化社会の到来などの現代教育の文脈では、「模倣的様式」から「変容的様式」への移行が語られることが多い。しかし、事態はそれほど簡単ではない。

1980年代半ば以降、授業様式の問題はD・ショーンの提起した、「技術的実践」と「反省的実践」という2つの実践概念の登場によって新たな展開をみる[6]。「技術的実践」は、科学的技術の合理的適用、つまりどんな状況にも有効な科学的技術と原理を基礎とする。「反省的実践」は、経験によって

培った暗黙知を駆使して問題を省察し、状況と対話しつつ反省的思考を展開して、複雑な状況に生起する複合的な問題の解決にクライアントと連帯してとりくもうとする。ショーンは臨床心理などの事例研究から、現代の実践では「技術的実践」が破綻し、「反省的実践」が必要であることを示した。この考え方は教育界にも影響を及ぼした。

授業様式に関する議論は、古典的な議論に加え、現代の時代状況に呼応しながら、新たな見直しがなされている。なお、「反省的実践」を志向する授業については、稲垣忠彦と佐藤学の著書を参照されたい[7]。

②SLGE モデルの構築

授業様式に関する議論に、消費化と情報化の視点をもちこむとどうなるだろうか。本章では、学生の量的拡大と教育の質的変化に注目したトロウの視点を参考にしつつ、大学授業を消費化と情報化の進展にともなう新たな課題の出現という観点から、授業モデルを構築することにしたい。

著者が新たに提出するのは、「SLGE モデル」である（表2）。SLGE の由来は、それぞれ「Steal」（技などを盗む）、「Learn」（知識や技術など学ぶ）、「Get & Enjoy」（情報をゲットし、エンジョイする）の頭文字にある。学生の学習スタイルの違いを示す表現である。

表では、学生の量的拡大に、消費化と情報化の要因を加味して、授業スタイルの態様を示している。右にいけばいくほど、消費化と情報化の進展にともない、現出する状況を示している。

S 型は、少数のかぎられた学生を対象とするエリート型の高等教育である。学習スタイルのイメージは、「師弟関係」による修行モデルをベースにしており、主体的な学びが期待されている。

時代をへるにつれ、「教育を受ける機会の均等化と平等化」の流れのなか、学生数が増大し、高等教育が大衆化していく。高等教育の場にも、教育のマスプロ化という産業革命の「第二の波」[8]が到達するのにともない、S 型の教育システムだけでは多様な学生のニーズに十分に対応できなくなっていき、機能不全を起こしていく。そこでは、新たに L 型の欠かせない学生層が増大し、マス型の高等教育が出現する。「教師＝学生関係」のもと、テキストで学ぶことが一般化し、学びが受動化していく。

表2　SLGEモデル

[大学像]			
高等教育制度の段階	エリート型	マス型	ユニバーサル型
学生の質	同質	多様	極度に多様
教育の場	キャンパス	準キャンパス	脱キャンパス
			バーチャルキャンパス
	閉じられた大学	開かれた大学	大学のボーダーレス化
	オンキャンパス教育	通信教育	遠隔教育
			オンライン教育
大学への思いいれ	学舎・学窓・学園	学校	ネットワークの中心のひとつ
キャンパス像	教育の場	授業（講義・演習・実習・実験）の場	相互作用の場
			活用の場
			コミュニケーションの場
教育空間像	象牙の塔	教室	スペース（ラボ）
			バーチャルスペース
	学府	学校	世の中
コスト	高価		安価
	長時間		短時間
	非効率的		効率的

[学生のライフ感覚]			
学生の自他感覚	他者にも配慮	自己中心的	極度の自分中心
			自分の気持ち中心
友達関係	同志	仲間	ときだけ友達[注1]
	同門縁	学校縁	通縁・メディア縁
	社交	友好	同好
	共存共栄	競争と協同	共生
	運命共同体的	共同体的	共同体の希薄化
	集団的	集合的	集散的・島宇宙
	同じ釜の飯を食う	いっしょにする	オタク化
	苦楽をともに	みんな仲よく	個人的・孤立的
	絆・しきたり	つきあい・規則的	身軽・自由・演劇的
	慣習的・しがらみ		ゲーム的・遊戯的
	人格的・実質的		非人格的・形式的
消費感覚	教養的	生産的・将来的	消費的・娯楽的

[教育情報]			
情報の配置	集中型	分散型	ハイパー型
	一局集中化	分極化	多局化・個別化
情報の使用	セクト化	共有化	共用化

［大学像］

情報の様態	道・技・芸・腕・美・型・伝統・流・教え・極意・奥義 体系化	知識・技能・体系	情報・カタログ 断片的
情報の中味	教養知	学問知	生活知・反省知
情報の存在形式	個別テキスト オリジナル	教授用テキスト コピー	ハイパーテキスト リンク
情報のモード	口承的・書記的	活字的	電子的
情報のエトス	ローカルスタンダード	ネーションワイドスタンダード	グローバルスタンダード
情報の流れ	対話的・一方通行 対面的	一方通行的 疑似対面的	双方向的・応答的 非対面的
情報のタイムラグ	時間差大	教育的遅滞	リアルタイム
情報アクセス機会	閉鎖的	開放的	全開的
情報の公開度	門外不出	非公開	公開
情報アクセス度	没入的	関与的	オンオフフリー
情報サーチ法	記憶	索引	検索
情報選択の主体	教師	カリキュラム	学生

［学生の授業へのかかわり方］

学習スタイル	Steal（技などを盗む） 稽古を積む・倣う 覚る（悟る） 会得・体得 見よう見真似 修行・習道 刻苦精励 勉学・勉励 切磋琢磨	Learn（知識や技術などを学ぶ） 練習する 覚える（憶える） 暗記・暗唱 テキストどおり 学習 無味乾燥 お勉強・受験勉強 試験勉強	Get & Enjoy（情報を楽しくゲットする） ゲーム感覚でする 情報サーフィンする注2) プレイ 自分にあうやり方 ラクに楽しく学ぶ 忘我 研究 やりたいようにする
学習態度	生マジメ 涙ぐましい努力 ど根性 要領をつかむ	マジメ 地道な努力 根性 要領を教わる	非マジメ・脱マジメ 無心 軽やかなやり方 要領を発揮する 要領をかます
学習目標	人間形成 修養・悟り 救道的 名誉・栄誉・栄冠 自己鍛練（精進）・自己錬磨（修練）	知識や技能の獲得 学力 目標達成的 立身出世 勝利・成功	自己可能性の開花 生きがい 自己探求的・自己表現的 自己充足・自己満足 自分探し・自己発見・自己実現

第 2 章　SLGE モデルの提案

	自己否定		自己肯定・自己主張
[学生の授業へのかかわり方]			
授業への接し方	真実の探求（なにが真実か） 真実志向 聴く 見入る 耳を傾ける 全身を向ける 能動的・積極的 自己関与的 授業を聞く 距離がない	事実の探求（なにが事実か） 科学志向 聞く・受ける 見る・目をやる 耳を向ける 顔を向ける 受動的・消極的 関与的 授業にでる 距離をおかない	過去や将来の模索（なにに役立つか） タスク志向 聞き流す・こなす 眺める・目を貸す 耳を貸す 気の向くまま 恣意的・状況的 ノリ 教室にいく 距離をおく
聴取スタイル	専念聴取 専心聴取 単メディア聴取 集中聴取 一方的聴取 注意深い聴取 構造的聴取	ながら聴取 つまみ聴取 複数メディア聴取 並行聴取 周辺的聴取 散漫聴取 コピー的聴取 カモフラージュ的聴取 批評的聴取 聞き流し的聴取 交友的聴取 分析的批判的聴取	ながら非聴取 非聴取 マルチメディア聴取注3) 多重聴取注4) 娯楽消費的聴取
学生のおしゃべり 私語のスタイル	静粛 メモ私語	私語 口頭私語・会話私語	無語・喧噪・避語 ケータイ私語・メール私語
ノートの意味 ノートの様式 ノートのとり方 ノートとりの主体 ノートの所持感覚 ノートの貸し方 ノートの借り方	テキスト 自筆ノート ノートとり テキストづくり 自主的・自発的 自分 自分のノート 贈与的 ノート秘匿 非公開 ノート写し	ノート コピーノート ノートづくり 自分たち 仲間うちのノート 交換的 ノート貸し 部分公開 ノートコピー ノート借り 部分的な補完や補充	メモ 電子ノート ノート編集 要約・要点 他律的・他人任せ だれでもかまわない みんなのノート ノーティー的注5) ノート販売 全面公開 ノートハンティング ノート購入 ノート照会 全体的な内容確認

ノート借りの代償	それなりの代償　将来的投資	同等の代償　即時的代償	言葉だけの代償　実質的な代償無用
［学生の授業へのかかわり方］			
ノートの貸借関係	人格交流的	物々交換的	非人格的・搾取的・ポトラッチ的
ノートの貸借範囲	親しい友達　非匿名的相互貸借	普通の友達　準匿名的相互貸借	知りあい・無縁　匿名的流通
ノートの保管感覚	キープ	ファイル	使い捨て
授業の提出物		レポート	クリエーション（作品）
授業への出席	意志	義務	権利
［教師の授業へのかかわり方］			
教育スタイル	Training（訓練する）	Teaching（教える）	Scaffolding（足場づくりをする）　Care & Cure（ケアし癒す）
	模範を示す　背中をみせる	指示どおりにさせる　テキスト（教科書）で教える	サポートする　材料（素材）へのアクセスを用意する
	Education	Instruction	Edutainment　Infotainment
教育の方向性	教導・訓導・教化　感化・伝授	知識や技能の伝達　教授・教えこみ	サービス提供　情報提供・影響
教育目標	社会化　理論構想　理論構築　知は力なり	人材の選抜と配分　理論化　理論の応用　記憶は力なり	幅広い経験の提供　理論から実践へ　想像は力なり　創造は力なり
カリキュラム	剛構造的	柔構造的	非構造的・弾力的
教育方法	個人指導　板書	集団指導　プリント・OHP・コピーボード	個別指導　マルチメディア
	チューター制　ゼミナール制　個人作業	補助的ゼミ　マスプロ授業　個人別集団作業	マルチメディア利用　少人数授業　集団内個別作業
授業メソッド	秘伝的メソッド	ティーチングメソッド	多種多様なメソッド
	徒弟奉公的伝授	段階的教授	アクセス機会の開放
教師の指示の意味	絶対命令（〜せよ）	管理的指示・規則（〜することになってる）	サジェスチョン（〜してみたら）
	絶対的強制　指図・問答無用	規則による強制　説諭・説得	選択肢のひとつ　提案・提示・意見

[教師と学生の人間関係]

教師像	教授・師匠・師範	大学教師	友達教師（パートナー）
	名人・達人・一流・指南・大家・巨匠・体現者・学(識)者・先達・熟練者・熟達者・ゲートキーパー	専門家・指導者・コーチ・インストラクター	パフォーマー・デモンストレーター・プレゼンテーター・モデレーター（発言者）・ファシリテーター・アドバイザー・カウンセラー・コーディネーター・エディター・サポーター・コンサルタント・ガイド・ソーシャルワーカー
	示す教育者	専門教育者	学ぶ教育者
	固有性	専門性	タレント性
教師役割	全人格的・道徳的知性的	画一的・学問的教育的	流動的・場面的状況的・文脈的
	マスター	ティーチャー	ジレンママネージャー
学生像	拝聴者・聴講者	視聴者・受講者	観客・登録者
	学生・弟子	生徒・教え子	学生消費者・客人
		成績ホルダー	成績ショッパー
	後継者	受教育者	自己教育者・学習者
	意味の受諾者	意味の受容者	意味の享受者
			意味の創造者
情報の授受関係	体得者＝継承者	出力者＝入力者	サーバー＝クライアント
		作者＝読者	コンテンツプロバイダー＝ユーザー
	体現者＝伝承者	発信者＝受信者	発信者と受信者の融合
権威的関係	敬意	尊重	対等
	権威関係	権力関係	契約関係
	上下関係	ルーズな上下関係	ネットワーク関係
情緒的関係	一体感	信頼感	平等感
数量的関係	1対1	1対多	分対分注6)
			多様化・多極化
お互いの知名度	知名・有名	匿名化・無名化	匿名・無名
人間関係の継続性	生涯継続的	限定的	かなり限定的
教師とのつながり	紐帯	連帯・連係	割りきり関係
教師の選択	自己選択	割り当て	自由選択
	入門・弟子入り	入学・適格者選抜	希望者登録

[教師と学生の人間関係]			
教師からの離脱	束縛的 破門・絶縁	自由拘束的 卒業・退学	非拘束的 自由離脱
学生による教師評価	ない	ほとんどない	おおいにある
学生への対応	信頼・信用 受容的		危機管理的・不信 防衛的・防御的
[教育効果]			
学習評価方法	免許制度・段制度	試験制度 成績認定制度	資格制度・検定制度 単位認定制度
	恣意的	相対的	評価の標準化
教師の評価役割	識者	判定者	確認者
学習結果	免許・段位・年功	合格・進学・進級・ 成績・点数・順位・ ランク・偏差値	資格・証明
	学歴 学徳・学識 水準への到達	学校歴 学問 得点の獲得	学習歴 現場能力 基準のクリア
評価の要点	人格の完成度	将来の訓練可能性	現場での実践力
評価の視点	体得したか	わかったか	できるか
評価の意味	象徴的	実用的	形骸化
成績評価	人物保証	成績保証	成績インフレ
評価者の位置づけ	外在的・絶対的	相対的	内在的・極度に相対的 自分的・私的
評価の通知内容	単位取得の有無	成績	ポイント化

注） SLGE モデル構築にあたって、造語した用語について
1. ときだけ友達：特定の場で特定の目的を共有する友達関係(9)。
2. 情報サーフィンする：情報を次々と渡り歩くこと。
3. 単メディア聴取／複数メディア聴取／マルチメディア聴取：一時に聴取するメディア量に注目した聴取方法の分類。
4. 多重聴取：並行聴取は他の行動と並行して聞く聴取を指していたのに対し、多重聴取は他の「複数の」行動をしながら聞く聴取。
5. ノーティー：ノートを気軽に貸し、代償を求めない人を指す。
6. 分対分：ティームティーチングなどにおける教師と学生の数量的関係。

　さらに、高等教育の現場に、消費化と情報化という脱産業社会（脱工業化社会）の「第三の波」が押し寄せてくる。「万人が教育を受ける機会の保障」や「教育の効果の明示化と保証」が求められるようになる。ユニバーサル型の高等教育では、教育はサービス財として消費の対象となり、G&E型が幅を利かすようになっていく。「契約関係」のもと、学生は消費者として登場する。そこでは、情報をゲットし、エンジョイするのには熱心だが、学ぶ意義や学びの主体性を喪失した学生が増加する。

とはいえ、トロウ・モデルがそうだったように、このSLGEモデルもあくまでも理想モデルにすぎないので、具体的な個別の授業場面・教育場面に全面的に当てはまるわけではない。授業の消費化と情報化が進んだとしても、S型やL型の必要な場面がなくなるわけではない。S型からL型へ、さらにL型からG&E型へと時代とともに全面移行するというより、S型にL型が、さらにG&E型がつけ加わって、授業全体に変化が起きると理解していただきたい。

このモデルを提出する意図は、急速に進行しつつある授業の消費化・情報化がもたらすさまざまな現象や問題の理解を進めるための視点を提供し、授業の現状に対する教師の認識を高めるためである。このモデルの構築により、これまで教育の場で行われてきたさまざまな行為をひとつのモデルの下で概観することが可能となる。

たとえば、私語への対策ひとつをとっても、S型やL型の立場だけで対応を模索していてはうまくいかない。G&E型の立場からは、別の対処の可能性がみえてくる。FDや授業評価も、どの学習スタイルから行うかで、FDのあり方や授業評価の仕方が一変する。

消費化・情報化が急速に進行した結果、S型、L型、G&E型のそれぞれの教育観が現場で激突しあうようになった。情報化・消費社会の流れに遅れをとることなく、また流されてしまうことなく、どの局面でどんな教育が必要なのかを見極め、現実的に対応していくことが教師に求められている。

3. 教師と大学はなにができるか

SLGEモデルをみれば、新たな授業様式の展開が必要なのは明らかである。その際、教師にとってという以上に、学生にとってどうかという観点が重要である。別のいい方をすれば、「学生はこうすべきである」という以上に、学生の人となりを受容した上で「教師と大学はなにができるか」が問われている。

個々人が生きる意味を発見したり、生き方への洞察を見出したり、生きる歓びを実感できるようになったり、他者とのよりよい共生や交歓ができるような授業づくりが必要だろう。そうなれば、授業は教師にとっても魅力ある

場となる。学ぶ歓びと教える歓びのある場。だれもが生き生きとすることができ、ホッと息がつける場。そういう場所を〈居場所〉というのだろう。

　もちろん、学び教えあう場以外にも楽しい場はあるし、学び教えあうこと以外にも楽しいことはある。だが、学び教えあうほどの楽しみや歓びは少ない。とはいえ、それは遊びのように始終好きに楽しくできるということを意味してはいない。学ぶにしても、教えるにしても、しんどくて忍耐がいる場面は山ほどある。

　現在、学生は、その過程を省いて、要領をかましてまでおいしいとこどりしようとする傾向がある。だれしも、しんどいことは避け、好き勝手にラクに楽しくやりたいと思うのは人情だろう。深くは考えずに少々のことは気にせずにやっていけるなら、それでいいかもしれない。

　しかし、学生が省こうとするこの過程にこそ、歓びの秘密が隠されている。一見役立ちそうなことやモノの陳腐化は激しい。おいしいとこどりがもたらす歓びは刹那的である。困難なことをやり遂げたり、難しいことを学んでわかったりしたときの歓びは大きい。その過程自体苦しいだけでなく、歓びをもたらす。学生は、たとえこのことがわかっていてもわざとみすごそうとする。

　「自分の居場所はあるけれど、居心地は悪い」という学生は少なくない。別の場所に居心地のいい場所があるに違いないと夢想し、探しまわる。本来、学びや自己成長には、ある種の居心地の悪さはつきものである。現実を真正面から受けとめて生きるにはどうしたらいいのか。今さらマジメを説いても仕方がない。ただマジメなだけの、イイ子ぶりっ子はつまらない。かといって、その反動にすぎないワルイ子ぶりっ子も、同じ穴のムジナにすぎない。自由を履き違えると、不自由をもたらす。そうなると、居心地はますます悪くなりがちである。

　では、どうすればいいのだろうか。学生は、たんなるマジメや悪ブリをこえて、脱マジメを注意深くモノにすること。教師は、学生の将来に本当に役立つものを獲得するための足場かけをすること。あまりにも現実から遊離しないために、双方とも自己確認と他者確認を怠らないこと。これらのことが実現すれば、学びの場に立ち会う人たちに、果てしない楽しみや心の歓びをもたらすだろう。それが人生に深みができるということかもしれない。

居場所は与えられるものではなく、自分で、あるいは自分たちで築きあげていくものなのだから。どうやら、このあたりがこれからの授業づくりのポイントになりそうである。

第Ⅱ部　実践研究
──情報化・消費化時代の大学授業づくり

序　章
実践研究の背景・ねらい・概略

---

1. 研究の背景

1) 学歴信仰の終焉

　1990年代に入り、バブルが崩壊した。それまで、しあわせの条件と考えられていた「いい学校に入り、いい会社に入り、いい人と結婚する」という学歴信仰に一定の終止符が打たれた。立身出世主義が崩壊し、エリートのつまらなさ、ブランドのはかなさ、充実感のない人生が身に迫ってきた。
　どうしたらしあわせになれるのか、そのモデルがない時代の到来。自己選択・自己責任で自分がどうするかが問われる、つらくてリスキーな時代のはじまりである。
　そこで、「個性」が注目されるようになった。ここで問われる個性とは、「生まれたままの個性」（個体差・個人差）のことではない。さまざまなことにチャレンジした結果として「身についた個性」（技量差・度量差・器量差）のことである。自分で克ちとったもの、あるいは築きあげたものといってもいい。それによって、自信もつく。
　しかし、行く手に成功の保証はない。不安は募る。

「こんな時代に、自分らしく個性的に生きるにはどうしたらいいか」

　問いは真剣である。しかし、この問いに答えるのはなかなか難しい。容易に答えがでるものでもない。
　そこではじまったのが、「生まれたままの個性」が自分のなかに埋もれた

ままあるのではないかという、ある種安易な〈自分探し〉だった。それさえ発見できれば、自分はしあわせになれると考えた。

2) 学生の生態Ⅰ——ラクに楽しく要領よく生きたい

学生の生き方が気になっていた私は、あるときふと学生の口からこぼれ落ちたフレーズが耳に残った。

「ラクに楽しく要領よく生きたい」

この言葉は、「自分らしく個性的に生きたい」というときの現場バージョンをきれいに映しだしていた。「個性＝自分らしさ」を追求するという「しんどい」ステップはどこかに置き去りにされ、「ラクに」「楽しく」「要領よく」というすっかり脱力したものに変わっていた。

そのとき、私の頭のなかでなにかがパーンと弾け、いろいろな疑問の答えが一気に得られた。

ところで、この「ラクに楽しく要領よく生きたい」という生き方自体には、とくに問題はない。だれでも、できれば要領よく生きたいだろうし、それが生物一般の本質だろう。

では、この生き方が問題を生むようになるのは、どんなときだろうか。それは、それぞれが他者のことを考えずに、ただただ自分の思いどおりにラクに楽しく生きられればよいと考え、行動するときである。

本来、自分がラクに楽しく生きようとするとき、自分だけがそうしようとしてもうまくいかない。人は、人と人との間に生きている。人は、自分ひとりだけで生きているわけではない。

だから、他者とのやりとりのなかで、双方になんらかのメリットがない場合、問題が発生する。その状態が続けば、問題は深刻化する。

①私　語

私語は、その好例である。学校現場では、かつて私語はなんの疑いもなくタブーだった。しかし、1980年代後半に入ると、学生側に授業に関連する話は私語でないという意識や、人に迷惑をかけないように短く話したり、小

声でしたりすることは私語にはあたらないという意識が急速に広がり、少なくとも学生の間では教室で私語が許容される雰囲気になってきた。

　ましてつまらない授業なら、その時間をラクに楽しく要領よく使ってもいいじゃないかという意識が行動にも表れ、それが私語となって姿を現すようになった。

　そのとき、とりあえず私語する2人の思惑が一致すれば問題はない。しかし、片方にその気がなければ、お互いの人間関係にヒビが発生する。一見、学生は私語しながら、いい人間関係？ができているようにみえる。ところが実際は、話しかけられたから仕方なくつきあっている場合も少なくない。マジメなヤツ、つきあいの悪いヤツ、友達づきあいをしないヤツと思われると、あとが面倒でもある。

　ところで、授業には、他の受講生や教師も存在する。周囲の思いは、マチマチである。当然、私語をよしとする人ばかりではない。ここで、教師が注意を与えて私語が収まるなら話は簡単である。しかし、注意を与えてもしばらく静かになるだけで、また私語がはじまる。学生同士でも下手に相手を注意しようものなら、マジメなヤツとか思われ浮いてしまう。止め役もいなくなった教室では、私語が収まらず、学びの空気が失われていく。

　さらに深刻なのは、私語しない（できない？）学生である。静かな学生は、私語できる人間関係すらできていない可能性が高い。かつて授業中には私語しない人間関係が普通だった。しかし、今や私語できない学生は、孤立を深めている可能性が高い。隣の席はいつも空席か、見知らぬ人しかいない。そんな学生のなかには、キャンパス・ライフをひとりで生きていくと決心している者すらいる。

　②*ノート狩り*

　ところで、こうしたかかわり方の修羅場が年に何度か訪れる。それは学期末で、人間関係に嵐が起きる。

　試験前には、試験のための「ノート争奪戦」が活発になる。私語してノートもとってない学生たちは、盛んに、しかも気楽にノートハンティングをする。それは集団化し、成果をわけあうのも日常化する。私語では個人的な要領が問われるが、ノート狩りでは集団的な要領が問われる。

その際、まじめにノートをとっている静かな学生や、ノート貸しを断りきれない気の弱そうな学生がいいターゲットとなる。一種のカツアゲ状態である。それを隠すかのように、一見親しい仲間がやりとりしているような笑顔でノートがやりとりされる。貸さないと、ケチとか心の狭いヤツと思われる恐れがある。それがイヤで、貸す学生もいる。普段のマジメの罪滅ぼしであるかのように貸す学生もいる。あれこれ思案するのが面倒くさくて、なにも考えず、頼まれれば条件反射のように貸す学生もいる。そして、やりとりされたノートは気軽にコピーされ、出所不明の形で世に出回っていく。

3) 学生の生態 II ── 社会性の乏しさ

①ときだけ友達

総じて、学生たちはその場の緊張感を高めるようなことはしたくない。このため、人間関係の危機管理として、「大学の友達とは、大学にいるときだけの友達」という割りきり方をして、クールダウンしたつきあい方をする。話題や行動パターンは、限定つきである。

キャンパスには、ある時空間だけを共有し、それ以外のときは人間関係をオフにする「ときだけ友達」であふれかえる。そこには、先がどうなるか読めなくなるような場の豊饒性（豊かさ）はない。同じ時空間にいながら、同じ時空間をともにしているというより、狭い意味空間を共有し、なにがどうなるかわからなくなるようなことは忌避される。そうなりそうなとき、限定つきのかかわり方や、「かかわらない」というかかわり方をする。人間関係を切っていく。

②〈自分探し〉の悪循環

他者からの踏みいれや踏みこみ、誘いなどを拒否し、他者を自分のテリトリーから追いだす。他者を受けいれる空間をだんだん小さくし、自分を守る殻をかたくする。

自他をわけ隔て、お互いの距離をおき、コミュニケーションが途絶えるにつれ、他者がだんだんみえなくなる。人間関係が定かでなくなるにつれ、〈他者なくし〉を誘発する。それと同時に、自分の存在が不確かになってくる。いきおい「透明な自分」「存在感のなさ」が身に迫ってくる。自分もだ

んだんみえなくなり、〈自分なくし〉にはまっていく。

　個性的に生きるには、他者とのぶつかりあいが不可避である。だが、それはしんどい。しんどいから他者との関係を回避し、ひたすら自分の内側に関心を集中させる。けれども、他者にさらされていない自分に自信を抱くことはできない。そうなると、他者とのふれあいをますます忌避し、それが視線をさらに内向化させる。

　この状態をなんとかしたいという気持ちは、表面上は人を傷つけたくないといいながら、本心は自分が傷つきたくないという思いで、他者と向きあおうとしない、内向きの〈自分探し〉の隘路に導く。そこでは、他者とぶつかりあい、競いあうことはない。〈自分試し〉や〈自分さらし〉をすることはない。「他者という回路」をへない〈自分探し〉の結果、〈他者なくし〉〈自分なくし〉の悪循環に陥っていく。「自分という回路」しかない。その行き着く先は、〈他者閉ざし〉〈自分閉ざし〉による孤立と孤独である。

　でてくる言葉は、せいぜい「こんな自分にだれがした」といった、他罰的な憎まれ口。「私は傷ついた。なんとかして」といった、イヤで自分から遠ざけた他者への期待ばかり。早晩、「かわいそうな私」といった悲劇の主人公になる。そういう学生は社会性に乏しく、「どんなに否定されても私は自分自身の味方」という姿勢を崩さない。一見ポジティブだが、他者とかかわることのない状態を温存している。

4）　学生の生態 III ── 自尊感情の低さ

　いくつかの国際的な統計調査から、日本の子どもや若者の自尊感情の低さが指摘されている。

　小学生対象の意識調査ではベネッセのもの[1],[2],[3],[4],[5],[6]が、中学生・高校生対象の意識調査では日本青少年研究所のものが代表的である[7]。

　もちろん、これらの結果を読むとき、日本文化のもつ謙遜の美徳や、日本の若者や子どもの内省力の高さが反映していることには十分な目配りが必要ではある。

　とはいえ、自己評価を控えめにしがちな日本人の「謙譲の美徳」を差し引いても、日本の若年層の自己に対する自信のなさ、評価の低さは突出している。

キャンパスのなかをふりかえってみても、授業でのやりとりのなかで、「先生、ムリー」「できない」というネガティブなリアクションが非常に多い。かつて「無語・避語」と私が名づけた学生たちの応答拒否現象も、自信のなさ、自尊感情の低さゆえの他者回避である。

また、どこの大学でも心ある先生なら、拒食・過食やリストカットなどの形跡がある学生の増加に気づいている。依存症に陥っている学生もいる。学生自身、こうした学生に驚くよりも、共感を覚えることが少なくない。

傷つくことがカジュアル化し、抽象化している。それとともに、どこにどんな問題があったのかがわからなくなってきている。

再度、傷つくことの具体的で、現実的な意味をみつめ直す必要がある。傷つくことからの逃避や傷つくことへの逃避といった、消極的な地点にとどまるのではなく、傷つくことからの脱却や超越といった、積極的な意味はないのだろうか。本当は、もっともっときちんと傷つく必要があるのではないか。「良薬は口に苦し」のたとえがあるように、「傷」を介して生き生きと生きる方途はないのだろうか。

2. 研究のねらい──「ライフスキルの育成」の場としての大学

本当に個性を磨いて、個性を自分のモノとして自信をつけながら生きている人は、傷つくリスクを負う心配なんかせず、躊躇しないで行動する。

他方、内向きの〈自分探し〉の隘路にはまる人は、失敗するリスクを負わない生き方、傷つけ傷つくリスクを負わない生き方を選択する。その結果、悪循環が悪循環を呼んでいる。個性や自信は育たず、自尊感情はますます低くなる。

この悪循環を絶ちきるには、どうしたらいいか。逆に、好循環が好循環を生むようにするには、どうしたらいいか。

私が教師として学生のためにできることはなにかを考えたとき、でてきた答えは、授業で「きっかけ」を与えることだった。たぶん、それしかできない。

そこでは、新たに「社会性の育成」の場としての重要性が高まっている。ただし、その社会性とは、「みんないっしょに仲よく」という「協調性」と

は別物である。場合によっては、自分がけなされることもあり得るような、多様な他者との関係のなかでも、他者を恐れず、うまくやっていくために必要なものである。これは、「世界はあたたかいものなのだ」という実感をともなわなければうまく育たない。「世界は冷たい」という恐れこそが若者を引きこもらせ、自尊感情を低下させているからである。

　この意味において、「社会性の育成」とは、「ライフスキルの育成」ということもできる。ライフスキルとは、一般的には、①セルフエスティーム（健全な自尊心）形成スキル、②意思決定スキル、③目標設定スキル、④ストレスマネジメントスキル、⑤対人関係スキル、などを指しており、こうしたスキルの育成が重要になってきている。

　研究スキルや文章作成スキル、文章読解スキルだけではなく、ライフスキルを育成することが大学教育の新たな課題であり、私の教育研究活動もその実践へと移行してきた。私流にいうと、「仕掛ける」授業の実践である。

3. 研究の概略

1）学びの共同体づくり――共通基盤としての本づくりとつながりづくり

　これから、「仕掛ける」授業として、1999年度から2008年度までの10年間に次々と立ちあげたプロジェクトについて、ドキュメントしていく。
　すべてのプロジェクトに共通するスタンスは、「学びの共同体」づくりである。ここでいう「学びの共同体」とは、SLGEモデルに基づき、S型の世界をコアにおき、それをベース基地にして、そのまわりにL型の世界が広がり、さらにそのまわりにG&E型の世界が広がっているイメージである。S型からL型へ、さらにG&E型へと時代とともに全面移行するというのではない。S型にL型がつけ加わり、さらにG&E型がつけ加わり、世界が重層化し、お互いに影響しあう世界に、学びの共同体が成立していく。
　一番の懸念は、時代とともにS型やL型の世界が空洞化していくことである。とくにS型の世界が空洞化すれば共同体としてのベースを失い、大学という場に生身の人と人が顔をつきあわせて集まる意義を失ってしまう。
　ところで、学びの共同体では、3つの世界のもつコードがそれぞれ異なる

ため、さまざまな矛盾や葛藤をはらみつつ動いている。だが、そのことがいい緊張感をもたらせば、全体を活性化させていく。

3つの世界のなかでは、S型の世界が求心力を発揮し、自己存在を証明してくれるという安定的なベース基地となることが期待される。当初は、烏合の衆にすぎない学生が、学びの共同体となることで「自分の居場所」を確保しやすくなる。人と人とのつながりのなかで生きることで、「自分はここにいていいんだ」と実感でき、「みんなの役にたっている自分」を確認できることで、人は生き生きと生きられるようになっていく。

ところで、かつて学びの共同体は、「師弟関係」という「ストロングタイズ」(強い結びつき)を媒介しながら構築されていた。だが、消費化と情報化が高度に進展した現在、師弟関係による学びの場を大学教育のなかで主軸として回復させることは難しい。

そこで、教師が多くの人とつながっている「ハブ」となることで、たまにしか会わない友達や知りあい程度の弱い結びつきでつながった「ゼミ仲間」や「受講仲間」という「ウィークタイズ」を媒介にしながら、「学びの共同体」を再構築しようと考えた。そして、学ぶ主体同士の共同体である「学びの共同体」の構築を通して、その共同体の構成員が互いに学びあう形で主体的な学びを回復させることをもくろんだ。

そのために、2つの仕掛けを用意した。ひとつ目は、学習成果を最終的にはできるだけ「本」の形で公刊することで、「学習成果の共有化」を促進した。その上で、2つ目として、できるだけ複数の高等教育機関の学生を巻きこむことで、各高等教育機関同士のつながりづくりを目指した。その際、同じプロジェクトに参加することよりも、違うプロジェクトでもかまわないから、それぞれの学習成果を1冊の本にまとめることで共有する形をとった。

そこに、さまざまな目的に特化したプロジェクトが、過去のプロジェクトの成果やそのときどきの学生の状況をふまえ、新たな展開をみせていく。

プロジェクトの対象となる授業は、S型の世界を代表するゼミ形式の授業(専門ゼミ中心だが、基礎ゼミや大学院の特論を含む場合もある)と、L型の世界を代表する講義形式の授業、の2つである。それぞれの形式の授業で、程度の差こそあれ、S型の世界が空洞化しないようにベース基地としての役割や機能をどのように確保し、L型やG&E型の世界へとどのようにつなげ、

広げていくかが課題となる。
　それぞれの授業でのプロジェクト名を紹介しよう。
　ゼミ形式の授業を対象としたプロジェクトは、以下のとおりである（なお、プロジェクト名は、「PS」と略記し、開始年度順に通し番号をつけている）。

　　PS1〜学びの共同体プロジェクト「個人研究レポート」（1999〜2008年度）
　　PS2〜自己確認プロジェクト「自分史エッセイ」（2001年度）
　　PS3〜学びの共同体プロジェクト「ゼミ活動総括」（2004〜2008年度）
　　PS4〜応答力養成プロジェクト「ブックレビュー」（2005〜2006年度）
　　PS5〜対話力養成プロジェクト「7つの質問」〔質問共同企画版〕（2007年度後期）

　講義形式の授業を対象としたプロジェクトは、以下のとおりである（なお、プロジェクト名は、「PL」と略記し、実施年度順に通し番号をつけている）。

　　PL1〜学校生活回顧プロジェクト「14、17歳のころ」（2002年度前期）
　　PL2〜大学生活サポートプロジェクト「ケルン」（2002年度後期）
　　PL3〜学校生活回顧プロジェクト「運動会」（2003年度前期）
　　PL4〜大学生活サポートプロジェクト「ケルンIII」（2003年度後期）
　　PL5〜自分試しプロジェクト「幸せのレシピ」（2004年度前期）
　　PL6〜自分試しプロジェクト「幸せのレシピ2」（2004年度後期）
　　PL7〜自分支えプロジェクト「まじない」（2005年度前期）
　　PL8〜自他確認プロジェクト「自他問答」（2005年度後期）
　　PL9〜自分支えプロジェクト「自縛返し」（2006年度前期）
　　PL10〜自己確認プロジェクト「流転対話」（2006年度前期）
　　PL11〜自分支えによる自己確認プロジェクト「自縛解き」（2006年度前期）
　　PL12〜自己制御プロジェクト「自戒」（2006年度後期）
　　PL13〜自己開陳プロジェクト「テキスト読書会」（2006年度後期〜）
　　PL14〜傾聴力養成プロジェクト「聞き上手」（「傾聴力」養成講座）（2007年度前期〜）
　　PL15〜対話力養成プロジェクト「7つの質問」〔質問個人企画版〕（2007

年度前期〜)

PL16〜他者探しプロジェクト「利他指令」(転じて、「外開指令」)(2008年度前期)

PL17〜強化力養成プロジェクト「負荷指令」(「強化力」養成講座)(2008年度前期〜)

2) ゼミ形式の授業を対象としたプロジェクトの紹介

ゼミ形式の授業を対象としたプロジェクトの概要について、紹介しよう。

①個人研究レポート

5つのプロジェクトのなかでも、ベースとなった試みは、1999年度にスタートしたPS1〜学びの共同体プロジェクト「個人研究レポート」(1999〜2008年度)である。このプロジェクトを中核に、他のプロジェクトがからんでくる。それらは、サブプロジェクトといってもいい。

PS1では、個々人が自分の興味・関心のあるテーマを拾い、自由研究レポートを作成している。その際に、体験する研究のさまざまな壁を乗りこえるために、自分といろいろなタイプの仲間とつなぐ、学びの共同体づくりがもくろまれる。そこには、〈自分磨き〉の機会が豊富にある。

②自分史エッセイ

PS2〜自己確認プロジェクト「自分史エッセイ」(2001年度)は、論文をまとめる基本となる文章力をつけさせていく方法として、自分史のやり方に「エッセイ」という形式をもちこんだ結果、生まれた。具体的には、1ゼミと3ゼミの学生を対象に、「14歳と17歳のころ」というテーマで、過去をふりかえり、自分をみつめ、エッセイにまとめることで、自己理解を深め、それを他者に伝えることを体験することで、なにかを伝えることの楽しさやしんどさを存分に味わう試みである。

③ゼミ活動総括

PS3〜学びの共同体プロジェクト「ゼミ活動総括」(2004〜2008年度)は、専門ゼミの4年生を対象としたもので、内容は、①「私の卒業論文」、②

「私のゼミ生活」、③「Before・After・Future」の３つの柱からなっている。

「私の卒業論文」は、３年生のときに個人研究レポートづくりをしたPS1の延長線上に位置づくもので、卒業論文の抄録を作成することで、個人研究の総括をしている。

「私のゼミ生活」と「Before・After・Future」では、PS2の自分史エッセイづくりの手法をもちこみ、自分さらしや自分開きを促進している。「私のゼミ生活」では、ゼミの後輩へのメッセージとして、卒論などをまとめていくゼミ活動を通して発見したことや悩んだことなどをエッセイとしてまとめることで、学年の壁をこえた学びの共同体づくりをもくろんでいる。

「Before・After・Future」では、キャンパス・ライフ４年間で起きた印象に残る出来事をふりかえり、それが起こる前の私、それが起こってからの私、それが卒業して社会にでていく私にとってどんなものになりそうかをエッセイとしてまとめることで、過去・現在・未来の時間の流れのなかに自分を位置づけている。

これら３つの内容をまとめることで、学びの共同体づくりが促進されるとともに、キャリア教育の一環として、学生に人生の次のステージへの移行を促そうとしている。

④ブックレビュー

PS4～応答力養成プロジェクト「ブックレビュー」（2005～2006年度）では、学びの共同体プロジェクトのさらなる展開を目指した。そこでは、前年度の学習成果をまとめた、いわゆるゼミ本を後輩たちが読み、その読後感をまとめることを求めた。その主たる目的は、①前年度の作品集の実物を手にとることで、改めて一人ひとりの個人研究レポートづくりへの動機づけを高めること、②公的に実名をだしてモノを論述することに慣れること、③ゼミの壁や学年の壁をこえた学びの共同体づくりを促進すること、などにある。

⑤対話力養成〔質問共同企画版〕

PS5～対話力養成プロジェクト「７つの質問」〔質問共同企画版〕（2007年度後期）誕生のきっかけは、人間関係力のなかでも、とりわけ対話力をつけるために、後述する講義形式の授業を対象としたプロジェクトとしてPL15

〜対話力養成プロジェクト「7つの質問」〔質問個人企画版〕（2007年度前期〜）を立ちあげたことにある。谷川俊太郎の著作である『谷川俊太郎の33の質問』(1986)[8]にヒントを得て、仲間とともに質問づくりをするところから追体験し、仲間で「7つの質問」をセレクションし、実際に仲間やゼミ指導教師を相手に問答をし、最終的にその問答の様子をまとめる試みである。

2007年度後期にPL15を実施した際、たまたまある3ゼミ生が受講しており、ゼミでもこのプロジェクトをやりたいと提案した。それを受けて、ゼミ用に〔質問共同企画版〕というバージョンを開発し、PS5が生まれた。

以上が、ゼミ形式の授業を対象としたプロジェクトである。

3） 講義形式の授業を対象としたプロジェクトの紹介

講義形式の授業を対象としたプロジェクトの概要について、紹介しよう。これらのプロジェクトは、その手法や目的によって10グループにわけることができる。

①自分史エッセイ

講義形式の授業を対象としたプロジェクトは、ゼミ形式の授業で文章力をつける必要からはじめた自分史エッセイづくりを試みたPS2のなかで産声をあげた。

この試みをまとめた本が新聞を通して紹介されたところ、大きな社会的反響があり、エッセイを読みたいという問いあわせが相次いだ。その結果、読者層の拡大という、新たな「他者という回路」を切り拓く社会的な効用があることなどがみえてきた。文章力をつける必要からはじめた自分史エッセイづくりが別の歩みをはじめる分岐点となった。その結果、自分史エッセイづくりの試みは、講義形式の授業に特化して行うことになり、PL1〜PL4の4つのプロジェクトを立ちあげた。

PL1〜学校生活回顧プロジェクト「14、17歳のころ」（2002年度前期）は、PS2を学外にも広げる試みである。そこでは、自分さらしをすることで他者さらしを促し、自己理解と他者理解を促進させていくことをもくろんだ。

PL2〜大学生活サポートプロジェクト「ケルン」（2002年度後期）は、学

生がキャンパス・ライフに速やかに慣れるためと、就職活動にともなう自己分析が一般化している現状をふまえ、広い意味でのキャリア形成をサポートし、ケアするために生まれた。このプロジェクトでは、学生がキャンパスで、①いかに人間関係を築き、維持しているのか、②いかに学んでいるのか、③いかにアイデンティティーを発展させているのか、④いかにキャリアを決定していくのか、などをエッセイにしてもらうことで、自他の現状を知ることと、後輩たちに読まれることで後輩のサポーターになってほしかった。このために、「入学したころの私」と「現在の私」についてエッセイを書いてもらった。

　PL3〜学校生活回顧プロジェクト「運動会」(2003年度前期)は、「傷つきたくないし、傷つけたくない」心理がもたらす、人間関係ばなれについて考える必要を感じたことからはじまった。浮かんだアイデアは、「競争のない運動会」が増えつつある現状をどう考えるかである。傷つけられたことや傷の深さに心を奪われるより、ちょっとのことでは傷つかないタフさや他者の痛みを思いやるやさしさを身につける方途を探った。このために、「小中高の運動会」についてエッセイを書いてもらった。

　PL4〜大学生活サポートプロジェクト「ケルンIII」(2003年度後期)は、PL2での試みの結果、大学になじむ過程が明らかになり、そこからキーワードとして〈自分飾り〉を抽出した。なじめない学生は、自分を守るために〈自分飾り〉に走り、いつしか〈自分なくし〉に陥りがちになる。そこから脱出するには、自分試しや自分さらしをすることが必要だった。この点を意識してもらい、「入学したころの私」と「現在の私」についてのエッセイにとりくんでもらった。

②幸せのレシピ

　PL5〜自分試しプロジェクト「幸せのレシピ」(2004年度前期)は、「人とうまくつきあえるようになること」と「人をうまく動かす企画を考えだすこと」を中核にすえ、〈自分試し〉や〈自分さらし〉の視点を鮮明に打ちだした〈ライフスキル〉向上のためのプログラムである。自分試し・自分さらし・自分開きを目指し、それぞれの学生が自分のレベルにふさわしい行動プログラム(レシピ)を考えて、実行してもらった。

PL6〜自分試しプロジェクト「幸せのレシピ2」(2004年度後期)では、レシピづくりに条件を設け、シーズンを体感できる「季節のレシピ」づくりと、異年齢(異世代)の人たちが交流体験する「交流のレシピ」づくりに挑戦してもらった。

③自縛呪文打破

PL7〜自分支えプロジェクト「まじない」(2005年度前期)では、学生の口からしきりに登場する「無理」「できない」という言葉を封じ、自らを励ます言葉かけをするまじないづくりに挑戦してもらった。ねらいは、学生が充実したキャンパス・ライフを送ることをサポートすることにある。それは、自分を自分で見放したり、見捨てたりせずに、自分を自分で救ったり、自分を生かしたりするにはどうすればいいかを考えるだけでなく、実践する〈自助〉プログラムであり、〈ライフスキル〉プログラムとなっている。

PL7の結果をふまえ、新たにプロジェクトを2つ立ちあげ、さらにその2つのプロジェクトのハイブリット形として3つ目のプロジェクトが生まれた。

ひとつ目のプロジェクトは、PL9〜自分支えプロジェクト「自縛返し」(2006年度前期)である。ここでは、自信を失わせるマイナスの力をもつ「自縛呪文」(口癖)に対して、その呪縛を解放する「返し文句」(強いNO)を自分で自分にいえるかどうかを試した。

2つ目のプロジェクトは、PL10〜自己確認プロジェクト「流転対話」(2006年度前期)である。それは、異なる年齢の自分との対話を促すことで、自己成長を確認する、あるいは予感することで、自己の存在を自分で受けいれ、承認していく試みである。異なる年齢の自分との対話は、「〈未来の私〉との対話」か、生まれたばかりのころの「〈過去の私〉との対話」となる。対話のどこかにできれば自縛呪文をしのばせ、その呪文を解くように対話をもっていってもらった。

3つ目のプロジェクトは、PL9とPL10をミックスした、PL11〜自分支えによる自己確認プロジェクト「自縛解き」(2006年度前期)である。ここでは、自縛呪文をしっかり意識して、呪文に対して「強いNO」をいう「自縛返し」をしっかりとモノにするために、異なる年齢の自分と対話することを促した。

④自他との問答

PL8〜自他確認プロジェクト「自他問答」（2005年度後期）は、「他者という回路」を確保するために、〈自分探し〉と対になる〈他者探し〉をくみこんだ試みである。そこでは、「他者という回路」と「自分という回路」を交錯させ、「自問自答」「自問他答」「他問自答」「他問他答」という4つの回路を設け、自他の回路を重層的にするなかで、自他の存在を確認する。その際、「大学生なぜなに集づくり」と「子どもなぜなに集づくり」の2つを用意した。「大学生なぜなに集づくり」では、受講生自身が「問い」をだし、自分で答えたり、他者に答えてもらったりする「自問自答＆自問他答」の試みとなる。他方、「子どもなぜなに集づくり」では、受講生が子どもたちとの出会いのなかで、子ども自身の発する「問い」を拾って、自分で答えたり、その子どもの成長を大切に思う人たちに答えてもらったりする「他問自答＆他問他答」の試みとなる。

⑤自己制御力養成

「意志」は、他者といい関係を築くために、自分がより自由になるために、自分が自分らしくあるために必要である。自分の意志を示す方法のひとつに、「自戒」がある。そこで、PL12〜自己制御プロジェクト「自戒」（2006年度後期）を試みた。

これまで実施してきたPL7、PL9、PL11などは、「なにか」をする前に「できない」といってなにもしないのではなく、それをやり遂げるために「やればできる」とばかりに自分の気持ちを高めていく試みだった。

これに対して、PL12は、「なにか」の部分を意識化するために各自が自分の「目標」となる「自戒」を設定し、ある一定期間、それを守り抜く試みとなっている。そこでは、目標をたてることや、その目標を達成するために努力し、がんばることが試される。

⑥交流力養成

学生に、授業でなぜこうした試みをしているのか、その理由や必要性を理解し、動機づけを高めてもらうために、PL13〜自己開陳プロジェクト「テキスト読書会」（2006年度後期〜）を試みた。

ゼミ形式の授業では、2005年度からはじめた PS4 でゼミ本のブックレビューを試みていたが、その成果をふまえ、講義形式の授業では、テキストのブックレビューに加え、それを朗読し、コメントを交換しあってもらうことにした。テキストとして指定したのは、1999年度から2004年度までに実施したプロジェクトの成果をまとめた『他者との出会いを仕掛ける授業』である。

⑦傾聴力養成

PL14〜傾聴力養成プロジェクト「聞き上手」(「傾聴力」養成講座)(2007年度前期〜)は、人間関係力を高めるために立ちあげた。このプロジェクトでは、あらかじめ「"聞き上手"になるための10か条」を提示し、ある一定期間、それらの行動目標のなかから3か条を選んで挑戦してもらった。

⑧対話力養成〔質問個人企画版〕

人が仕事につこうとするとき、なによりも求められるのは、コミュニケーション力だろう。だが、いま他者との会話がうまくできない、いやそればかりか、そもそも他者に関心のない人が少なくない。そこで、人間関係力のなかでも、とりわけ対話力をつけるために、PL15〜対話力養成プロジェクト「7つの質問」〔質問個人企画版〕(2007年度後期〜)を立ちあげた。

すでに、ゼミ形式の授業を対象としたプロジェクトの PS5 を説明するときに紹介したが、谷川俊太郎の著作である『谷川俊太郎の33の質問』にヒントを得て、質問づくりをするところから追体験し、実際に仲間相手に問答をし、最終的に自分で「7つの質問」をセレクションする試みである。

⑨利他力養成

〈自分探し〉の隘路から抜けだし、人間関係力を高めるためには、〈自分試し〉や〈自分さらし〉だけでなく、他者と向きあう〈他者探し〉が必要である。自分の気持ちを優先させる内向きの生き方を見直し、生きるベクトルを外向きに調整し、バランスをとる必要がある。そこで、他者探しに特化したプロジェクトとして、PL16〜他者探しプロジェクト「利他指令」(2008年度前期)をはじめた。利他的な行動をするために、なんらかの指令を自分に

課す「利他指令」にトライしてもらった。

⑩基礎力養成

PL17〜強化力養成プロジェクト「負荷指令」（「強化力」養成講座）（2008年度前期〜）は、持続的な行動ができるための目標設定の仕方と行動し続ける方策についてサポートする試みである。学生には、今の自分の実力を100％とするならば、120％、130％と、自分のキャパシティ以上の負荷をかける「負荷指令」に挑戦してもらった。

以上が、講義形式の授業を対象としたプロジェクトである。

4） 講義形式の授業に特化した仕掛け——学びの共同体の足場づくり

学びの共同体づくりでは、ゼミ形式の授業でも講義形式の授業でも、基本的には最終的に学習成果を「本」の形で公刊することで、「学習成果の共有化」を促進している。

とはいえ、教授＝学習過程において、基本的にはＳ型の世界であるゼミ形式の授業では、ワークショップなどの協同学習を頻繁に実施するため、受講生同士で学習成果のみならず学習過程をもともに体験することになる。授業以外にも、ゼミコンやゼミ旅行などでＳ型の世界を体感できる。

しかし、基本的にＬ型の世界である講義形式の授業では、同じ教室空間にいるものの、学習過程を共有化することはままならない。このため、直接的にＳ型の世界をもちこむには、いささか仕掛けがいる。

そこで、学習過程の共有化を少しでも進めるために、講義形式の授業では地ならしを進めている。地ならしとは、毎回の「授業評価」（授業感想）の提出とそれへの応答である。1987年度前期の途中から、自分自身のために、先生の成績票という形で、授業評価を学生に行ってもらっている。この授業評価は、現在に至るまで実施してきており、とくに89年度以降は、ほぼ毎回の授業の終了時に行うようになった。

この仕掛けには、さまざまな意図がある。たとえば、学生たちは一般に流布している学生イメージに自ら縛られている。どうせまわりの人たちは真剣になにかを考えることなどなく、ノホホンと生きているに違いないという思

いこみである。相互にその思いこみがあるから、学生はまわりと深みのある対話をしようとしない。対話しないから、いつまでもお互いをイメージでしか眺めない。ところが、授業感想には、授業内容にからめて日常への鋭い考察が記されていることが少なくない。それを私は、私自身の率直な驚きも含めて次回以降の授業で、口頭やプリントで紹介し、ときにコメントを加える。

　こうした仕掛けによって、学生たちのなかに、いい意味での動揺が起きる。学生たちが慣れ親しんできた講義形式の授業はL型の世界で、教師が学生になにかを一方的に教えるというスタイルをとっている。通常そこでは、教師が驚く場面はない。ところが、いま目の前にいる島田先生は、自分の友達の発見に驚いている。先生を驚かせるようなコメントを発した仲間への畏敬の念が、ここに生まれる。「恐れ」の対象としての他者が「畏れ」「敬う」相手としての他者に変わり、既存の学生イメージからの脱却がはじまる。同時に、自分にとってはありふれたことも、それを恐れずに表明すれば他者に大きなインパクトを与えることも実感できる。自分を価値あるものとして見直す作業がここからはじまる。

　講義形式の授業では、こうした地ならしの上で足場を固め、さまざまなプロジェクトを仕掛けていくことになる。

　以下では、それぞれのプロジェクトの軌跡を追っていく。まず、A部門では「ゼミ形式の授業における実践研究」をとりあげ、続いてB部門では「講義形式の授業における実践研究」について説明していく。なお、文中の¶部分は、〈授業の概要〉を紹介している。

A 部門　ゼミ形式の授業における実践研究

第1章
個人研究レポートづくりの誕生

PS1〜学びの共同体プロジェクト「個人研究レポート」(1999〜2008年度)

1.「仕掛ける」授業づくりのはじまり──2つのキーワード

　どうしたら、要領や内向きの〈自分探し〉の悪循環から抜けだすことができるだろうか。どうしたら、自信や信頼関係がもてるようになるのだろうか。この問いかけが自分のものとなったとき、私の授業がどんどん変わった。事態を分析し、解釈するだけでなく、事態打開のためになにができるのか。

　　「学生が自分のうまくいかない状況を人のせいにするだけで安心していいのか。学生の選んだ道だけが道だったのか。他の選択肢はないのか。学生にできることは、かつても今も未来もそれしかないのか」
　　「内向きになっている学生の気持ちを外向きに変えるにはどうしたらいいのか。ギアは、〈自分探し〉モードしかないのか」
　　「他者からの流れと他者への流れをとり戻すためにできることはなんだろうか。自分からの流れと自分への流れをとり戻すために私ができることはなんだろうか」

　こうした疑問が、授業展開の中心に位置づくようになった。
　といっても、授業でできることはかぎられている。他者の生き方を変えることが簡単にできたら、教育システムなど必要ない。授業でできることといえば、変化を与えるためのきっかけを与えることぐらいである。
　いつしかキーワードとして浮かびあがったのは、〈自分試し〉と〈自分さらし〉である。〈自分試し〉は、自分の世界にはまだないものに、自分の身についていないものに挑戦することを目指す。未知なる世界に自分を放りだし、試行錯誤し、ときには失敗をものともせず、自分を磨いていく。〈自分

磨き〉による自分づくりといっていいだろう。
　〈自分さらし〉は、今あるもの、今まであるものを外にだすことを目指す。あるがままの自分をさらしていく。ときには人目にさらしたくない自分の弱い部分をもさらしていく。「つくったキャラとしての自分」ではなく、「素の自分」をだすといってもいい。
　〈自分試し〉と〈自分さらし〉は、自分の殻に閉じこもっていてはできない。結果として、自分の心や身体を他者に対して開いていく〈自分開き〉ができるようになることや、自分を知る鏡として〈他者探し〉も必要になるだろう。
　以下では、学生が陥りやすい悪循環を絶ちきり、よりよく生きることをサポートしようとしてはじめた授業づくりを紹介していきたい。

2. プロジェクト「個人研究レポート」のねらい

1) 本づくりによる「学習成果の共有化」

　まず着手したのは、1999年度からはじめた、PS1〜学びの共同体プロジェクト「個人研究レポート」で、「個人研究レポート」という個々人の学びの成果を「個人研究レポート集」という「本」の形で公刊し、それを共有化する授業づくりである。「学習成果の共有化」は、これから紹介していくすべてのプロジェクトに共通するスタンスである。
　公刊を目指したのは、「私家版」にありがちな自己満足におわるのを防ぎ、自分の書いたものに社会的責任をもってもらいたかったからである。さらに、ISBN番号を取得し、国立国会図書館に収め、学生一人ひとりの生きた証を後世に残したいと考えたからである。
　加えて、現代の学生がおかれた時代状況を考えると、作品集を刊行することにはいくつかの現実的メリットがあり、教育的な効果も期待できる。
　従来のレポートはだしっぱなしになりがちで、レポートを目にする範囲も教師どまりだった。学生の学びの成果は、成績簿に書かれた評価でしかわからないものだった。ところが、本として刊行して学生にフィードバックすれば、別の可能性が拓ける。

そのひとつは、学生の対外的なアピール材料としての可能性である。就職活動が早まった今、学生が大学で主体的に学んだ成果を積極的にアピールできる材料は乏しい。かつては卒論や卒業研究などがそれに該当していたが、今はそれに類するものを準備できない。個人研究レポートは、それに代わる自己アピール材料として期待できる。

また、教師以外の他者のリアクションは、学問と個人の人生および社会との関係を知らしめることに役立つ。

といっても、いきなり見知らぬだれかに自分をさらすというのではなく、指導上は「身近な他者」としてゼミや授業などでの学習仲間や家族を想定し、その人たちに自分たちのなしたことの一端を知ってもらうことをねらった。作品集を親に読んでもらう場面ひとつをとってみても、それは家族の支援を受けて大学で学ぶ意味を学生が自ら確認し直すきっかけとなる。

2) 学生同士のつながりづくり

さらに、「第三者」の目を体感できるような仕掛けもした。この試みに、大学間、学問間、授業間、学年間などの、さまざまな壁をこえて参加することで、同じ授業目標のためにひとつのことにトライし、最終的にはそれぞれの学習成果を1冊の本にまとめることにした。「本」というメディアを使い、それを公刊することで、学習仲間や家族、他大学の教師や学生、さらには一般社会という、いろいろな「他者という回路」を用意した。

個人研究レポート集づくりでは、いろいろな「他者という回路」を用意するために、前任校の武庫川女子大学の気心が知れた先生方や学生に参加を求めた。最終的には、1999年度後期の授業における個人研究レポート集づくりから、會田宏氏の3、4年の卒論ゼミとの交流を深めていくことになった。

3) 個人研究レポート集作成のメリット

ところで、個人研究レポート集を作成するメリットは、どこにあるのだろうか。かつての同僚であり、この方面における教育実践の先駆者のひとりである、武庫川女子大学の濱谷英次の表現を私なりにまとめると、次の4点でメリットがある[1]。

それは、①大学にいることの存在証明、②自己表現力の育成、③他者理解

の促進、④自主性の伸長、である。これらの実現のために、濱谷は、大学1年生の導入教育の場で、3分間スピーチを行ったり、個人研究レポートを作成したり、さらにそれを共有化するためにそれらをまとめて刊行することが有効だ、と主張している。

　学生の学習を支援する試みは、同大学の他の教員にも広がりをみせ、次々に実践が積み重ねられ、導入教育としての有効性が確認されている[2]。

　これを受け、導入教育ばかりではなく、専門教育、あるいは大学院レベルの高度な専門教育の導入部分でも有効ではないかと考え、いわゆる大学の導入教育として1年生を、それから専門教育の導入教育？として3ゼミ生を、大学院の導入教育として大学院修士課程1年生（以下では、M1と表記する場合もあり）を対象に、各段階で個人研究レポートを作成することにした。実は、この試みをはじめてからしばらくして、濱谷氏と語らっていたところ、これこそ彼がねらいとして考えていたことだとわかった。

4) 大学教育の課題――要求課題 vs. 必要課題

①「情報編集能力」の育成

　現代の大学教育の課題は、学生個々人が自分の興味や関心にそって、いかにその知的好奇心を満たすことができるかにある。知の技法や論理を学び、ゲットし、エンジョイする。大学教師には、こうした学生の知の活動を支援していくことが求められている。

　これまでの大学授業では、すでに体系づけられたアカデミックな知識体系（知の静的な部分）をテキスト中心に講義形式で教えていた。しかし、高度情報化社会を迎え、情報の陳腐化が激しく、テキストの内容が現実に遅れをとることが多くなってきた。「教育的遅滞」といわれるように、ただでさえ教育は現実に遅れをとる。その齟齬が激しく、教師と学生の間の溝が広がっている。受け手の学生気質も変化しているとなれば、なおさらである。

　この不幸をなんとかしようとすれば、知の動的な部分を授業に導入する必要がでてくる。知が生みだされていく瞬間の営みを学生が体験できることが重要になる。

　その際、注目したいのは、「情報編集能力」である。情報の海に溺れるのではなく、自分を生かす糧として情報を活用する能力を伸ばしていく必要が

ある。急速なインターネットの普及により、新鮮で多様な情報がタイムラグなく、経済的コストもあまりかからず、だれにでもどんどん入手できるようになった。知の大衆化が起きた。

とはいえ、このことはよいことばかりをもたらしたわけではない。文字、図像、音などどんな情報であれ、その価値を学問的な権威によって保証されることはなくなった。価値ある情報か、信用できる情報かについて、自分で判断せざるを得なくなった。「情報編集能力」を身につけさせるのは、社会的に必要なものを教える「必要課題」である。

②学びの共同体づくり

もうひとつ重要なことは、学びの共同体づくりである。せっかく多様な学生が教室にいるのだから、それぞれの学びを個人のうちにとどまらせるのではもったいない。学生同士がお互いに学びのプロセスに参加し、学びの成果を共有・共用し、さらに外の社会の人たちに向かって発信できれば、それは自分を知り、他者を知り、さらにはお互いのかかわりやつながりを実感できるきっかけにもなる。

大学授業には、そんな舞台設定も期待されるようになってきた。

ところで、なにを教えるかというときに、絶えず教育学で問題になるものがある。それは、学生が学びたい「要求課題」を教えるのか、社会的に必要な「必要課題」を教えるのかという問題である。個人研究レポート集づくりは、このジレンマを解決する。

そこでは、「要求課題」として学生にテーマ設定を促し、「必要課題」として「情報編集能力の育成」と「学びの共同体づくり」を据える。

3.「学習成果の共有化の試み」を問う

学習成果の共有化の試みをするにあたって、学生の実態を知るために、1999年6月、甲南女子大学の3、4年生136名を対象に、「学習成果の共有化の試み」についてどう思うかについて、まず期待と不安をまとめて、その記述を受けてその是非についてレポートするように課題をだした[3]。7月11

日を〆切りとした結果、提出者は 118 名（86.8％）であった。

1) 期待すること

内容分析した結果をかいつまんで紹介しよう。なお、データは延べ人数である。

まず、「学習成果の共有化の試み」への期待は、①自己理解・自己成長（143 名）、②共有化（62 名）、③他者理解（39 名）、④向上心（26 名）、⑤自己表現（23 名）、⑥情報化社会（8 名）、⑦教師の目（1 名）、の 7 項目に大分類できた（数値は、延べ人数）。

圧倒的に多いのは、自己理解・自己成長である。自分には思いもつかない考えや発想をする他者に刺激を受けることで、自己成長でき、自己本位でなくなるという。

続いて、共有化。人間関係が深まることで、みなから学べ、全員のレベルアップにつながり、コミュニケーション回路が増える、と指摘している。

次は、他者理解。無語が蔓延するなか、自分の意見や考えを述べることは躊躇されがちである。しかし、この試みは普段なかなか望めない他者の意見や考えに触れることを促進するのではないかと考えている。これは逆にいえば、自己表現の場を与えられるという記述を生んでいる。普段はだしにくい自分を表現することで、他者に理解してもらえる場になるのではないかという期待が表明されている。また、通常自己開示や他者受容の機会がないため、授業でのやりとりなどどうでもいい気になりがちである。しかし、学習成果が共有化されることで、向上心が高まる効果への期待も述べられている。

2) 不安なこと

他方、「学習成果の共有化の試み」への不安は、①他者の反応（147 名）、②共有化（75 名）、③自分（47 名）、④作成過程（30 名）、⑤先生だから（24 名）、⑥情報化社会（12 名）、⑦その他（7 名）、の 7 項目に大分類できた。

記述量が多いのは、他者の反応に関する事柄である。他人に受けいれてもらいたい、理解されたいと願いはするものの、現実には他人にどう思われるかと他人の目を気にし、素直に本当のことが書けず、自分を偽り、無難なことしか書けなくなるのではないかと危惧する声が多い。

また、自分の意見や考えを述べることがタブー視され、慣れていないため恥ずかしく、自信もない。そんな自分の本当の姿を知られることへの恐れが表明されている。
　その危惧は、自分の学習成果が実名で公開されるのか匿名で公開されるのかという不安につながる。先生しか読まないと思うからこそ書けることもあるし、先生には自分の面は割れていないからこそ適当に書けることもある。要領よく（？）手抜きをしようと考えている学生は、そんなずるさを仲間に知られたくない。結果的に、そんな慣れないことをする危険を冒してまで、学習成果を共有したくないということになる。
　こうしてみると、「学習成果の共有化の試み」は、これまでの自分の殻を破っていけることへの期待として大きくあるものの、これまで通してきた自分のやり方をしない選択をするということで新たな不安もでてきていた。

3）改めて是非を問う――不安を上回る期待

　期待と不安についての、自分なりの検討をふまえた上で、この試みの導入の是非を簡潔にまとめるようにアドバイスした。レポートの蓋を開けてみると、是非を論ずるとなると、改めていろいろな思いが湧きあがり、再度思案した上で、論ぜられていた。その結果、ほとんどの学生が賛否の意見を併記しつつ、最終的には導入に賛成していた。
　改めて、学生が思案した内容を紹介しよう。まず、不安としては、①作成過程（48名）、②他者の反応（35名）、③共有化（32名）、④自分（14名）、⑤情報化社会（3名）、⑥先生だから（2名）、の6項目を抽出できた。
　一番の心配は学習成果の公開方法で、それが匿名によるのか実名によるのかに関心が集中している。他者の反応が気になるし、低い評価だったら恥ずかしいし、自信もなくなる。そうした危険を避けるには匿名が望ましい。なによりもそんな危険な場に自分をさらさないためには、共有化などはしない方がいい。
　とはいえ、そんな心配や不安を抱えて今までの自分を守り続けるよりも、学習成果の共有化によって拓かれる自分の可能性にかけたい気持ちは大きい。
　他方、学習成果の共有化によって、自分にプラスになることはなんだろう

か。学生の思いをまとめると、それは、①自己理解・自己成長（57名）、②共有化（35名）、③情報化社会（34名）、④他者理解（16名）、⑤自己表現（11名）、⑥向上心（9名）、⑦満足感・充足感（3名）、の7つにまとめられる。

やはりなによりも、自己理解・自己成長が望めそうな点でのメリットが大きい。次に注目したいのは、情報化社会に関する記述である。学生自身、いろいろ検討を重ねてみると、学習成果の共有化という試みは、現代的な授業であるため、旧来からの授業の現状を打開するのに非常に有効ではないかということがみえてきている。今ある不安は、慣れないことをする不安なのかもしれない。慣れればなんともなくなるし、むしろこれからの授業では、こうした試みが当たり前になりそうな気配すらある。学習成果を共有することで、自己表現でき、他者理解が進み、結果として学びが深まり、人間関係ができ、人と人がつながっていく。学生は、現代の授業で感じているもの足りなさを埋めるヒントをみつけたかのようである。

そこで、この試みの実施にあたって、学生はいくつかの留意事項を指摘している。それは、「共有化後の活用やケアに注意」（2名）と「学びの選択肢のひとつにとどめる」（1名）ということである。それぞれ、「情報の危機管理」と「学びのスタイルにおける多様性の保持」といいかえることができるとすれば、これはもっともな指摘である。

以上の結果をふまえ、「学習成果の共有化の試み」実施へと大きく舵を切った。

4．本づくりの変遷

1) 公刊数と編者

個人研究レポート集をベースに本を公刊する試みは、1999年度にスタートし、2008年度まで足かけ10年にわたっている。

この間、公刊した本は、全部で12冊になる（表3）。1999年度と2000年度は前後期で1冊ずつを発刊したが、2001年度以降は各年度の成果を年1

第Ⅱ部　実践研究

表3　ゼミ本一覧

1. 島田博司編『セレブレイト・ライフ―1999年度前期個人研究レポート作品集』六甲出版、1999
2. 島田博司・會田宏編『縁は異なもの―1999年度後期個人研究レポート作品集』六甲出版、2000
3. 島田博司編『サンバースト―2000年度前期個人研究レポート作品集』六甲出版、2000
4. 島田博司・會田宏編『未来への扉―2000年度後期個人研究レポート作品集』六甲出版、2001
5. 島田博司・會田宏編『それぞれの物語―2001年度大学授業ポートフォリオ集』六甲出版販売、2002
6. 會田宏・島田博司編『私を呼ぶモノ―2002年度ゼミ学習成果記録集』六甲出版販売、2003
7. 會田宏・島田博司編『キャラバン―2003年度ゼミ学習成果記録集』六甲出版販売、2004
8. 會田宏・島田博司編『ぜみチュー―2004年度ゼミ学習成果記録集』六甲出版販売、2005
9. 會田宏・西坂珠美・島田博司編『斌桙訓―2005年度ゼミ学習成果記録集』六甲出版販売、2006
10. 島田博司・會田宏・西坂珠美編『ひろし塾―2006年度ゼミ学習成果記録集』六甲出版販売、2007
11. 島田博司・會田宏編『キャラ立ち塾―2007年度ゼミ学習成果記録集』交友印刷、2008
12. 會田宏・島田博司編『Hiro Tech―2008年度ゼミ学習成果記録集』交友印刷、2009

回のペースで本にする形に移行した。うちわけは、島田の単編で2冊、會田氏との共編で8冊、さらに會田ゼミ卒業生で武庫川女子大学の西坂珠美氏を加えた3名の共編で2冊となっている。

　なお、本文中でこれらの本を引用するときは、どの年度の試みかが重要なときは、『セレブレイト・ライフ』（'99前期）や『それぞれの物語』（'01）のように、メインタイトルに続き、（　）内にどの年度の試みかがわかるように記載する。また、引用の出典を重視するときは、『セレブレイト・ライフ』（1999）や『それぞれの物語』（2002）というように記載したい。

2)　タイトルのつけ方

　メインタイトルはそのときどきの授業イメージを言葉ですくいながら、サブタイトルで本の実質がある程度わかるように提示してきた。
　サブタイトルには、3つのタイプがある。開始時の1999年度には「個人

研究レポート作品集」、2001年度には「大学授業ポートフォリオ集」、2002年度以降は「ゼミ学習成果記録集」と変遷し、この試みの移り変わりを教えてくれる。

3) 本の構成

本の構成は、具体的には、①〔序〕、②〔基部〕、③〔主部〕、④〔話題〕、⑤〔結〕の5つの欄からなっている。①〔序〕と⑤〔結〕は別として、10年間の試みを通して共通する部分は、〔基部〕となる3ゼミ生による個人研究レポート集である。このベースとなる部分を保ちつつ、そのときどきの事情を受けて、+αの部分でいろいろな試みをとりいれている。

〔序〕は、「はじめに」に該当するもので、ゼミ本の作成目的・作成意義・作成経過や、タイトルの由来、本書の構成などを紹介している。この部分は、島田が担当している。

〔基部〕は、「個人研究レポート集」「卒論発表ライブ集」「ゼミ活動総括集」の3つが該当する。

〔主部〕は、「研究論文」「研究ノート」「自分史エッセイ集」「ブックレビュー集」の4つが含まれる。前者2つは島田関係の研究物であり、後者2つは島田ゼミ関連物である。

〔話題〕では、編者たちの授業まわりについての紹介や、編者たちが大学授業に関してマスメディアで発信した内容など、そのときどきの話題を紹介している。この頁は、基本的には本のレイアウトの関係で空白ページが生まれたときに設けている。

〔結〕は、「おわりに」に該当するもので、ゼミ本のまとめとなっている。この部分は、基本的には島田が担当しつつ、随時會田氏も執筆している。

4) 構成内容の変遷——離陸期・転換期・確立期

本の構成で重要なのは、②〔基部〕と③〔主部〕である。このうち、PS1の成果を収録した〔基部〕に注目すると、PS1は大きく3つの時期にわけられる（表4）。

第Ⅰ期の1999年度から2000年度は、「離陸期」である。基本的には、島田関係では、前後期にそれぞれ1回ずつ1ゼミ生、3ゼミ生、M1がとりく

第Ⅱ部　実践研究

表4　〔基部〕の変遷

		基部						主部	
		島田ゼミ				會田ゼミ		研究物	関連物
		1ゼミ	3ゼミ	4ゼミ	M1	3ゼミ	4ゼミ		
離陸期	『セレブレイト・ライフ』('99前期)	◎	◎	/	◎	/	/	/	/
	『縁は異なもの』('99後期)	◎	◎	/	◎	◎	/	/	/
	『サンバースト』('00前期)	◎	◎	◎	/	/	/	研	/
	『未来への扉』('00後期)	◎	◎	●	/	◎	●	研	/
転換期	『それぞれの物語』('01)	/	◎	◎	/	◎	△	研	エ
	『私を呼ぶモノ』('02)	/	◎	◎	/	◎	○	研	/
	『キャラバン』('03)	/	◎	◎	/	◎	○	研	/
確立期	『ぜみチュー』('04)	/	◎	/	/	◎	/	研	/
	『斌柙訓』('05)	/	◎	/	/	◎	/	/	ブ
	『ひろし塾』('06)	/	◎	/	/	◎	/	研ブ	/
	『キャラ立ち塾』('07)	/	◎	/	/	◎	/	研	/
	『Hiro Tech』('08)	/	◎	/	/	◎	/	/	/

注）記号の意味
〔基部〕◎：個人研究レポート集、●：個人研究レポート集（卒論抄録集）、△：卒論発表ライブ集、
○：ゼミ活動総括集
〔主部〕研：研究論文・研究ノート、エ：自分史エッセイ集、ブ：ブックレビュー集（なお、「研ブ」
は、研究ノート中にブックレビュー集を含む、の意）
〔全体〕／：該当なし

んでいる。これに対し、會田ゼミでは年に1度後期のみに3年生が参加している。

第Ⅱ期の2001年度から2003年度は「転換期」で、PS1は専門ゼミ生のみを対象とした年に1度の試みとなる。島田ゼミでは、3年生に加えて4年生もとりくむようになる。他方、會田ゼミでは、3年生はするものの、4年生はPS1に代わる試みの模索が続く。2001年度は「卒論発表ライブ集づくり」を、2002年度と2003年度は「ゼミ活動総括集づくり」を行っている。

第Ⅲ期の2004年度から2008年度は、「確立期」である。両ゼミとも、PS1は3年生のみになる。4年生は、転換期における會田ゼミでの「ゼミ活動総括集づくり」の試行を受け、新たに後述するPS3を立ちあげた。

以下の章では、そのときどきの授業づくりの実情について把握していくことにする。

第2章
個人研究レポートづくりの実際

1. プロジェクト開始時の参加者

　1999年度からはじめたPS1〜学びの共同体プロジェクト「個人研究レポート」では、①知的好奇心の開花、②情報編集能力の育成、③学習成果の共有化、の3つに力点をおいた個人研究レポートづくりを行った。
　この授業実践にとりくんだのは、3つの授業である（¶1）。

¶1　〈授業の概略〉
　プロジェクトを実施した授業は、甲南女子大学文学部人間関係学科の1年生対象の専門科目で導入教育にあたる「人間科学基礎演習Ⅰ」と、同学科教育学専攻の専門科目で3ゼミ生対象の「教育学演習ⅠA」、さらに武庫川女子大学大学院臨床教育学研究科の専門科目でM1対象の「教育社会学特論Ⅰ」。最終受講者数は、それぞれ26名、13名、12名である。
　「人間科学基礎演習Ⅰ」では、指導に授業回数13回中9回を費やした。1回目は、オリエンテーションに続いて、自己紹介や他者紹介。2回目は、人間関係づくりのワークショップ。3回目以降は、講演会をはさみながら、個人研究レポート作成のために、趣旨説明やインターネットによる情報探し、教師との相談タイム、3分間スピーチ、原稿づくりなど。最後の授業は、全学生によるプレゼンテーションと、完成原稿の提出。
　「教育学演習ⅠA」では、指導に授業回数13回中11回をあてた。1回目は、自己紹介。2回目以降、ゼミ交流会での食事会を1回はさんで、個人研究レポートづくり。スピーチを3回実施。ラストの授業で、完成原稿の提出。

「教育社会学特論Ⅰ」では、指導にあてたのは、授業回数 13 回中終盤の 4 回で、個人研究レポートづくり全般にわたって時間を割いた。ラストの授業で、完成原稿の提出。

なお、レポートの分量は、基本的には 4000 字から 8000 字としたものの、書きたい人はある程度気のすむまで書いていいことにした。

以後、2000 年度後期までの 4 回の試みでは、スピーチの時間を短くしたり、とること自体をやめたりするなどの変更はあるものの、おおよそこの指導路線を踏襲している。

もちろん、それぞれ授業科目や授業内容はまったく異なる。ひとつ目の大学 1 年生対象の授業「人間科学基礎演習Ⅰ」は、大学生として不可欠な、自律的学習や研究活動などのオリエンテーションを行うという意味合いで開講されている。自分の興味や関心を確認し、知的好奇心の涵養を目指す、大学授業への導入教育を担っている。レポートづくりでは、自分の興味や関心を最優先し、自分のやりたいように自由研究を行うことにした。

2 つ目の大学 3 年生対象の専門ゼミである授業「教育学演習 IA」は、卒業研究へのオリエンテーションという意味合いで、ゼミ担当教官が開講している。就職協定がなくなったことにより、4 年生の前期授業が成立しにくくなった。そこで、3 年生の早い時期から卒業研究を意識させ、論文づくりや作品づくりに積極的にとりくむことが必要となってきた。ここでは、研究テーマの絞りこみと、基本的な資料収集が欠かせない。レポートづくりでは、できるだけ卒業研究につながるテーマを選んで、自分のやりたいように自由研究を行うことにした。

3 つ目の大学院修士課程 1 年対象の授業「教育社会学特論Ⅰ」は、現職教育や生涯教育、専門的リカレント教育の一翼を担うために、主として社会人を対象に、高度な専門職性を身につけるための学問的な基礎を提供する、もっぱら夜間に開講される男女共学制の授業のひとつである。院生のバックグランドは、教育学、心理学、社会福祉学、看護学など、とても多様。おまけに、臨床教育学は、教育学、心理学、福祉学などを統合した学際的な学問分野であるため、院生にはさまざまな研究分野の情報を再編集する能力が求められている。レポートづくりでは、修士論文作成につながるテーマか、まっ

たく個人的に関心のあるテーマで行うことにした。

このように学年間の壁や、大学間の垣根、学問間の境界などがあるものの、それを越境し、同じ3つの授業目標のためにひとつのことにトライし、最終的にはそれぞれの研究成果を1冊の本にまとめる授業がはじまった。

2. 学生へのサポート

1) 個性の前提となる「型」の習得

①論文の型――書式の統一

ところで、公刊を目指す上で重要なのが、書式の統一である。用紙サイズや、行数・字数指定、資料収集方法、テーマの設定、論文タイトルの決定、参考文献の書き方など、「型」にあたるものをおろそかにしないように気を配った。

このため、図1のような「レポートの書式」を配布し、その書式に基づいて、原稿をワープロ文書として作成するよう指示した。

②個性に居場所を与える「論文タイトル」

だが、「型」を重視するのは、編集のためだけではない。むしろその真のねらいは、「型」の習得によって個性に居場所を与えるところにある。

たとえば、各自の論文タイトルは、他者（読者）がレポートの中身を知るための大切な手がかりとなる。そこで、学生には、「自分が興味・関心のあることで、自分がとりくんだ研究テーマの内容を端的に示し、なおかつできるだけ読者を惹きつけるタイトルを与えるように」と助言する。

学生が設定する研究テーマは、大まかなものになりやすい。論文タイトルも絞りきれず、「〜について」のような漠然としたものになりがちである。この部分は、とくに指導が入る。問題意識がはっきりしてくると、タイトルは焦点を絞ったものになり、疑問形で表現できるようになっていく。その結果、「〜について」といったアバウトなタイトルは少なくなっていく。この意味で、レポートづくりでは「知的好奇心の開花」を目指すものの、研究テーマの選定は問題意識の有無やその深度とかかわるので、まったくの自由と

```
〔用紙サイズ A4〕
                    ↑  約 2 cm 余白を
    ーーーーーーーーーーーーーーーーーーーーーーーーーーーーーーーーーーーーーー
                      大きいサイズで表題を
      一行空ける
                                            岡 本 甲 南
      一行空ける
      I. ○○○○
         ・・・・・・・・・・・・・・・・・・・・・・・・・・・・・・・・
         ・・・・・・・・・・・・・・  40字  ・・・・・・・・・・・・
      1. ○○○○
         ・・・・・・・・・・・・・・・・・・・・・・・・・・・・・・・・
      (1) ○○○○
         ・・・・・・・・・・・・・・・・・・・・・・・・・・・・・・・・
         ・・・・・・・・・・・・・・・・・・・・・・・・・・・・・・・・
      (2) ○○○○
         ・・・・・・・・・・・・・・・・・・・・・・・・・・・・・・・・

←約 2 cm 余白を                              約 2 cm 余白を→
      一行空ける
      II. ○○○○
         ・・・・・・・・・・・・・・・・・・・・・・・・・・・・・・・・
         ・・・・・・・・・・・・・・・・・・・・・・・・・・・・・・・・
         一行空ける
      〈参考文献〉
      ・島田博司『カーペ・ディエム』ひまわり出版、1999
      ・島田博司「私語の誘惑」『子ども学』創刊号、甲南女子大学、1999
    50 行目_____  2枚目には（岡本甲南  2枚目）
                    ↓  約 2 cm 余白を
```

1. 表題は、通常の文字サイズより大きく、できればゴチック体にしてください。
2. 表題の下は、一行空けて、名前を記入してください。ゴチック体がおすすめです。
3. さらに一行空けて、レポートを書きはじめてください。
4. 2頁目は、最終行の右寄りに、（○○○○　2枚目）と記入してください。
5. Iは「はじめに」、IIは「本論」、IIIは「まとめ」、といった感じにしてください。
6. 参考文献は、文末に一括して書いてください。
   本：著者（、訳者）『本のタイトル』出版社、出版年（西暦）
   雑誌：著者「論文名や見出し」『雑誌名』（？月号や第？号、）出版社、出版年（西暦）

図1　レポート作成要領（レポート見本）

はいかない。

　学部の1年生たちが授業最終日に提出した授業評価に書かれた感想を読み解くと、研究テーマにたどりつくまでに多くの自問と葛藤があったことがわかる。2000年度前期の授業評価のなかから、そんな感想を拾ってみよう（2000年7月10日分）。

* 大学に入って今回はじめてレポートを作成したことは、私の想像をこえて、はるかに大変なものだった。テーマは、大学入学以前からずっと関心をもっていた「不登校」について調べたが、自分の興味の広さと深さにとまどってしまった。しかし、結果的には有意義なレポートづくりができた。
* 今回テーマが自由というのは、私にとってよくも悪くもあった。まずよかった点は、普段興味があることでも、こういう機会がなければわざわざ調べようともしなかったと思うので、それが今回調べられてよかった。次に、悪かった点は（これは私自身の考えがしっかりしていなかったためだが）、最終的に自分がどういう結論を導きだしたいのかはっきりせず、途中でレポートがまったく進まなくなってしまった。提出2日前の日には、とくにその煮詰まり具合が激しく、自分自身に腹がたって泣けてきた。それでも、2日間ほぼ徹夜の末、なんとか完成させることができた。とはいえ、資料の集め方の甘さもあり、内容的に充実しているとはいえないだろう。今回の経験をふまえて、次回レポートを製作する際にはより充実したものにしたい。

　「個性」に相反するものとして、「型」は学生から嫌われがちである。だが、実はそれが「個性」を研ぎだす砥石の役割を果たしている。

　とはいえ、「型」は基本であって、レポートによっては「型破り」も構わない。とくに量的な制限は最低基準とし、どんどん興味・関心が広がり深まった学生には、おおいに書くように推奨した。その結果、2000年度前期には、1年生で「アイルランド紛争―How long must we sing this song?」というテーマで、7枚もの文章をまとめあげる学生もでてきた。「型にいりて、型よりでる」ことは、習い事が上達していく過程では当然のことである。

2) 要求課題と必要課題の壁——失敗も勉強

　学生の手による学生の視点にたったレポートづくりは、アカデミックな研究が醸しだす雰囲気とは異なる。なにはともあれ、学生自身にとって知りたいことが前面にでてくる。

　学生の知りたい気持ちを重視するため、研究対象は、学問的には既知のことでも、学生にとっては未知なる世界へのアプローチとなる。私の学生へのサポートは、学問的新しさにではなく、学生個々人の個人的な新しさに寄りそうことが中心となる。

　本当に興味や関心のあることだったら、どんどんやろうと思うし、実際にできる。「要求課題」に基づく学びだから、当然といえば当然である。しかし、それはなかなかすんなりとはいかない。そこには、「要求課題」なりの壁がある。それは、すでに指摘した、テーマ設定の難しさに集中する。

　その次に、「情報編集能力」という、こえるべき「必要課題」の壁がある。そこでは、論理構成力が必要となる。知を生みだすには、やはりそれなりの方法があり、その習熟が必要である。

　情報編集能力の育成には、どのような意味があるのだろうか。それを学生たちに説明する際に私が口にしたのが、「織物をつくろう」というたとえだった。

　ある情報だけに依拠してレポートをつくろうとすれば、それは情報の引き写しや要約にとどまる。だが、複数の情報を意識的に集めれば、そのつなぎあわせ方にオリジナリティが宿る。さらに、各情報からなにを抽出し、どうくみあわせるかを吟味すれば、オリジナリティはより高度化する。引き写しからつぎはぎへ、つぎはぎから織物へ。このような情報編集能力が、「個性」を研ぎだしていくためには欠かせない。

　その育成の一環として、レポート作成では多角的に情報を集めるノウハウや引用ルールを学んでもらい、インターネットもおおいに利用させた。先ほど紹介した「アイルランド紛争」というテーマで7枚もの文章をまとめあげた学生の場合、使用した参考文献をみると、もちろん書籍はあるものの、それ以上にインターネットを駆使し、さまざまなホームページにアクセスしていた。文章をホームページ上から簡単に「コピペ」（コピー＆ペースト）で

きる手軽さと、芋づる式に情報が広がっていくこともあり、まだまだ書きたいことはあると話していたのは印象的だった。

とはいえ、多くの学生にとって、個人研究レポートを作成する体験ははじめてである。レポートには、そんじょそこらの入門書やインターネットのホームページにある文章をただつなぐだけで精いっぱいというものも少なくない。

それでも、まとまればまだいい方である。自分のほしい情報が文献やインターネットでうまくゲットできなければ、自分で作成する必要もでてくる。その方法のひとつが、アンケート調査やインタビュー調査の実施である。

これらによる調査には、それなりの訓練が必要である。だが、この試みでは、学部生に対してはそのセンスを尊重し、アドバイスはしても、あまり手だししないように心がけた。「失敗も学習のうち」と考えた結果である。

学生たちのとりくみのなかからは、そのような事例がいくつか生まれた。『セレブレイト・ライフ』（'99前期）より、2例ほど紹介しよう。

「私の大誤算」という失敗レポートをまとめた3年生は、アメリカンフットボールの選手に個人的な関心を抱き、選手へのアンケート調査を企画した。彼女は、雑誌にありがちな興味本位な調査項目をつくり、簡単に結果が得られると甘くみていた。ところが、現実は厳しい。相手から調査の公共性がないことを指摘され、調査の実施を拒否された。結果を得ることができず、授業最終日を迎えた。そこで、仕方なく、みんなの前でその顛末を発表した。結果は、共感の渦となった。他人事とは思えなかったのだろう。その後まとめた原稿はレポートの体裁を整えているとはいえないが、失敗談を自ら公にした勇気は敬服に値する。この報告は、本人のよき反省になったばかりでなく、他の学生に反面教師的な教材を提供する貴重な機会となった。今、「失敗学」が注目される由縁である。

また、「Johnny's Jr. のオリキ」という論文をまとめた1年生は、当初大阪の路上で、ジャニーズ・ジュニアの追っかけに力（りき）が入っている人たちを対象に、インタビュー調査を計画した。それを知った友人が、警察署の許可がいるのではないかと助言。そこで、彼女は実際に、経費や時間を費やして申請手続きをした。ところが、警察署から指定された場所ではほとんどデータを得られず、彼女は大きく研究の方向を転換してレポートをまとめ

ざるを得なかったという。これはレポートづくりの経過などを報告する３分間スピーチで本人が語った経緯だが、実におもしろく、学生の拍手を呼んだ。私自身、おおいに勉強になった。

　教師やテキストから与えられたものを吸収する学習の重要性は、いうまでもない。だが、それだけでは、このような経験をくぐることはできない。自分を外に向かってさらすことで得られたこれらの経験こそが、個性を形づくっていくはずである。

　これらのレポートからは、学生がなんの拠りどころもなく、ただただ行動力だけで現場にでていって、四苦八苦してあがき、自分の勘を信じてなんとかしようと必死にもがいている現場の空気が伝わってくる。

　そんな学生をサポートしている私も、半分は途方にくれ、もう半分はそんな状況を楽しんでいた。いつの間にか、自分も学生がたっている現場に居合わせたような臨場感もあった。自分も学生になった気分で、私がそこに居合わせたらどうするのか、私になにができるかなどを考えながら学生とかかわっているうちに、次第に学生と一体感が生まれてくるのがわかった。いい意味で、「研究仲間」って感じになっていた。

3）ピアサポートの実施

　「学習成果の共有化」の過程は、仲間づくりを促進する。共有される学習成果は、作品集という「産物」だけではない。レポート作成の過程で、学ぶ事柄も含まれる。

　その成果への期待から、私は作成途中で、教師以外の他者の目をできるだけ多く呼びこむように努めた。その一例が、グループ単位でのレポート原稿のまわし読みである。

　学生が一定以上の数になると、教師が個々の学生にまんべんなく指導するのは難しくなる。これを補う意味でも、他の学生からサポートを得る、いわゆる「ピアサポート」という方法が考えられる。

　近年では、少人数のなかでも沈黙し続ける学生が少なくない。たとえ親友であっても、話をよく聞けば、頼っていても信用はしていないという学生もいる。

　私事化（プライバタイゼーション）の進行により、自分やごく身近な仲間

以外の人たちのこととなると途端に関心が薄れてしまうという風潮も強い。完成前のレポートのまわし読みは、こうした現実への対応だった。

　レポートが完成に近づいた時期、下書き段階のレポート原稿を授業に持参させる。その学生たちを4、5人ずつのグループにわけ、それぞれの下書き原稿をまわし読みする。学生たちはまわってきた原稿を読み、感じたことを原稿に直接書きこんで次にまわす。一巡すれば、各学生の手元には、仲間からのコメントが書きこまれた下書き原稿が戻ることになる。そのコメントを参考にしながら、学生たちは自分のレポートを推敲。こうして完成した原稿に私が最終的な個別指導を加え、原稿提出へと至る。

　まわし読みにあたり、細かなチェックポイントは指示していない。私が強調したのは、「わからなければ『わからない』とハッキリ書くように」ということだった。批判的なコメントを与えたり受けとったりするメリットを理解させ、他者からの批判に慣れさせる。それは、「他者を恐れないこと」を促す指導でもある。同じ批判でも、先生にいわれると反発するが、同じ立場の学生からだと受けいれやすい。

　まわし読みをへて、1年生が漏らした「いろんな人がいる」「さまざまなテーマがある」という素朴な驚き。それは他人と同じであることにではなく、違うことに価値を見出していく糸口となる。上級生の感想では、他人のアドバイスが、自分のレポートづくりに実に役立ったという声。それは、自己形成における他者の重要性への気づきとなる。これらのどの反応も、他者のまなざしを学習過程に呼びこみ、そこに共同性を育んだ成果である。

3. 学生の反応

　この授業では、好きなことを調べ、それをレポート化すればよい。ところが、その自由を使う段で、学生はとまどいと困難に直面する。突き詰めて考えると、自分はいったいなにに興味・関心を抱いているのか。テーマ設定のプロセスはその曖昧さに気づかせ、それを煮詰めることを各学生に要求する。その壁を乗りこえると、次の壁が現れる。レポートには字数制限があり、情報の取捨選択を迫る。学生は、調べたことやわかったことのすべてを書きたい誘惑にかられる。しかし、それはできない。今度は煮詰まった自分を、ク

ールダウンすることが求められる。
　これらの苦しさを乗りこえ、自分のしたかったことにひとまず輪郭が与えられたとき、学生が得る達成感や充実感は大きい。そのことは、授業評価に書かれた感想では、「大変だった・しんどかった」（41.2％）と口々に語りながらも、「ためになった」（31.4％）、「楽しい・充実した」（13.7％）、「よかった・うれしかった」（11.8％）など、個人研究レポートづくりに対する満足度が高かったことによく表れている（なお、授業評価は、原則として授業最終日に個人研究レポートと同時に提出してもらった。各授業の提出日は、基礎演習が1999年7月12日、専門ゼミが7月7日、特論が7月17日、である）。
　学生は、試行錯誤の末、なんとか集めた文献や資料、アンケート調査の結果などをレポートへとまとめていった。言葉や表現の至らなさは、不足というより、こちらの想像をかきたて、言葉以前の豊饒な世界を立ちあがらせてくれた。とくに1年生の手になる、学問の言葉（概念）を介さない、あるいは知らない表現は、学生の日常の、等身大の現実を映しだしていた。「アカデミズムの知」ではなく、「市民の知」「等身大の知」である。
　前期がおわるころ、それらはなんとかレポートの体裁をなすまでになった。夏休み明けの10月、「学習成果の共有化」の試みはついに形となった。思えば、学生にとっても私にとっても、それはビギナーズ・ラックと呼ぶべきものであった。世界は、初心者的魅力にあふれ、やることみるものすべてが新しい。学生の文章の行間からは、弾む息づかいや悩む姿が目に浮かんでくる。私もただただなんとかしようと、ひたすらひたむきだった。
　大学1年生対象の基礎演習では、レポートを書くのがはじめての学生が大半で、とても苦労していた。ある学生は、「アンケートをつくるということをかなり甘くみていました。実際につくってみると、質問の内容に意味がなかったり、結局同じことを聞いていたりして、本当に難しいことだとわかりました。もっと全体の構想を考えて、自分が一番知りたいことはなんなのかをちゃんと自分で理解してやるべきでした」という。
　別の学生は、「私は、テーマがいかに大事か知りました。また、レポートの書き方（読みやすさ）で、常に読み手を考えることを（先生に）教えられました」と、学びについて報告している。

さらに別の学生は、「自分の興味あることについて調べられたのがよかったです。他にも調べたいなあと思うものがあるので、またやってみたいです」と、さらなる研究に進もうという気持ちを伝えてくれた。

大学3年生対象の専門ゼミでは、「レポートのテーマとか自分で考える時間をいっぱい費やして、勉強になりました。なにをかっていうと、悩むことが大切なんだって、当たり前のことかもしれませんが、改めて実感しました。後期は、自分のテーマ（卒論）をしっかりもって、楽しく調べていきたいです。そうすれば、自然にいいレポートになるんだなあと思っています」と、研究テーマの絞り方への関心が高まっていた。

M1対象の特論では、受講生に社会人大学院生が多かったこともあり、第1に自分の興味や関心がしっかりある分、それをかぎられた紙面にいかにまとめるか、第2に仕事などの制約時間をいかにぬってレポートをまとめるか、「考えれば考えるほど広がっていく文脈をどのようにまとめようかと苦慮しました。そして、時間との闘いでした」とあるように、分量と時間との闘いだったようである。

それから、「臨床研究として事例研究を扱いたいが、さまざまな守秘義務との関連で、結局とりあげるのを断念した」という記述もあった。断念しきれない院生の場合は、レポートを完成し、提出はしたものの、本への収録は見送らざるを得なかった。本をつくることは手段でしかない。目的は、研究の過程を体感できればいいので、これはこれでいい。

4. 第Ⅰ期「離陸期」をふりかえって

一方、個人研究レポート集づくりを進める上での問題点もみえてきた。

近年私事化が進み、他の人のことには関心がない人が増えている。「学習の個人化」という問題である。視点を変えれば、「学びの共同体」にならないという問題である。

たとえば、3分間スピーチを行うにしても、名前や顔ぐらいしか知らない仲間の前で話をして、仲間の関心を惹きつけることはなかなか容易ではない。この授業の入口にしても、「自分の学びたいことをテーマにしよう」である。ある意味、他の人のことは関係ない。「人は人。自分は自分」の世界である。

だから、自分が興味や関心のあることを、聞き手にも同じように興味や関心をもってもらうことは難しい。仲間の無関心を感じつつ、言葉を発するには勇気も必要である。

　しかし、それらの困難を乗りこえて自己表現し、他者の関心を惹くことができたとすれば、自信がつくし、人とのつながりも実感できる。「調べてみたら、わかりました。プレゼンテーションしました。じゃあ、おわり」では、やはりつまらない。「学びの共同化」をどう進めるか。

　それから、知りたいことについて、自分なりに調査したり、図書館やインターネットで調べたりしてわかることも大切である。

　問題は、インターネットの利用に集中する。インターネットで、各種ホームページは辞書代わりに使える。手ごろなレポートがいたるところにある。それをいかに自分のものとするか。情報編集能力の育成を目指しているものの、引用方法など含めて、未解決の問題だらけである。

　また、自分が興味をもち、調べたことをどのようにプレゼンテーションし、さらに仲間以外の人たちといかにつながっていくか。「他者という回路」をどう広げるか。

第3章
個人研究レポートづくりの展開——基部の変遷と主部の創設

PS3〜学びの共同体プロジェクト「ゼミ活動総括」（2004〜2008年度）

1. 基部の変更点Ⅰ——参加者と参加形式の変更

　PS1は、1999年度開始当初、島田関係では前後期に1ゼミ生、3ゼミ生、M1が、會田ゼミでは後期のみに3ゼミ生が、ともに全員参加でとりくむことになっていた（表5）。

　だが、2年目の2000年度になると、各種事情でさまざまな変更を余儀なくされる。一番大きな理由は、授業の外部的な要因である。これにより、参加者に変更が生じた。まず、島田関係では、1999年度で武庫川女子大学大学院での非常勤講師が終了した関係で、この年度をもってM1の参加がなくなった。また、1年生対象の授業科目が2001年度の学部学科の改組にともなってなくなる関係で、2000年度をもって1ゼミ生の参加もなくなった。結果的に、2001年度の転換期以降は、PS1は、3、4年生対象の専門ゼミに限定された試みとなる。

　内部的な要因としては、2000年度にはじめて4ゼミを受けもつことになった會田氏から「個人研究の総括をしたい」という意向があり、とりあえず後期のみのチャレンジとして、新たに4年生対象とした個人研究レポートとして「卒論の抄録」をまとめることになった（表4）。

　これを受け、島田ゼミでも、新たに4ゼミの前期にも個人研究レポートづくりを自由参加で、また後期には「卒論の抄録」づくりを全員参加することにした。結果としては、強く指導しなかったこともあり、前期はひとりのみの参加となり、後期は全員参加するものの、学生の要望もあって本への収録を全員見送った。また、3ゼミの前期は全員参加のままにし、後期は自由参加に変更した。結果はといえば、後期は、一部参加義務のあった学生を除いて参加者はだれもいなかった。

表5　学生の参加形式

	本のタイトル	島田ゼミ				會田ゼミ	
		1ゼミ	3ゼミ	4ゼミ	M1	3ゼミ	4ゼミ
離陸期	『セレブレイト・ライフ』('99前期)	◎	◎		◎	/	/
	『縁は異なもの』('99後期)	◎	◎			/	/
	『サンバースト』('00前期)	◎	◎	○		/	/
	『未来への扉』('00後期)	◎	△	#		◎	◎
転換期	『それぞれの物語』('01)	/	○	*		◎	◎
	『私を呼ぶモノ』('02)	/	○	*		◎	◎
	『キャラバン』('03)	/	○	*		◎	◎
確立期	『ぜみチュー』('04)	/	○	◎		◎	◎
	『斌枊訓』('05)	/	○	◎		◎	◎
	『ひろし塾』('06)	/	○	◎		◎	◎
	『キャラ立ち塾』('07)	/	○	◎		◎	◎
	『Hiro Tech』('08)	/	○	◎		◎	◎

注）記号の意味
　◎：全員参加、○：自由参加、△：自由参加だが、一部参加義務、＊：自由参加だが、参加者なし、
　＃：全員参加だが、収録せず、／：該当なし

　2001年度からの転換期に入ると、島田ゼミでは、PS2の立ちあげもあり、PS1は3年生も4年生も自由参加とした。だが、4年生の参加者が3年間続いておらず、2004年度からの確立期には、3年生は自由参加とするものの、4年生はPS3の実施にともない、全員参加とした。

　ここで明らかになったように、島田ゼミと會田ゼミとでは、PS1を実施するにあたって、状況の変化に応じて、ゼミ生を全員参加とするか自由参加とするかで指導方針がズレていった部分がある。會田ゼミでは、一貫して全員参加としている。他方、島田ゼミでは、全員参加としたのは、3ゼミでは1999年度から2000年度前期までで、以後は一貫して自由参加としている。（なお、この間の詳細は、「4．プロジェクト続行上の壁」を参照のこと）

2. 基部の変更点 II ――「卒論発表ライブ集」と「ゼミ活動総括集」の試み

　本の構成のうち、〔基部〕欄は、10年間の試みを通して発刊した12冊の共通基盤となっている部分である。〔基部〕欄は、当初 PS1 の成果である「個人研究レポート集」を収録していた。だが、2001年度以降、新たな項目が入ってくる。それは、會田ゼミの4年生対象に特化した2つの試みの成果である。

　まず、2001年度は、會田氏の発案で「卒論発表ライブ集づくり」をすることになった。卒論発表ライブづくりには、2種類の情報が盛りこまれている。それは、卒業論文発表会の雰囲気をスライドショー感覚で伝えようとする前半部分と、卒論完成までの秘訣やトリビアと呼べるものを1頁で簡潔に紹介する「會田ゼミ知っ得情報」という後半部分の2つである。

　これは力作で、とてもおもしろいものができあがった。だが、前半部分の仕上げは膨大な時間を要する大変な作業となった。ゼミ生の卒業後も細かな編集作業が続き、卒業生のひとりが完成までつきあうこととなった。この手間を考えると、これを持続可能な試みにするのは難しかった。さらに、後半部分の「會田ゼミ知っ得情報」も、これから数年は不要と思われるほど多面的で、充実した内容だった。

　そこで、再び會田氏の発案で、2002年度の會田ゼミでは、卒論発表ライブ集づくりの後続企画として「ゼミ活動総括集づくり」をすることになった。

　ゼミ活動総括の内容は、①「私の卒業論文」、②「私のゼミ生活」（研究余話）、③「Before・After・Future」、の3つの柱からなっている。①「私の卒業論文」では、卒業論文の抄録を380～400字に、②「私のゼミ生活」では、研究余話として、卒論を書いて、またはゼミで、発見したこと、悩んだこと、おもしろかったこと、つらかったこと、楽しかったこと、死にそうになったこと、得意になったこと、凹んだことなどを、ゼミの後輩へのメッセージとして、400字程度に、最後に③「Before・After・Future」では、キャンパス・ライフ4年間で起きた印象に残る出来事をふりかえり、それが起こる前の私、それが起こってからの私、それが卒業して社会にでていく私に

とってどんなものになりそうかを、それぞれまとめていく。読み手としては、広く一般の人をイメージし、学習成果の共有化をより広い一般社会に広げようという仕掛けである。

　この企画はなかなかおもしろく、①「私の卒業論文」では、4年生で書きあげた卒論をふりかえり、②「私のゼミ生活」では、3、4年の専門ゼミをふりかえり、③「Before・After・Future」では、入学前と入学後をふりかえり、最後に卒業後に向けて心の準備をさせていく。過去と現在（直前の過去）をリフレクションし、未来に向けてアプローチし、橋渡しさせていく。まさに、英語のコメンスメントの意味である、「卒業」と「はじまり」を実感させるツールとなっている。

　この本は、作成した学生への教育効果もさることながら、これを読んだ家族の方から會田氏へ「娘や孫の成長を知ることのできる本で、ありがたい」といった反響が続いた。そこで、會田ゼミでは、翌2003年度もゼミ活動総括集づくりを続行することになった。

　この事態を受け、島田ゼミでも、2004年度から専門ゼミでの導入教育としての個人研究レポートづくりの一本立てではなく、4年生対象のキャリア教育の一環としてPS3〜学びの共同体プロジェクト「ゼミ活動総括」を立ちあげた。以後、ゼミ活動総括集づくりは、ゼミ本づくりにおけるもうひとつの〔基部〕となっていった。

　以上のような経過で、島田担当分も會田氏担当分も、2001年度以降の本づくりは、3、4年生対象の専門ゼミに限定してトライするようになった。また、2004年度からゼミ本の柱が「個人研究レポート集」（3年生対象）と「ゼミ活動総括集」（4年生対象）の2本立てとなったことで、それまでは「個人研究レポート集づくり」と呼んでいた試みを、そのころから自然と「ゼミ本づくり」と呼ぶようになっていった。

3. 主部の登場――研究論文の収録

1) 研究と教育の結合

ところで、本の構成の変遷をみればわかるように、本づくりでは、さまざ

まな試みを積み重ねてきている（表4）。注目すべきは、『サンバースト』（'00前期）からはじまった「研究論文・研究ノート」の収録である。

　教育現場でよく耳にする言葉のひとつに、大日本帝国海軍の第26、27代連合艦隊司令官である山本五十六の「やってみせ、いって聞かせて、させてみて、ほめてやらねば人は動かじ。話しあい、耳を傾け、承認し、任せてやらねば、人は育たず。やっている、姿を感謝で見守って、信頼せねば、人は実らず」があるが、これを地でいくことになる。

　「ようこそ、研究の世界に！」。これは、創刊号の『セレブレイト・ライフ』（'99前期）の冒頭を飾った言葉で、学生に送った最初のメッセージである。

　このメッセージを受け、翌2000年度前期の授業で、個人研究レポート集づくりの3回目を迎えたとき、学生からある要望がでた。それは、「先生も私たちと同じ時点から個人研究レポートをしてみせて」というものである。もちろん、快諾した。

　早速、私語の新バージョンとして登場した「メール私語」の実態を探るために、関西にある7大学の学生を対象にアンケート調査した。この成果は、論文「私語のIT革命」として結実し、『サンバースト』（'00前期）に収録した。その後、この論文は、島田博司『メール私語の登場』（玉川大学出版部、2002）の第6章に「メール私語の登場」として再収録されていくことになる。

　この論文は、本の公刊後すぐに、各種メディアで紹介された。『毎日新聞』（2000年10月21日・東京本社版[1]、同日夕刊・大阪本社版[2]、23日・西部本社版[3]）に掲載されたのを皮切りに、メール私語やケータイ私語の登場が大学授業現場を変えつつあるという「私語のIT化」について各種メディアを通しての報道が次々と反響を呼んだ。

　学生は、自分たちにとってあまりにもなじみのあるケータイによるメール私語が研究対象となり、その実態が解明され、社会的に報道されていく過程を目のあたりにし、研究の意義や社会性を知ることとなった。「他者という回路」がどのように開かれていくのか、学生が身近に体感的に実感するいい機会となった。さらに、新しい研究領域がどう開拓されていくのかも身をもって知ることとなった。

　それから、2000年度後期分をまとめた『未来への扉』（'00後期）では、

論文「「素の自分」考」を収録した。現在でこそ普通に使われる「キャラ」という言葉がではじめたころで、当時はこの言葉になじみのない学生も少なくなかった。当時、「素の自分」、あるいはその対概念である「キャラ」に関する論文もまだなく、パイロットサーベイをするには絶好の材料だった。そこで、2000年12月から2001年1月にかけて、甲南女子大学の学生を対象に、学生に「素の自分」についてレポートを作成してもらい、それを論文の形にまとめた。

　これらの結果は、この試みに弾みをつけるものだった。教師が学生に、いってやらせるだけでなく、実際にやってみせることができた意義は大きい。学生も、自分たちのなかにあったひっかかりがとれたようである。今から思えば、「よい研究者であることが、よい教師の条件である」という大学観、つまり「研究と教育の結合」というフンボルト理念がまだ生きていたといえるかもしれない。

2）「授業のIT化」の試み──「チャットな気分」と「Eメールによる授業評価」の導入

　2001年度分をまとめた『それぞれの物語』（'02）には、2001年度前期開講の全学共通科目「自分の探求」（1年生対象）での試みをまとめた論文「ITを利用した授業づくり─「チャットな気分」と「Eメールによる授業評価」導入の試み」を収録した。

　このころ、大学授業では、私語ばかりでなく、無語が日常化し、避語が登場する事態を迎えていた。授業での公的なコミュニケーションが沈滞化するのと裏腹に、私的なコミュニケーションは活発化していた。

　それには、イジメをかいくぐってきた世代特有の、ウキたくない、マジメに思われたくない、といった現代学生気質も影響している。加えて、ITの影響もある。ケータイが普及したことで、私語にもIT革命が起き、授業中にメールのやりとりをするメール私語が登場した。

　メール私語のやりとりからもわかるように、学生はコミュニケーションを拒否しているわけではない。いい方をかえるなら、自分たちにあうコミュニケーションの形式ならどんどん参加していく。

　そこで、授業にうまくITを利用することで、授業の裏舞台ではなく表舞

台でのお互いのやりとりを活発化し、新入生の友達づくりに役立たないかと考えた。

　授業でのコミュニケーションが活発化しないのは、学生のコミュニケーションの形式が変化しており、それがこれまでの授業スタイルにあわないからではないかというところに、論文「ITを利用した授業づくり」の問題意識がある。

　そこで、6月6日と6月13日の授業にて、以下の2つの試みを行い、学生の反応を確かめることにした。

　ひとつは、インターネットの世界でのチャットに注目した。授業でのコミュニケーション促進にチャットを利用する試みは珍しいものではない。ここでは、"チャットな気分"をどう授業にもちこんで授業を活性化するか」に力点をおくことにした。とくに、授業を楽しくおもしろいものにするための仕掛けとして利用することで、友達づくりに役立てたかった。

　ここで「チャットな気分」というのにはわけがある。実際にネットワーク上でチャットするのではなく、紙上でする方法をとり、これを「紙チャット」と命名した。

　なぜ紙チャットを採用したかというと、2つの理由がある。ひとつは消極的理由で、物理的なキャパシティの問題で、ひとりに1台ずつのコンピュータを手配し、学内ネットワーク上でチャットすることは不可能だったことがあげられる。もうひとつは積極的理由で、コミュニケーションを活発化するには、チャットな気分があればいいと判断したことである。

　具体的には、3人1組になり、A3の紙に会話記録を残していく。そのやりとりを、33台のコンピュータが使える教室で、コンピュータに打ちこみあう。画面に打ちこみあうことも大事だが、お互いに紙を回したり、手書きの字をみたりするなかで感じるものや、紙に文字を書きこむのにかかる時間の流れや雰囲気を大切にしたかった。

　もうひとつは、「Eメールによる授業評価の実施」である。昨今、学生による授業評価が一般化し、授業終了時に感想や意見を書かせたり、学期末には5段階評価や自由記述による授業評価を実施したりすることは、もはや当たり前のこととなった。

　しかし、匿名による授業評価が授業くさしに傾き、親和性や発展性がなく、

教師にアレルギー反応を呼び覚ますことが少なくない。授業評価を実施することで、教師と学生の関係がお互いに切れるだけでは意味がない。もっと相互のかかわりあいが、いい意味で、フレンドリーでつながりを深め、お互いの素顔がみえるものにならないかと考えた。加えて、学期末の授業評価では、次学期以降の授業改善には役立つものの、目下の授業改善には役立たず、評価をやる意味が薄くなる。

　そこで、Eメールを授業評価に利用することにした。多くの学生にとって、Eメールは身近な人とのやりとりに使うことが多く、それをするときは自然とフレンドリーなモードになるし、メッセージがショートなため、端的な授業評価を得やすいと予想した。

　また、目下の授業改善に授業評価を役立てようとするなら、即時性や即応性が求められる。毎回書かれた文章を読みあげて紹介する方法が一番てっとり早いが、Eメールはそれに次いで速やかに次の授業に生かせるし、聞き流しておわりではなく、目にみえる資料として学生にフィードバックできる。紙ベースのものだと、それを（コピーして）切り貼りしたり、書き写したり、パソコンで打ち直したり、いずれにしてもかなり手間暇がかかる。だが、Eメールであれば、テキストファイルに落として感想の整理もしやすい。

　さらに、次年度以降の授業展開においてもいい循環が起きるように、これらの2つの試みについては、なんらかの形で公開することとした。3回目の授業に役立たなければ意味がないので、この部分のやりとりをまとめた『島田の気分』というパンフレットを作成することと、授業全体の包括的な評価として論文にまとめ、『それぞれの物語』（'01）に収録することにした。

　その際、問題となるのは、学生からのメッセージを匿名にするかどうかである。もちろん、匿名だからこそ語れる真実もある。だから、年度末にする授業評価は、匿名で実施している。しかし、ここには自分の発言の結果を引き受けないずるさが見え隠れする。たとえば、単位を無事にとりたいとか、いい人に思われたい、他者を攻撃し傷つける人だということを知られたくないなど。その分、相手に言葉が届かなくなる。誤解されるのを恐れずにいうと、本当に大切なことなら、人を傷つけるくらいの強さが必要と考え、この点を学生に強調し、実名で公開することにした。その意味で、教師である私は、この意を無にしてはならない。とはいえ、実名で公開ということにした

分、真実が隠れてしまったかもしれないことも忘れてはならないだろう。

　この試みの結果は、どうだっただろう。「チャット式授業」に対するEメールによる授業評価と、毎回の授業終了時に提出してもらっている授業評価をまとめてみよう。

　最初は、なにしろチャット式というが、チャットはインターネットでは体験ずみでも、授業では初体験という学生が多く、とまどいが隠せない。とくに一番目に書く人の最初の一筆がすんなりでるとでないとでは、あとの展開が変わってくる。

　とはいえ、「変わっている」とか「面倒くさい」と思いながらも紙チャットをはじめてみると、現代風な感じで「楽しかった」「おもしろかった」「新鮮だった」という声が続く。口ではいいにくいことも紙の上だと書けることもあるし、冷静に感情的にならずに書けるよさを指摘する声があり、字で書くことの重みや困難性、特異性も感じたようだ。

　3人で交した会話をふりかえり、「コンピュータに打ちこむ時点では、字の汚さが気にならなくなり、文章の修正もできてよかった」という。紙チャットと打ちこみ作業を通して、「みんなでやってる感じで、グループになったメンバーと友達になれてよかった」と続く。「名簿付きランダム座席指定制」を導入したことで、隣近所の席には違う学科の学生が配置されているため、知らない人とこんなふうに和気あいあいと交流できたことへの驚きと喜びがあふれている。ただし、コンピュータを使い慣れてない学生には、打ちこみ作業がちょっとつらかったことも窺える。「口でいった方が早くて、伝えやすい」という声もなくはない。

　チャットな気分の授業づくりはおおむね好評で、学生にもメリットは多そうだった。だが、けっこう手間暇がかかり、持続可能なやり方とはいえず、このやり方は断念せざるを得なかった。

4. プロジェクト続行上の壁

1) 指導者の壁

　さて、話を基部のPS1に戻そう。

なにごとも同じようなことを3年も続けていると、一種のアキというか、ダレが生じる隙がでてくる。シリーズの5冊目で、3年目の学習成果をまとめた『それぞれの物語』（'01）の冒頭に、私はこう記述している。「この本づくりにとりかかりはじめた当初、タイトルは『読みごたえ』（Write a Report What you Want to Read!）と決めていた。このタイトルには、1年前の反省がこめられている…」と。そこには、これまで2年間実施してきた個人研究レポート集づくりの試みが早くも形骸化しつつあることへの恐れがあった。

　2001年度当初、私は、1999年度の授業よりはじめた、過去2年間の計4回にわたる作品集づくりをふりかえって、あるもの思いにふけっていた。それは、これらの本の放つ輝きについてである。

　私がはじめて手がけた『セレブレイト・ライフ』（'99前期）には、なんともいいようのない初々しい輝きがそこにある。なにしろはじめての試みで、「うまくいくだろうか」という心配や、「学生もなかなかやるじゃない」という驚きが私にあった。

　しかし、試みをくりかえすうちにいつしかそれは日常となり、当たり前のものとして驚きはなくなった。学生のまとめた論文内容にも、もの足りなさを覚えるようになっていた。直面した問題は、指導者自身の目がこえることで、学生への要求水準があがっていくことであった。

　そして、指導者の油断というか、同じようなことをくりかえすことによる緊張の緩み、慣れによる飽きも生じはじめていた。この弊を避けるためでもあるが、ゼミ本づくりでは、できるだけ毎回新たな試みにチャレンジし、バージョンアップを図りながらリニューアルを重ねるようにした。

　すでにみてきたように、2000年度前期の『サンバースト』（'00前期）では、研究論文を初掲載した。2000年度後期の『未来への扉』（'00後期）では、初の4ゼミ生をもった會田氏の希望もあり、個人研究レポートとして「卒論の抄録」を収録していくことになる。

2）　惰性と就職活動の壁

　2000年度がはじまってしばらくしたころ、指導者の自己努力だけではどうしようもないような、新たな壁にぶつかった。それは、島田の4ゼミ生に

起こった。直面したのは、惰性による緊張感の欠如と就職状況の厳しさという、授業をとりまく環境の悪化である。

　トライした4年生は、3年生のときにすでに2回ばかり個人研究レポート集づくりに参加している。4年前期は自由参加とし、後期は卒論完成後に「卒論の抄録づくり」をすることで、それをもって個人研究レポートにまとめる手はずになっていた。

　しかし、就職戦線の厳しさもあり、4年生はなかなか卒論に手がつかない。ズルズルとすぎていく日々。そのため、夏休みを明けても、卒論に本格的にとりくむことができず、準備作業として3年生のときにまとめたレポートの域をこえるのが、質においても量においても難しかった。

　それに、卒論の抄録となると、それなりの形式が求められ、ある種のぜい肉を落とし、研究内容をコンパクト化する必要がある。研究には、いろいろな意味で、省略と強調が必要だが、分量的な問題もあり、レポートの単刀直入さや視点の大胆さ、スピード感、初々しさ、内容の濃さなどを失わせていた。

　その結果、卒論にはあった研究の醍醐味などの部分が最終的にはすっかり削ぎ落とされ、つまらなく読みごたえのない、形ばかりの抄録がどんどん量産されていくのを目にした。そこで、島田ゼミでは、土壇場で当初の計画を見直し、「卒論の抄録」の収録を見送ることにした。

3)　指導方針の転換——本づくりは半期ごとから1年ごとへ

　他方、會田氏は、はじめての卒論指導ということで、ひたすらまっすぐに学生と向きあっていた。會田ゼミ1期生の4年生も、そんな先生につられて、スパーク状態だった。空き時間の大半を学生指導に使っているようで、研究室を訪ねるたびに学生の指導に明け暮れていて、驚かされた。會田ゼミの4年生にとって個人研究レポート集づくりは3年後期に続いて2度目ということで、惰性とは無縁だった。むしろ他ゼミの学生からは、進み具合をうらやましがられる状態で、ヒートアップしていた。最後は、先生も学生も「涙、涙、ただ涙」といった感じで、原稿の完成を迎えていた。やはりビギナーズ・ラック？は恐ろしい。

　そんなこんなで、會田氏と相談し、2001年度以降のPS1について、次の

ようにすることにした。それは、①本づくりは、学期ごとの年2回から通年での年1回にすること、②4ゼミ生分は、卒業論文の抄録を作成するのではなく、論文のエッセンス部分をピックアップし、読みごたえのあるものにすること、などである。実際にどうするかは、それぞれの裁量で試すこととなった。

　私は、このことを学生に伝えるために、「自分が自分でもう一度読みたくなるようなレポートを」というフレーズを用い、レポートづくりを鼓舞した。とはいえ、教師だけが力んで舞いあがってもしょうがないので、「ヘンに要求水準をあげない」ということを肝に銘じながら、新たな年度をスタートした。

　「教育はナマモノ」とよくいわれるが、それはここでも真なりである。教師にとっても学生にとっても、その試みの「鮮度」をどう保つかが課題となる。

　結果として、2001年度は、4ゼミについては、會田ゼミは、②に該当するものにして「卒論発表ライブ集」を作成した。これは編集作業が予想以上に大変で、持続可能なものにするには問題があり、この企画はこの年度のみで終了した。2002年度以降は、ゼミ活動を通して学んだことなどを後輩に託す「ゼミ活動総括集」を収録することになっていき、やがてこれが本づくりの2本目の柱となっていく。

　他方、島田ゼミでは、個人研究レポートのやり方を踏襲し、しばらく学生の様子をみることにした。だが、自由参加にしたことで、参加者はなかった。

5. 新たな場の設定の必要

　個人研究レポートづくりを中核においたゼミ本づくりは、数々のリニューアルや工夫をしてきたにもかかわらず、島田ゼミではそれだけでは対応できない問題がどんどん生まれていた。

　個人研究レポートづくりは、学生自身になにかを知りたい、学びたい、研究したい、表現したい、伝えたいという気持ちがなければ、楽しむことはできない。ところが、そのような気持ちを湧きたたせること自体が困難な学生が散見されるようになった。

自分のしたいことをする、したいことを先延ばしするような我慢はしない、といった感じが影を潜める。自分のしたいことも学びたいこともなく、「めんどくさい」「しんどい」「どうでもいい」を連発する。「無理」「できない」という言葉も増えつつあった。
　こうした傾向は、この授業で当初行っていた3分間スピーチがたどった経過に表れている。このスピーチでは、自分が興味・関心をもったテーマを説明し、研究の経過を報告することを目指した。ところが、自分の興味の所在を自らつかめずじまいの学生や、周囲の反応に気兼ねして思うように話せない学生が増え、スピーチは成りたちにくくなっていった。時間を2分間に縮めたりしたものの、結局やらなくなった。
　人を傷つけたくないといいながら、自分が傷つきたくないという匂いのする、「発表しない自由」「自分の考えをいわない自由」という主張もでてきた。「なにをするのもしないのも自由」という考えが、「学習成果の共有化」といった学びの共同体づくりを目指す授業の雰囲気を壊しつつあった。
　また、レポートをまとめあげるには、起承転結などのストーリー性をもった文章を、学生がイメージできなければならない。それは、文章を書くために必要な基本的なセンスである。これが、年々落ちていた。
　学問研究よりも原初的なレベルで自分をみつめ直し、自分を試したり、よりいっそう他者に向かって自分をさらしたりしていくような経験。断片的な出来事や記憶をストーリーとして叙述するトレーニングの機会。私はそれらの必要性を、強く感じはじめた。
　次に報告する自分史エッセイづくりの試みは、その思いを伏線にして最初に生まれた。この試みは、2001年度開始当初は予定していなかった。だが、あることがきっかけとなり、その後ゼミ本づくりから独立していくことになる。1ゼミ生、3ゼミ生に加え、3年生対象の専門科目「教育社会学Ⅱ」の受講生にも参加してもらった。ゼミ本では、この試みを位置づけるために、サブタイトルを「個人研究レポート作品集」から「大学授業ポートフォリオ集」と変えることになった。

第4章
自分史エッセイづくりの誕生

PS2～自己確認プロジェクト「自分史エッセイ」(2001年度)

1. 学年の壁をとり払う ── 合同授業の実施とつまずき

　2001年度の授業は、新たな授業展開をみる。まずは、すでに紹介したが、3ゼミ生対象の個人研究レポートづくりを半期ごとにするのではなく、通年での試みとした。

　次は、1ゼミと3ゼミとの合同授業の実施である。直接のきっかけは、学部改組にともない、新カリキュラムとして、主として「人間関係づくり」を行う、1年生対象の基礎ゼミ（10名前後少人数クラス。通称、「1ゼミ」）がはじまったことにある。このため、1ゼミでの個人研究レポートづくりを断念した。

　そこで、これまでとは違う形で、1ゼミ生と3ゼミ生との間に「他者という回路」を設けられないかと考えた。そこで、3ゼミの前期は、個人研究レポートづくりのための読書会を半分程度、もう半分は1ゼミに出向いての「感性の教育」のワークショップに参加することにした。

　その後、3ゼミの後期に、個人研究レポートづくりに本格的にとりくむ計画をたてた。

　ところが、前期に実施した1ゼミ生と3ゼミ生の交流を兼ねたワークショップは、そのもくろみに反して、「他者という回路」を開くことがなかなかできなかった。同一学年同士の「ヨコのつながり」さえなかなかとれない学生にとって、異学年という「タテのつながり」はもっと大きな壁だった。

2. エッセイづくりのきっかけ

1) リレーエッセイ「17歳のころ」の執筆

2001年6月下旬、朝日新聞社の朝日21関西スクエアから、大阪本社版の夕刊に連載中のリレーエッセイ「17歳のころ」への執筆を頼まれた。このコーナーでは、関西各界のキー・パーソンやオピニオン・リーダーがリレー形式でそれぞれの17歳を綴っていた。13字×47行（611字相当）の本文に、53字以内の自己PR（名前のふりがなと、なにがしかの自己紹介）をいれるというものだった。この企画は、2001年1月5日から2002年3月29日まで続けられ、好評を博していた。企画終了後、朝日新聞社編『17歳のころ』(2002)[1]として公刊された。

私のエッセイは、2001年7月6日の夕刊に掲載された。自分の経験をコンパクトに整理するためには、新たな語り口も必要だった。書くことをより確実にするために地元で行ったインタビュー作業は、他者に対する「感謝の念」を発見するラッキーな旅となった。

そこで、そうした体験をリアルタイムでしているときに、ビビッとくるものがあった。「これだ！　これを大学授業で体験できないか」と。これがきっかけとなり、「可能なら学生にも同じような体験をしてほしい」と考えるようになった。

当時、私のなかで、ある思いがこみあげていた。それは、学生自身に、なにかを知りたい、学びたい、研究したい、表現したい、伝えたいという切実な気持ちがなければ、個人研究レポートづくりを楽しめないということであった。

「ラクに楽しく要領よく生きたい」という学生にとって、卒業論文をまとめていく専門ゼミは厄介で、やらなくてすむならやりたくないものの筆頭のような存在となっていた。それまでは、「専門ゼミでは、自分のしたいことをして、卒論をまとめたらいいよ」と声をかければ、学生はなんとか卒論に手をつけていた。しかし、専門ゼミで学ぶという実感がなく、卒論をすべきものとは思ってもいない、それ以前にやりたいことがない、できればなにも

したくないとさえ思う学生が増えていた。これでは、卒論を楽しめない。

　こうした学生の出現の背景には、学力低下がある。それは全国的な傾向ではあったが、学力重視の入試選抜の比重が薄れ、学生の基礎学力の定着が危うくなっていた。つまり、読み書きが覚束なくなっていた。個人研究レポートづくりにひきつけるなら、論文をまとめる基本となる、文章の起承転結がうまくつけられなくなっていた。

　そうした力をどのようにつけたらいいのか。その実現可能性を探るなかで、エッセイづくりを思いたった。過去の自分をふりかえり、表現することで、自己理解を深め、それを他者に伝えることを体験することで、なにかを伝えることの楽しさやしんどさを存分に味わってはどうかと考えた。そのことによって、他者理解が進むことも期待できる。

　実際に書いてみるとわかるのだが、不特定多数の読者に伝わるように、かぎられた字数で自分の過去をまとめるのは難しい。だが、そのような制約があればこそ、執筆内容を厳選し、過去を冷静にみつめ直すことができる。

　かくして、本づくりは、エッセイ集という新たな要素を得ることとなった。その結果、「読みごたえ」という、教師の力みが入ったタイトルはなくなった。新たにつけたタイトルは、『それぞれの物語』である。

2）　若者のための自分史づくり

　「自分史」というと、高齢者が自分の「人生の総決算」をするものというイメージがある。しかし、「自分史」は若者にとっても意味ある試みになる予感がした。それは、「過去を整理（清算）し、未来の人生を切り拓く」ものになるはずである。

　というのも、過去の親子関係や友達関係のしこりのある学生、たとえば、小中学校時代のイジメや虐待を受けたトラウマなどが澱のように心身に沈殿し、まるで金縛りにでもあったかのように、そこから抜けだせない学生が散見されるからである。

　そのような状態に陥ったとき、内向きの〈自分探し〉だけをくりかえしてきた学生は、強いリセット願望や変身願望を抱く。だが、それは今の自分を否定するだけで、新たな生き方の開拓にはつながらない。

　リセットなどとは違う形で過去を過去として収めるには、自分がどのよう

な人生を送ってきたかを、できるだけ距離をおいて客観的にふりかえる必要がある。それを他者に向けて表現し、自分の思いをだれかに受けとめてもらう。それにより、似た経験をもつ者同士の共感が生まれたり、自分の思いが整理されたりする。新たな生き方の手がかりは、このような〈自分さらし〉のプロセスをたどってこそ得られる。自分史エッセイの執筆とその公開は、まさにその実践である。

　また、自分史の執筆は、自分の過去を掘り起こし、それを今の視点でストーリー化する作業で成りたつ。「自分」という物語をつくりあげるこの作業は、基本的な文章トレーニングとしても有効である。

　子ども時代は、自分自身の原点である。子ども時代をどうすごしたかが、その後の人間関係を左右する。学生一人ひとりが自分の中学・高校時代を「エッセイ」としてまとめることで、自分がどのような人生を送ってきたかをできるだけ距離をおいて、自分を客観的にふりかえり、いま現在どう生きているのか、今後どう生きたいのかを考えるきっかけを提供することができるのではないかと考えた。

　過去は過去として、どのように自分のなかに収めるか。収め方のひとつとして、「エッセイづくり」の手法を導入することにした。

3.「自分史エッセイ」の試み

　そこで、「17歳のころ」のエッセイに加えて、「14歳のころ」が反抗期にあたり、問題が多発することを考えて、「14歳のころ」のエッセイも書くことで、自分史エッセイとしてまとめることを思いついた。ここに新たに、若者のための自分史エッセイづくりが口火を切った。

　幸い、2001年度以降は、個人研究レポート集の作成を年1回にすることにしたので、時間的余裕があった。

　そこで、1ゼミ生と3ゼミ生に、過去の人間関係をふりかえってもらうために、自分史エッセイづくりを課題としてだした。1ゼミ生には、夏休みの宿題として与え、休み明けに提出してもらった。3ゼミ生にも、同じく夏休みの課題としてだしたが、引き続き後期の授業で添削のための時間を4回とって、完成してもらった。

執筆要項は、朝日新聞社の企画に倣った。ただし、字数はワープロソフトでの打ちだし原稿を想定し、39字×17行に設定したため、663字相当に増やした。

もちろん、私も新たに「14歳のころ」のエッセイを書き下ろした。学生に〈自分さらし〉を促すのに、教師がしないではみっともない。

4. 言語化のもつ可能性と危険性

1) 授業感想の提出と「アンサー・タイム」

ところで、私が担当する授業では、毎回授業のおわりに学生にB5サイズの授業評価用紙を配布している。これに、授業への質問や意見や要望を自由に書いてもらっている（もちろん、出席チェックも兼ねているが、それは副次的なことにすぎない）。

これをもとに次回の授業の冒頭に「アンサー・タイム」を設け、できるかぎりコメントをかえしている。アンサー・タイムは、授業の流れで授業終了前になったり、次回以降の授業で数回分をまとめて行ったりすることもある。場合によっては、プリントの形でまとめて配布したりもする。アンサー・タイムを設けるのは、とりもなおさず学生の言語化をサポートするためであり、自分の授業の結果を知るためである。

そんな作業をくりかえしていくと、その場で紹介される他の学生の鋭く深い気づきに接して、焦りがちになる人もいる。自分の弱点や劣等感にふれる内容だと、考えるのをやめるために無意識のうちに眠ってしまったり、イライラを募らせたりする学生もでてくる。そんな学生には、「慌てない。慌てない」と諭すのだが、これがなかなか難しい。学生の気持ちを受けとめ損なうと、授業を深めていくことが難しくなる。放置すれば、授業に危険が忍び寄る。

とはいえ、言語化という作業は、学生に痛みをともなうなどの可能性もあり、危険に満ちてはいるものの、人間の成長には必要なものである。

2) 言語化がもつ危険の予防——他者攻撃の場として利用しない

「自分史エッセイ」2題の作成を進めるなかで、以後の自分史エッセイづくりに援用することになる、学生に譲れない指導原則のようなものを確立することができた。

それは、言語化がもつ危険の予防である。この試みは、過去の負の遺産とも向きあうことになるため、危険がともなう。いいことや楽しいことだけを思いだすというのならなんでもない。しかし、みんながみんな、素敵ないい思い出ばかりではない。なかったことにしてしまいたい出来事やイヤな思い出もある。それが、あらぬ形で暴発することもある。

このため、エッセイ作成にあたり、学生に唯一希望したことは、この本づくりを他者攻撃の場として利用しないということであった。たとえば、その種の過去をふりかえって書くとき、人は当時の関係者への攻撃的な言葉を連ねやすい。片方の言い分だけを書きたてても、もう一方の話が聞けない。そんなところでの発言は、およそ創造的ではない。

ただし、そこからなかなか抜けだせない学生もいる。そんな学生には、「相手を責めるだけでおわらないように」とアドバイスした。自分史をモノにするのは、困難がつきまとう。

しかし、このしんどい試みを自分のモノとすることによって、学生は普段なかなか知ることのできない、それぞれの本音にふれることができたり、自分のことに改めて気づいたり、お互いのことを知るきっかけになった。つらい思いやなかったことにしてしまいたい出来事をそれぞれがそれぞれの形でもっていることに気づく、いい機会になった。

5. 講義形式の授業にも拡大——「情報公開と匿名性」の問題

1ゼミ生と3ゼミ生の様子をみながらではあったが、この試みはイケルのではないかと判断した。そこで、2001年度後期は、ゼミでの試みを講義科目にも拡大することにし、3年生対象の専門科目の授業「教育社会学Ⅱ」で自分史エッセイづくりを試みることにした（¶2）。なお、この年度からPS1〜学びの共同体プロジェクト「個人研究レポート」の本づくりが年1回に移

行していて、ここでの試みの成果を、ゼミの直接の成果ではないものの、前期のゼミ活動の成果の発展編として『それぞれの物語』('01)に収録することにした。

¶2 〈授業の概略〉
　プロジェクトを実施した授業は、後期開講の文学部人間関係学科の専門科目で3年生対象の「教育社会学Ⅱ」。11月中旬の6回目で、エッセイづくりを冬休みの宿題としてだした。字数は、663字相当とした。提出者は、51名。『それぞれの物語』('01)には、32名分を収録。

　とはいえ、少し気になる点があった。私が少人数授業を担当する場合、人間関係づくりのワークショップを行っている。人間関係の苦手な学生が増えるなか、それはなかなかすんなりとはいかない。なにをするにしても、ヘンな気兼ねや気遣いが交錯する。
　このため、エッセイを書くのにかなりのプレッシャーを感じる学生もいる。ある程度の匿名性の確保がこの試みの成否のカギを握っていそうだった。また、少ない人数だと、各自の体験内容に偏りが生じやすく、自分の体験との齟齬も生じやすく、他人事でおわってしまう可能性も少なくない。このため、かなりの匿名性が確保できる多人数授業で、それぞれの過去を共有する試みにした方がよさそうだった。
　自分史エッセイの作成にあたり、1ゼミ生と3ゼミ生には、「実名で公開できるものを書く」という共通理解で書いてもらった。
　しかし、「教育社会学Ⅱ」では、より深い自己成長を促すために、「実名での公開」のほかに、「匿名での公開希望」と「非公開希望」の選択肢を設けた。というのも、「情報公開と匿名性」の問題を自分自身の問題として考えてほしかったからである。
　もちろん、非公開だからこそ書けることもある。しかし、「学習成果の共有化」という授業課題があるので、なんらかの形では実名で公開することにした。このため、授業終了時にレポート提出者のみに配布する「自分史エッセイ集（授業配布版）」は、提出者全員分を実名で公開することにした。
　実名にこだわったのは、よく指摘される匿名性の悪弊、つまりとかく自己

意識が弱くなり、他人からどう思われるかに関心が向かなくなり、発言が無責任になったり、他者攻撃的になったりすることを避けるためでもある。また、公開にこだわったのは、先生が読むだけなら、適当に手を抜き、「要領よく単位をとろう」という気持ちが助長されることもあるからである。

こうしたことをくりかえし、無責任性や他罰性、表層的な要領よさが処世訓となることはマズイ。拙著『大学授業の生態誌』(2001)[2]でも明らかにしたように、こうした態度は、「要領の悪循環」を生んでしまう。

6. 学生の反応

そこで、2002年度前期開講の3年生対象の「教育社会学Ⅰ」を受講した学生が、授業評価に寄せた文章を紹介しよう。

> ＊私は、学校という場でみんなと生活しだして15年くらいたちます。そのなかで、科目以外のことでなにを学んだんでしょう。私は、人とあわせる楽しさと自分の意見を隠すやり方を余計に学んでしまった気がします。自分を苦しい方向にもっていっているのは自分かもしれない、と最近思います。ラクだと思っていたことが、逆に自分を苦しめていたらしい。これって、治るのカナ…。これが私だから、治さなくてもいいのカナ…。（2002年4月22日分）

この文章を読むと、日々の自分のありようが自分で気づかないうちに生きる姿勢に深く影響し、自分を傷つけることになる様子が伝わってくる。だけど、これに気づくことは、その人の成長のきっかけになる。自分に素直な言葉だから、彼女の独白はきっと多くの人の心に届くに違いない。

自分だけが「素」で、みんなが「キャラ」で対応するなら、バカをみる。多くの学生のもつ、「自分の言葉がきちんと受けとめてもらえるか」という心配がわからないわけではない。この部分はとても大切だし、十分尊重したい。

7. 「自分史エッセイ」の試みのその後——講義形式の授業でプロジェクト化

　自分史エッセイづくりの試みは、読売新聞の「文化・手帳」欄にて「心揺れた 14、17 歳のころ　いじめの影、孤独との戦い　エッセーで顧みる試み」（2002 年 6 月 28 日夕刊、大阪本社版）のタイトルで紹介された。反響は大きく、自分も読みたい、あるいは自分の子や孫に読ませたいというリクエストが相次いだ。

　自分史エッセイづくりには、それを書きあげた学生のためになるだけでなく、読者層の拡大という、新たな「他者という回路」を切り拓く社会的な効用があることがみえてきた。この反響は、この試みの可能性を後押しする応援歌となった。

　しかし、それは、論文をまとめる基本として、文章の起承転結のつけ方などを学ぶ必要からはじめた自分史エッセイづくりが別の歩みをはじめる分岐点となった。

　そこで、自分史エッセイづくりの可能性を探るため、2002 年度は講義形式の授業で 2 つのプロジェクトをスタートした。それは、前期に行った PL 1〜学校生活回顧プロジェクト「14、17 歳のころ」（B 部門第 1 章参照）と、後期に実施した PL 2〜大学生活サポートプロジェクト「ケルン」（B 部門第 2 章参照）である。

　この 2 つのプロジェクトを推進していくことにしたため、自分史エッセイ集づくりは、個人研究レポート集づくりを目指すゼミ活動から離れることとなった。その結果、個人研究レポート集づくりは専門ゼミに限定する方向に、大きく舵を切り直した。

8. 第 II 期「転換期」に訪れた危機

　2002 年度の成果をまとめた『私を呼ぶモノ』（'02）は、4 ゼミ生の手になる「ゼミ活動総括集」という新たな要素をいれながらも、ある意味で原点にかえった本づくりとなった。この間の事情を受け、ゼミ本のサブタイトルも、

前年度の「大学授業ポートフォリオ集」から「ゼミ学習成果記録集」と変えることになった。

だが、2003年度分をまとめた『キャラバン』('03) では、可能性としてはあるとは思っていたが、現実的にそうなるとは思っていなかった事態に遭遇した。

私の授業では、個人研究レポートづくりにあたっては、2001年度以降、基本的には「自由参加」という指導方針をとっている。専門ゼミだけでゼミ本づくりをするようになって以降の提出者の推移は、どうなっているだろうか。

2001年度分をまとめた『それぞれの物語』('01) では、3ゼミ生10名中8名が提出し、収録している。

2002年度分をまとめた『私を呼ぶモノ』('02) では、12名中11名が提出に至ったものの、1名の内容が個人的意見の表明にとどまったため掲載を見送り、10名分を収録している。

2003年度の3ゼミはまったく低調で、5名いるゼミ生のうち、だれひとりとして個人研究レポートをまとめることができなかった。このため、2003年度分をまとめた『キャラバン』('03) には、島田ゼミ生のものがひとつも収録できない事態となってしまった。

『キャラバン』('03) の「はじめに」で、この間の経緯を書いている。かいつまんで紹介しよう。

　　キャラバンの道行には、さまざまな困難が待ちかまえている。学生は、旅の途中でさまざまな試練に直面する。最初の試練は、キャラバンの出発点であるテーマを絞る際に訪れる。「自分は、どんなことに興味や関心があるのか」「研究したいことは、自分とどのようなかかわりがあるのか」がわからなければ、道は開けない。（最初は、アバウトでかまわない。研究をやっていくうちにだんだんクエスチョンが形になっていく（^Q^)）→以下、各段落のおわりの（　）内には、顔文字とともに教師サイドの希望や願い、思い、真意などを収めている。―中略―。

　　ここで、島田ゼミのメンバー全員が立ち往生した。2003年度は、3ゼミ生が少なく、ゆっくり指導することができた。しかし、研究の方向性が決

まっても、テーマをうまく絞りきれない。知りたいことはあっても、それがなかなか「問い」の形にならない。基礎知識を身につけるのに精一杯で、学びを楽しむゆとりがない。そんな状態のなかから、ひとり抜けだしてみんなをリードするような学生もでてこなかった。そうこうするうちに、あっという間に年度末を迎えてしまった。（ま、こんな年もあるだろう…(>_<) & o（*≧□≦*）o）

　會田氏からは、「自由参加にしているのだから、こんな年もありますよ」という慰めとも励ましとも受けとれる言葉をもらったが、なにか工夫する必要を痛感させられた。
　それから、『キャラバン』（'03）を出版するにあたって、島田ゼミとしてなにか寄与できないかを考え、2つの提案を會田氏に行った。ひとつ目は、ゼミ生の書いたイラストをいれるということで、2箇所に差しこむことになった。
　2つ目は、研究ノートの収録である。會田氏のゼミは、武庫川女子大学の改組関係で、4ゼミが文学部教育学科健康・スポーツ専攻の、3ゼミが同健康・スポーツ科学科の、それぞれ学生からなっていた。4ゼミ生が、どちらかといえば体育会系なのに対し、3ゼミ生は、健康やスポーツのより広い分野に関心があるということだった。そこで、ちょうど運動会の研究をしていたところだったので、研究ノート「運動会における危険種目廃止の動き」を掲載することにした。
　運動会の研究はいろいろ展開し、この研究ノートの関連論文として、「「競争のない運動会」を考えるために」[3]と「「競争のない運動会」を考えるためにII」[4]が形になり、さらに『ぜみチュー』（'04）に研究ノート「「競争のない運動会」を考えるためにIII」を掲載することになっていく。
　ともあれ、なんらかの打開策が必要なのは明らかだった。

第5章
ゼミの活性化

PS4～応答力養成プロジェクト「ブックレビュー」（2005～2006年度）
PS5～対話力養成プロジェクト「7つの質問」〔質問共同企画版〕（2007年度後期）

1. ゼミ活性化の方法 I ──「とりあえずやってみよう！」の声かけ

　2004年度から、島田ゼミの4年生も「ゼミ活動総括づくり」に参加することになった。

　その際、ゼミを活性化するために、會田氏にゼミを運営していくとき、とくに3年生を動機づけるときに注意していることを尋ね、ワンポイントアドバイスを求めた。すると、やる気がなかったり、尻ごみしたりする学生に対しては、日々「とりあえずやってみよう！」と声かけをしているとのことだった。なるほどと思い、3ゼミ生だけでなく、4ゼミ生に対してもどんどんこの声かけを実行することにした。

　この声かけの効果は絶大で、2004年度分をまとめた『ぜみチュー』（'04）では、個人研究レポートをまとめた3ゼミ生が12名中8名となった。

　4ゼミ生は、ゼミ活動総括を5名全員が提出した。彼女らが3ゼミのときは、だれひとりとして個人研究レポートの提出に至らないほど、活動は低調だった。大学生活全体をまとめるゼミ活動総括づくりは、卒論が仕上がり、さらに書く気にさえなれば書ける内容の記述を求めてはいるものの、4ゼミをおえるにあたってある種の達成感や充実感がなければ難しい。その意味では、しっかりした卒論を、あるいは納得のいく卒論が完成するのをサポートする必要がある。そのサポート手段のひとつとして、「とりあえずやってみよう！」の声かけは有効だったといえる。さらなるサポートとして、この学年は3ゼミのときに個人研究レポートの提出に至らなかったので、「ゼミ活動総括は、なんとか完成しようよ」と励ましたことも、全員提出に至った理由かもしれない。

2. ゼミ活性化の方法 II──ゼミ間交流の産物

1)「トリセツ」(取扱説明書)の試み

ところで、『ぜみチュー』('04)のなかで、学生からも會田氏からも好評だったのは、島田ゼミの「ゼミ活動総括集」にある学生が書いていた「島田先生・取扱説明書」という記述である。それは、「私のゼミ生活」のなかで、私とのつきあい方を3点ばかりまとめたものである。紹介しよう。

 IO忙しい方なので、10分と同じ場所に座っていません。間を外すと、延々待たされる恐れがあるので、ご注意ください。
 IOときどき、厳しいことをおっしゃいます。そんなときは、じっと耐えましょう。反論しても勝てません。
 IO卒論の進み具合をなにかにつけてはぐらかしても、結果をだせば、認めてくれます。感謝しましょう。

これは、対人関係用マニュアルともいうべきもので、「人間関係づくりのアドバイス集」となっている。異質な人間とのつきあい方をまとめたハウツーものともいえる。

ところで、「島田先生・取扱説明書」がでてきた背景には、『キャラバン』('03)でのある試みが影響している。それは、2002年度に會田氏がはじめたゼミ活動総括づくりの3つの構成要素(①卒業論文の抄録、②私のゼミ生活、③Before・After・Future)のうち、2003年度は、②を「會田ゼミの乗り切り方」または「會田先生との付き合い方」に、③を「武庫女生 私のこんなはずでは…」にマイナーチェンジしたことである。それぞれの書き方として、會田氏の作成した書式には次のように書かれている。

「會田ゼミの乗り切り方」または「會田先生との付き合い方」
 皆さんにとってゼミの課題は結構な負担になったでしょう。それをどのような方法で乗り切ったのか(例:締め切りに間に合わなかった時に仮病を

使った、親戚を殺した)、僕とどのように接したのか（例：なるべく顔を合わさないようにメールで処理した）などを、ゼミの後輩のためになるアドバイス(!?)として書いてください。とんでもない「乗り切り方・付き合い方」であっても、きっと僕は怒り出すことは多分ないと今は思っています。○○白書的にカミングアウトしてください。読み手は、會田ゼミの後輩をイメージして、400時程度にまとめてください。

「武庫女生　私のこんなはずでは…」
大学の4年間で「こんなはずでは…」という出来事を振り返り、どのような出来事だったのか、どのようにそれは進行したのか、その原因はなんだったのか、どのように対処したのか、その出来事から学んだことはなにか…などについて、エッセイでA4・1枚に書いてください。

これを受けて書かれた文章を読んだ島田ゼミのある学生が、「島田先生・取扱説明書」なるマニュアルの作成を思いたっている。
「島田先生・取扱説明書」を読んだ會田氏は、翌年度分のゼミ本を刊行するに際して、會田ゼミ卒業生の西坂氏を編者に加えることを提案し、「會田先生・取扱説明書」作成の企画をもちこんできた。もちろん、OKである。
このために、2005年度の會田ゼミでは、ゼミ活動総括づくりの書式は、当初2002年度に會田氏がはじめたものに戻し、新たに4ゼミ生全員と西坂氏の共同作品として「會田先生　取り扱い説明書」作成の課題をだしている。會田氏の作成した書式には、次のように書かれている。

會田との接し方、會田からのメールへの対応、會田をのせる方法、長くなった話を切り上げる方法、面接時の注意点…など、後輩たちの参考となる楽しい「取説」を作成してください。レイアウト、ページ数などはすべて任せます。編集方法もお任せします。

この企画は、西坂珠美監修「アイダ機器取扱説明書」（8頁分）として結実し、『斌枡訓』('05)に収録されていくこととなる。できあがってみれば、出色のコーナーとなった。ここでも、ひとつの企画が次の企画を生み、学習

成果が新たな形で共有化されるきっかけとなっていった。こうした交流が起きるのが、共編著のよさでもあり、本づくりを活性化させていった。

2）「漢字一文字評価」の試み

『ぜみチュー』（'04）には、島田ゼミと會田ゼミの交流の産物がもうひとつある。2002年度に會田氏がはじめた「ゼミ活動総括」の3つの柱のひとつである「私のゼミ生活」の項目のなかで、2004年度に新たにはじめたことがある。それは、「漢字一文字評価」の試みである。

漢字一文字評価とは、授業評価のひとつとして開発したものである。ゼミ評価としては、卒論を書いて、または2年間のゼミ生活で、発見したこと、悩んだこと、おもしろかったこと、つらかったこと、楽しかったこと、死にそうになったこと、得意になったこと、凹んだことなどを漢字一文字で表し、そのココロを指定された字数（400字程度）でまとめるものである。講義評価としては、授業の印象や授業で気づいたことを漢字一文字で表現し、ミニ解説を100字程度で行うものである。

漢字一文字評価の発端は、B部門第6章の「5.「幸せのレシピ」の実際」のなかで紹介するが、2004年度にはじめた「幸せのレシピ集づくり」の試みのなかで、ある学生が「島田先生を漢字一文字で表現してみよう！」というレシピをつくり、これが学生の間で評判を博したことにある。このときの本の成果が11月にまとまり、これについて會田氏に話したところ、「それはおもしろい」ということで、これを授業評価に使うことになった。

そこで、早速、「漢字一文字評価」の試みを、會田ゼミでは2004年度のゼミ活動総括で実施することになった。私の方では、ゼミではなく2005年度の講義科目から実施することになった。ゼミでの実施は、會田ゼミの試みの結果と、それへの島田ゼミ生の反応を待つことにした。その結果、「やろう」という声がでた2008年度まで待つことになる。

3）ブックレビューの試み

2005年度がはじまるにあたって、2004年度に會田氏のアドバイスを受け、「とりあえず、やってみよう！」のかけ声で島田ゼミが活性化した経験をふまえ、島田ゼミと會田ゼミとの交流を深め、さらなるコラボレーションを起

こすことができないかと考えた。

そこで、学習成果の共有化・共用化をさらに進めるために、またとくに個人研究レポート集づくりに面食らう新3ゼミ生の動機づけを高めるために、PS4～応答力養成プロジェクト「ブックレビュー」を行うことにした。

具体的には、『斌柙訓』（'05）では、前年度分の『ぜみチュー』（'04）の「読後感」をまとめて収録することにした。

島田ゼミでは、3ゼミも4ゼミも、2005年度後期開講の2週目の授業にて、「『ぜみチュー』についてブックレビューを行う」という課題をだした。指示内容は、以下のとおりである。

①「ブックレビュー」を行う箇所
　　3・4年ゼミ生に共通する課題：島田編集担当分から、「はじめに」、「第2部」（3年ゼミ個人研究レポート集〔島田サポート編〕）、「第4部」（2年間のゼミ活動総括集〔島田サポート編〕）、「おわりに代えて」、の4箇所。
　　3年ゼミ生のみの課題：會田編集担当分から、「第1部」（3年ゼミ個人研究レポート集〔會田サポート編〕）、「第3部」（2年間のゼミ活動総括集〔會田サポート編〕）、の2箇所。

②分量・提出先・提出方法・〆切
　　分量は、編者である島田と會田氏が担当した部分について、それぞれ200～400字で。提出先は、島田と會田氏の2ヶ所で、それぞれEメールにて提出。〆切は、島田担当箇所分を3週目の授業開始まで、會田担当箇所分を4週目の授業開始まで。

学生による「ブックレビュー」は、仲間によるピアサポートの一環でもある。2つのゼミをクロスして行うレビューということでいえば、これは「クロスレビュー」の試みといってもいいのかもしれない。

他方、會田ゼミでは、會田氏が3ゼミ、4ゼミの学生から話を聞き、まとめて島田に報告をすることにした。

4)「ゼミ生の、ゼミ生による、ゼミ生のための、ゼミ評価」の試み

『ひろし塾』('06)では、會田ゼミで新たに「ゼミ生の、ゼミ生による、ゼミ生のための、ゼミ評価」を実験的にはじめた。4ゼミ生それぞれがゼミ活動総括をまとめ、最後にゼミ生全員の手になる「ゼミ生の、ゼミ生による、ゼミ生のための、ゼミ評価」の試みが加わった。評価方法はいたって自由で、学生にゼミ活動を独断と偏見で評価してもらうもので、レイアウト、ページ数はすべて学生に任せるお任せ企画である。

この企画は、『斌押訓』('05)に収録された西坂珠美監修の「アイダ機器取扱説明書」に端を発している。「アイダ機器取扱説明書」は、そうとは名づけてはいなかったものの、学生の授業評価に位置づくものとして、教師に反省材料や発奮材料を提供していた。

とはいうものの、この「アイダ機器取扱説明書」の仕上がりがあまりにもよく、次のバージョンはしばらく不必要だった。そこで、これに続く第2弾として、會田氏が発案したのが「ゼミ生の、ゼミ生による、ゼミ生のための、ゼミ評価」である。

その結果、4ゼミ生14名共編の「アイーダとゆかいな仲間達」(H 18年度創刊号)が完成した。5頁からなる中身は、写真、イラスト、4コママンガであふれている。評価軸としてあがってきたのは、6項目である。それは、①アイーダがもし…25歳だったら、結婚する？（優しさや厳しさなど10項目からなる人物評価項目に、「Yes/No/N. A.」で回答後、結婚するかどうかを判定）、②アイーダゼミで役立ったでランキング（パソコンや文章能力など10項目について、5段階評価）、③被ガイ者が語ル？〔唯一アイーダを困らせた加害者の声〕（各自の写真に目隠しをし、それぞれの思いを語らせる）、④ひろし口ぐせ Ranking（上位3項目と少数意見をピックアップし、4コママンガで表現）、⑤アイーダくんのええ所・あかん所（ええ所6項目、あかん所5項目をピックアップし、4コママンガで表現）、⑥ゼミ生活断章（印象的シーンを4コママンガで表現）、の6つである。

これまた、出色の出来映えで、次のバージョンはしばらく不必要と思われるほどの仕上がりだった。結果として、『ひろし塾』('06)での「アイーダとゆかいな仲間達」の試みは、『斌押訓』('05)での「アイダ機器取扱説明

書」の試みと同様、単発の試みとなって終止符を打った。

　ゼミを活性化するには、単発的な試みと継続的な試みがある。試みが惰性化しないためには、カンフル剤も必要である。単発的な試みも断続的に行うなら、それなりに意味がある。だが、その仕掛けを毎回編みだすことは容易ではない。できれば、ゼミの伝統になるような仕掛けが必要である。継続的な試みとするには、「持続可能性」があるかどうかが重要であるが、悩みどころではある。

3. ゼミ活性化の方法 III——論文作成術ドリルの試み

　『ひろし塾』（'06）では、「はじめに」と「おわりに」で教育理念を提示した。教育理念の提示は、持続的な活動を促すためのベースとなるものである。
　そこで、教育理念の定着を図るために折々に「論文作成術ドリル」を用意し、レッスンを行った。その顛末は、研究ノート「論文作成術ドリル集」として収録した。内容を紹介しよう。
　ゼミでは、年度はじめに、個人研究レポートづくりを行う趣旨を説明し、読書会を進めていく。夏休み前に、できあがってきた前年度分のゼミ本を手渡し、動機づけを高めていく。
　しかし、そのように学びへの動機づけを図っても、学生が「なぜなんのためにこのような試みを行っているか」を十分に理解しているとはいえず、志気がなかなかあがらない。「とりあえずやってみよう！」の声かけにも限度がある。
　G&E型の時代を迎え、学ぶとき、事前に「将来、これがなんの役にたつのか」がこと細かくわからないと学べない学生が増えてきた。S型の時代の教育なら、教師が背中をみせるだけでよかったかもしれないし、L型の時代なら「やってみるとわかる」といったスタンスで指導すればよかったことも、ままならない場面が少なくない。強いて答えを探せば、がんばって失敗を重ねながら、友達とぶつかりながら、文章力がついたり、自信がついたり、忍耐力がついたり、チームでなにかする力がついたりするなど、いろいろなことに役立ち、人生の糧となる。「なんのために役立つか」という問いは、この体験を前に色褪せる。事前に、「なんのために」なんてことをいってもし

ょうがない。そんなこといっていると、自分にとって不都合な課題、つまり個人的な要求課題では身につかない必要課題にとりくむ機会を失うことになりかねない。

　そこで、動機づけを高めるために、すでにゼミ選択時に学生に流すインフォメーションとして、島田ゼミでは個人研究レポートづくりをしていることを伝えている。しかし、ゼミ選択の際、学生の判断基準として、①友達といっしょにどのゼミに入るか、②1、2年次に開講されている基礎ゼミやその先生の授業の雰囲気がいいかどうか（その先生が好きか嫌いか）、といったことが優先されることが多いため、そうした情報をきちんと受けとめているとはいいがたい。

　このため、ゼミがはじまると当惑し、「こんなはずではなかった」と思うようである。これでは、なかなか志気があがらないのも当然である。年度によっては、ダラダラ状態になってしまうこともある。そうなると、なんらかの活をいれる必要があり、これまでもさまざまな試みをしてきている。

　2006年度は、早々にその気配が漂いはじめた。そこで、学生の負担は増えるものの、折々にドリルにとりくんでもらうことにした。名づけて、「論文作成術ドリル」。具体的には、①初心者用ドリル、②初級者用ドリルⅠ、③初級者用ドリルⅡ、④初級者用ドリルⅢ〔番外編〕、の4つである。

　以下、それぞれの試みについて紹介しよう。

1）　初心者用ドリル

　これは、3ゼミ生11名が対象である。3回目の授業（4月26日）で、前年（2005年）のおわりに、『学研・進学情報』で受けた私に対するインタビュー記事である「視点●「自分探し」が「自分なくし」にならないためには」[1]と、論文「学生たちに必要なのは「他者」という回路」[2]と論文「学習成果の共有目指す個人研究レポート集」[3]の読書会を行い、感想文の提出を求めた。感想文を求める主たる目的は、島田ゼミでは、とりあえず、なぜ、なんのために個人研究レポートづくりを行っているかを理解することにある。この時期、1、2年次の基礎ゼミのイメージを引きずっている学生が少なくない。そのイメージとは、仲間づくりを楽しむことに集約される。

　提出期限は翌日まで、提出方法はEメールにて、とした。

インタビュー記事は、「現代社会では、個人に自由な選択を促し、自己決定を迫る。その最前線にたつ若者が、他者や自由を恐れずに生きるために、教育はなにができるか」という問いに、キャリア教育の観点から答えたものである。最初の論文では、若者が他者を見失うときに陥る危機に焦点を当て、キャリア形成過程では他者とのかかわりのなかで自己を形づくる場が不可欠であることを示している。もうひとつの論文では、個人研究レポートづくりの試みを紹介するなかで、学習過程にいかに「他者」を呼びこんだかを紹介している。

しかし、専門ゼミは、卒業研究をし、卒業論文（あるいは、卒業作品）の完成を目指す。この理解が足りないため、専門ゼミに所属するなり、それまでの基礎ゼミとはかけ離れた様子に当惑する学生が少なくない。また、島田ゼミの様子を知らないまま授業がはじまって、はじめてその実態を知り、ただ驚くばかりという学生もいる。そこで、このギャップを埋めようというわけである。

2)　初級者用ドリルⅠ

初級者用ドリルⅠでは、3ゼミ生と4ゼミ生に対して、7月中旬に夏休みの宿題として「『斌柙訓』について、ブックレビューを行う」という課題をだした。ブックレビューを求める主たる目的は、①改めて一人ひとりの個人研究レポート（集）づくりへの動機づけを高めること、②公的に実名をだしてモノを論述することに慣れること、③学びの共同体づくりを促進すること、などにあることを説明した。提出期限は9月19日から27日まで、提出先は編者である武庫川女子大学の會田氏と西坂氏と私の3人、提出方法はEメールにて、とした。

3)　初級者用ドリルⅡ

初級者用ドリルⅡでは、これまた3ゼミ生と4ゼミ生に対して、例年のことではあるが、個人研究レポートづくりの試みをはじめた理由や実態を詳しく紹介した、島田博司論文「情報編集能力育成の試み」(『武庫川女子大学教育研究所研究レポート』第24号、2000)[(4)]について、感想文の提出を求めた。感想文を求める主たる目的は、ブックレビューを求める主たる目的

と同じである。提出期限は10月30日まで、提出方法はEメールにて、とした。

4) 初級者用ドリルIII〔番外編〕

初級者用ドリルIII〔番外編〕は、3ゼミ生11名が対象である。このドリルは、ゼミ自体で行ったのではなく、人間教育学科3年生対象の専門科目「教育社会学B」で、3ゼミ生11名のうち10名が受講していた授業のものを転用した。このため、〔番外編〕と銘打っている（詳細は、B部門第13章「3. テキスト読書会の実施」と「4. テキスト読書会の反応」を参照のこと）。

4つのドリルを体験したあとは、個人研究レポートの完成に向けてまっしぐらにといきたいところである。ちなみに、2006年度分をまとめた『ひろし塾』（'06）では、個人研究レポートは、11名中7名が提出した。前年度分をまとめた『斌桿訓』（'05）では、3ゼミ生4名中1名の提出だったことを考えると、成果があがったといえそうである。

とはいえ、これらのドリルを続けるのはなかなか大変だった。とくに、④初級者用ドリルIII〔番外編〕の資料整理をするときに根をつめてしすぎたせいか、その後12月に入り、すっかり体調を崩してしまった。いくら学生のことを考えて試みても、自分の身体を壊しては元も子もない。「無理は禁物」と自戒した。

4. ゼミ活性化の方法IV ──「Question 100本ノック」と「MONDOW」の実施

2006年度後期から学生の動機づけを高め、ゼミ活動を活性化するために開始したものに、3ゼミ生対象の「Question 100本ノック」と、それとセットとなった「MONDOW」（問答）がある。

「個人研究レポートが書けない」「卒論が書けない」という学生に共通するのは、問題意識がないことである。問題意識がなければ、なにもはじまらない。大学でレポートなどを書いたり、社会にでて問題を解決する策を考えたりするときは論理的に考える必要がある。

第Ⅱ部　実践研究

　「Question 100本ノック」は、問題を発掘するのに役立つ。「Question 100本ノック」でいうところの100本とは、「100個の質問をだせ」ということではなく、「できるだけ多くの疑問を書きだそう」ということである。

　それをもとに、島田と1対1で問答する「MONDOW　島田×○○」がはじまり、問いを深める作業をしていく。ここで意識するのは、トヨタ方式である。トヨタ自動車では、問題を解決するには「なぜを5回くりかえす」という伝統がある。これをふまえ、学生の書きだした質問のなかから、対話するなかで問いが深まっていくものをピックアップし、問題意識を明確化していく。

　とはいうものの、多くの場合、問題意識を深める前に、疑問を書きだすことに四苦八苦し、なかなか先に進まない。なぜを5回くりかえすまでに至らない。これでは書けないと感じた学生は、テーマを変えようとするが、読書などの基礎学習が足りず、立ち往生する学生が続出する。

5. ゼミ活性化の方法 Ⅴ——学生発の企画

　2007年度のゼミは、後期に入って、ある出来事がきっかけで、学生の発案によるあるプロジェクトが動きだした。学びの共同体づくりにとって、学生からの提案のあった初企画が始動した。それは、PS5〜対話力養成プロジェクト「7つの質問」〔質問共同企画版〕で、B部門第15章でとりあげるPL15〜対話力養成プロジェクト「7つの質問」〔質問個人企画版〕を島田ゼミ流にアレンジした企画だった。PL15の詳細な説明はそこに譲るとして、かいつまんで説明しよう。

　「3. ゼミ活性化の方法 Ⅲ」の4）で紹介した初級者用ドリルⅢ〔番外編〕の舞台となった「教育社会学B」では、もうひとつ「7つの質問」というワークショップを実施し、3ゼミ生7名のうち5名が体験した。参加したゼミ生のひとりから、「これをゼミでもう一度やりたい。それだけでなく、対話の記録を残したい」という声があがった。ゼミで相談した結果、「ゼミ生同士のことをお互いによく知る機会になる。みんなで、やりたい」ということですぐに話がまとまり、ゼミ本に収録する方向ですぐに実施に移すことになった。

しかし、同じようなパターンでするのではなく、新バージョンを提案した。ゼミでは、あらかじめ、自分が仲間に聞きたい質問、あるいは自分が聞かれたい質問を7つ用意し、舞台を展開させることにした。当初の企画を〔質問個人企画版〕とすれば、〔質問共同企画版〕の誕生である。

さらに、もうひとつ、〔質問共同企画版〕で用意した「7つの質問」に「あの人だったらどう答えるだろうか」という「仮想回答」の記録を残すことも考えた。ちなみに、ここでいう「あの人」とは、私のことである。そして、最後に、私の実際の回答と比べることにした。この企画は、〔質問共同企画版〕の変形ということで、当初のものを〔質問共同企画版（対談編）〕と呼び、仮想回答を求める企画を〔質問共同企画版（仮想回答編）〕呼ぶことにした。

そこで、後期の授業終盤から2008年度4月にかけて、ゼミ生たちは「7つの質問」を練りあげていった。その結果、選び抜かれた「7つの質問」は、以下のようになった。

①月と太陽、自分を表しているのはどちらですか？
②何定食を選び、どれから食べますか？
③あなたの元気の源（言葉ではなく、モノ）はなんですか？
④小さいころ読んだり聞いたりした童話で、衝撃だったものはなんですか？
⑤自分を乗り物にたとえたらなんですか？
⑥主人公になってみたい作品（映画、ドラマ、小説など）はなんですか？
⑦あなたを幸せにしてくれる言葉はなんですか？

PS5の顛末は、2007年度分をまとめた『キャラ立ち塾』（'07）のなかで、研究論文「対話力養成プロジェクト「7つの質問」〔質問共同企画版〕」として収録した。それは、学生の等身大の姿が浮かびあがる、とてもおもしろいものに仕上がった。

教師が力まなくても、学生の発想がゼミの活動を活性化していった。

第6章
ゼミ文化の創造──「ゼミ本」という仕掛け

学びの共同体づくりのための道具立て

1. 表紙に隠された仕掛け──もうひとつの卒業アルバム化

　本づくりは、学びの共同体づくりを促進するための仕掛けのひとつである。本づくりの過程を活性化したり、本の中味を充実させたりすることはもちろんだが、それ以外のところにも目を配った。

　まずは、表紙である。ゼミ本の表紙には、学びの共同体づくりをバックアップするための仕掛けがある。『縁は異なもの』（'99後期）では、私の発案で両ゼミのつながりを象徴するロゴマークを作成した（図2）。『セレブレイト・ライフ』（'99前期）では、当初「2色刷り」だったものをP.P加工をしてツヤツヤ感をだしてみた。さらに、『私を呼ぶモノ』（'02）から「カラー刷り」とし、「もうひとつの卒業アルバムをつくろう！」を合言葉に、表紙や裏表紙にゼミ生の写真を掲載するようにした。

2. タイトルにこめたもの

1) 時代の空気をいれる I ──ミュージック・シーン

　ゼミ本のタイトルにも、仕掛けがある。メインタイトルの工夫で心がけたのは、情報化社会・消費化社会への対応である。本がなかなか読まれない時代に、A4版の大きめサイズのゼミ本はあまりかわいいとはいえず、学生が手にしても本を開いてもらえない可能性も少なくない。学習成果を共有化するといっても、本はできても読まれずでは、意味が半減する。

　そこで、女子大での試みでもあり、なにか＋アルファの魅力がほしくて、読書へと誘うためのイメージ戦略として本に英文タイトルをそえ、さまざま

な意味をこめることにした。もちろん、英語嫌いの学生にとっては、逆効果かもしれない恐れはあるが。

1999年度は、時代の空気として音楽シーンを染みこませた。『セレブレイト・ライフ』（'99前期）の英文タイトルである「Celebrate Life」は、歌手安室奈美恵のヒットソングで、ドラマ『バージンロード』の主題歌となった「CAN YOU CELEBRATE?」(1997)を意識している。

『縁は異なもの』（'99後期）の英文タイトルである「WHAT A DIFFERENCE A DAY MADE」は、歌手ル・クプル（Le Couple）の同名のヒットソング「縁は異なもの」(1998)が頭にある。

2）学生の生態を織りこむ

2000年度前期分をまとめた『サンバースト』（'00前期）に所収した研究論文「情報編集能力の育成の試み」のなかで、個人研究レポートづくりに四苦八苦してがんばった学生の様子を明らかにした。「サンバースト」（SUNBURST）は、雲間から急に漏れる日光のことだが、苦難の末に差す一筋の光明ががんばった学生の姿と二重写しになった（図3）。

『未来への扉』（'00後期）の英文タイトルである「DOOR TO THE FUTURE」

図2　ゼミのロゴマーク

図3　『サンバースト』の裏表紙より
　　（レポート作成にとりくむ苦闘の日々を
　　学生自身が描いたイラスト）

は、個人研究レポートづくり後に開ける姿をイメージできるようにした。

『それぞれの物語』（'01）の英文タイトルである「OUR OWN STORIES」は、このとき実施した自分史エッセイづくりを映しだしている。

『私を呼ぶモノ』（'02）の英文タイトルである「Is it U, who's calling me?」は、学生の承認願望を象徴している。

『キャラバン』（'03）の英文タイトルである「CARAVAN」は、卒論完成までの長い道のりを仲間と難渋しながら歩いていく姿を象徴している。

3） 時代の空気をいれるⅡ——流行語

ところで、『私を呼ぶモノ』（'02）の英文タイトルである「Is it U, who's calling me?」は、「You」を「U」と表記することが流行っていた時代で、時代を映す言葉のひとつとして選んだ。

『ぜみチュー』（'04）の英文タイトルである「ZEMI CHU!」については、これもすでにA部門第5章の「1. ゼミ活性化の方法Ⅰ」で紹介したが、2004年に純愛ブームを巻き起こした「セカチュー」（「世界の中心で愛を叫ぶ！」の略）をもじっている。将来、学生たちが「ぜみチュー」と聞けば「セカチュー」、「セカチュー」と聞けば「ぜみチュー」という感じで、そのときのいろいろなことを思いだす糸口になることを願った。このため、音の響きを残すことが重要だった。

その結果、英文タイトルとはいうものの、その実態はローマ字読みである。以後、『斌枡訓』（'05）、『ひろし塾』（'06）、『キャラ立ち塾』（'07）でも、タイトルはローマ字読みとなる。

ところで、『ぜみチュー』（'04）には、『それぞれの物語』（'01）に当初『読みごたえ』というタイトル候補があったように、実はもうひとつタイトル候補があった。それは、「すべては、うまくいくようになっている」（Everything's going just fine!）である。『キャラバン』（'03）での島田ゼミのつまずきから学んだ様子を表したかった。そして、「とりあえずやってみよう！」の先に広がる世界を示そうとした。

しかし、これは島田ゼミのものであっても、會田ゼミのものではない。そこで、「とりあえずやってみよう！」の先に広がる世界について、より一般化した形で、「はじめに」のなかに小見出しを設けて伝えることにした。

4) 学習成果の共有化・共用化への心意気——遊び心もとりいれて

　『斌桾訓』('05) の英文タイトルである「HINKOUKUN」は、「斌」も「桾」も教育漢字ではなく、表紙をみたらすぐ湧く疑問である「なんと読むの」に答えるため、英訳をするよりも読み仮名をローマ字読みで示す必要があった。

　このタイトルには、遊び心が入っている。とはいうものの、そこには学習成果の共有化・共用化への心意気が示されている。

　このタイトルは、奈良の東大寺にある正倉院所蔵の宝物である伝説的香木の命名に由来している。その香木は、「蘭奢待（らんじゃたい）」という名で広く知られている。正式名は、「黄熟香（おうじゃくこう）」という。正式名より別名の方が有名なのは、それぞれの文字のなかに「東・大・寺」が隠されているからである。

　今回、その遊び心を真似て、「斌桾訓」のなかに、この試みに参加している武庫川女子大学と甲南女子大学の両大学名の一部である「武・甲・川」の文字を隠した。

　とはいえ、ただの遊び心ではなく、「斌」には、「うるわしい」という意味があり、「異質なものが調和するさま」を表している。これで、2つの大学の交わるさまをイメージしている。「桾」は、「香木の名」。島田ゼミの学生なら、「香り」と聞いたら、「クスッ」と笑みが浮かぶに違いない。そう、この年度より島田研究室では、お茶やオイルを焚いたり、香りの広がるローソクを灯したりして、香りだけでなく、セラピー効果を楽しんでいるからである。ラストの「訓」は、「おしえ」といった感じで、會田ゼミと島田ゼミに受け継がれるものを意味している。さらに、斌桾（ひんこう）の音は、「品行」に通じる。會田ゼミと島田ゼミの品行訓になればという願いもこめている。

　後日談として、會田氏が使用する文書ソフトには該当文字がなく、業績リストなどをつくるのに不便だし、学生たちは文書ソフト上での文字の探し方に四苦八苦し、不評を買った。いい意味で注目はしてもらえたが、文字変換が容易でなく、文書作成上に面倒を生じさせ、あちこちでストレスを抱えさせてしまった。次の本のタイトルは、ひらがなを生かしたいと考えるように

5) 「塾」というイメージ──学びの作法

『ひろし塾』('06)の英文タイトルである「HIROSHI JYUKU」は、この本でゼミの教育理念なるものを提示できるほどに、ゼミの指導方針をさまざまな言葉で明示化できるようになった状態を示している。

それは、SLGEモデルでいえば、大学というシステムのなかにあるゼミという、どちらかといえばS型の世界で、みて覚えろ的な形ではなく、テキストを用意して効率的に学んでもらえるようにしたL型の世界の現出を意味している。

ただし、L型の世界とはいえ、それはどこでも通用するものではなく、その場のカラーが色濃く染みこんでいるという意味で、私塾とも呼んでもいい。この世界を表現するには、まさしく「塾」という日本語が適切に思われた。悩んだのは、「塾」をローマ字で「JYUKU」と表記するか、それとも今風でよくある英語表記風の「JUKU」と表記するかである。オシャレなのは「JUKU」で、G&E型のイメージがからみつきそうな気がし、ここはあえてローマ字読みを選択し、S型の世界に近いことを示した。ただし、学生に聞くと、どちらでもいいということで、これは教師の趣味の問題で片づけられてしまった。

『ひろし塾』('06)では、教育理念を提示することができたと書いた。その理念は、『キャラ立ち塾』('07)、『Hiro Tech』('08)にも受け継がれ、本の「はじめに」で提示されていく「塾訓」となっていく。

これをまとめるきっかけとなったのは、會田ゼミのある4年生の行動だった。彼女は、『斌枡訓』('05)に収録されていた、西坂珠美監修「アイダ機器取扱説明書」のなかの「保証とアフターサービス」欄に、ゼミで身につく4つのことが書かれていたことを受け、クラブ活動などの学びの成果が現実社会で生きていく上でどれくらい役立っているかをゼミの卒業生対象に調査し、卒業論文にまとめようとしていた。将来の潜在能力開発に、これまで自分たちが体験してきたことがどう役立つかを知りたいという。

そこでは、ゼミ本づくりでの体験が現実社会でどれくらい役立っているかを調べるわけではないが、いろいろな意味で「塾力」とか「塾OG力」と

でも呼べそうなものが試されることになりそうだった。これは、現代風にいうなら、シラバスで明記されるようになった「到達目標」ということになるだろう。

このとき明示することになった「ひろし塾」の教育理念のベースは、「Not four years, but forty years」（大学は、あなたの4年間のためにあるのではなく、40年間のためにある）という、アメリカのスタンフォード大学の教育理念である。

これに倣って、「ひろし塾」の教育理念として、「Not two years, but forty years」（「ひろし塾」は、あなたの2年間のためにあるのではなく、40年間のためにある）を提示した。ゼミにくれば、こういう力がつくことを保証します、という意味合いをこめている。その詳細は、『ひろし塾』('06)の「おわりに〜身につく"学びの作法"」で示した。

おわりに〜身につく"学びの作法"

この本づくりをすると、いろんなことがおきます。**学生自身が最大限の力を発揮した、あるいは発揮しようとするかぎり、次のような特典**がついてきます。

- 学ぶことが楽しくなります
- 学ぶことがエキサイティングで、刺激的なものになります
- 仲間と対話を重ねることで、想像力や創造力がかきたてられます
- 他のメンバーがなにを感じ、なにを考えているかがわかります
- いろいろな発見や気づきがあり、自分が成長できます
- 学びにふさわしい環境や雰囲気ができます
- 学びが主体的なものになります
- ありのままの自分がだせるようになります
- 自分の話を人にできるようになります
- 人の話を聞けるようになります
- 人に助けを求めることができるようになります
- 人を助けることができるようになります
- 挑戦した結果を残せます

- 自分が得たものをみんなと共有したくなります
- 3年ゼミのときの成果（反省）をもとに、より高い目標ができます
- 文章を書くのがうまくなります
- パソコンの使い方がレベルアップします
- 学び方と学びの成果が確実に自分のものとなります
- 同じ学年の塾生とだけでなく、違う学年や他大学の塾生とも交流できます
- ゼミ旅行やゼミコンが体験できます
- 先生との親密度がアップします
- 友達を信頼することがどういうことかわかります
- 学びの共同体ができます
- 卒論の完成度が高くなります
- 自分はできるという自信がつき、いろんなことに挑戦する勇気がどんどんでてきます
- なぜか楽天的になり、表情が明るくなります
- ものの見方や考え方が変わります
- 生き方が変わります
- 人を育てることができるようになります

　このような力がつくかどうか、ぜひ「ひろし塾」で試してください。また、試した人は、身につけた"学びの作法"を、これからの人生におおいに生かしてください。

　以上、29項目からなる「〇〇ができるようになるリスト」である。もちろん、これは「おわりに」の冒頭に記したように、「学生自身が最大限の力を発揮した、あるいは発揮しようとするかぎり」においてである。じっとしていてなにもしなければ、なにも起きない。学生一人ひとりが各種目標を設定し、その目標を達成するために努力を積み重ねることが重要になる。
　そこで、改めて「とりあえずやってみよう！」のかけ声が、行動を後押しする。とりあえずはじめることが、一生を通じての仕事や生き方を支える力となり、自分自身のキャリア開発に役立っていくはずである。

6) ゼミのカラー——ゼミ・インパクト

『キャラ立ち塾』('07)の英文タイトルである「CHARATACHI JYUKU」は、前年度に好評を博した「ひろし塾」のタイトルの後継である。

ところで、『キャラ立ち塾』('07)の「おわりに〜キャラ立つ「ひろし塾」！」では、「島田ゼミ4原則」なるものが提示されている。改めて、まとめてみよう。

島田ゼミ4原則

①研究は自分のやりたいことをやろう。せっかくやるんだから、やっていておもしろいことをやろう。できれば、楽しみながらやろう

②自分の思いだけだと空回りするから、そうならないように本をどんどん読んで、基本的な知識を押さえよう

③せっかくのゼミなんだから、ゼミ仲間のやっていることをサポートしよう。だれかが発表したら、どんどん質問しよう

④やりたいことをやるのではなく、自分にできることからやろう。そして、自分にやれることを楽しんでやろう

学生への指導上、3ゼミで重視するのは、結局レポートが書けるかどうかより、自分の「内なる声」に気づくことと、「どうやったら、やりたいことができるか」を見極めてもらうことにある。やりたいことができるようになるために、なにが自分に必要か、自分の課題を発見し、課題克服のためになにが必要かを知り、それに向かって努力することをサポートしていく。

それが4ゼミともなると、「"やりたい"ことも大事だけど、これからは"できる"ことが大事になる」と教え、卒論完成に向けて「やれるか」どうかを問題としていく。私のサポートのスタンスは、「できることをやればいい」ということになる。なにごとでもそうだが、できるから楽しくなるし、好きになる。

結局、これはキャリア教育の一環に位置づく。アルボムッレ・スマナサーラが『ブッダの幸福論』(2008)[1]のなかでも指摘しているように、「好きを仕事に」とよくいわれるが、「できるから楽しくなる、好きになる」という

のが本当のところである。好きなこと、やりたいことを仕事にすると困ったことが起きる。人間の好みはコロコロ変わるし、一定しない。いま好きな仕事があとから嫌いになったらどうするのか。それで苦しんでいる人は多い。

　これは研究も同じで、私は一番やりたいことにこだわるのではなく、「二番目（あるいは、三番目）にやりたいことをやろう」と学生に声をかける。また、余裕のある学生には、「複数のことを同時並行でいこう」ともいう。ひとつのことをやっていて煮詰まったなら、別のことをやったらいいし、そのことで道が開けることがある。

　最後は、『Hiro Tech』（'08）である。「ひろし塾」では、どんな学生も見捨てずに拾っていくことから、候補として「拾ってく塾」が浮上した。どんな学生も見捨てずに拾っていく精神を示す意味で、「ひろってく」という音の響きを英語に生かし、「Hiro Tech」というタイトルが生まれた。

3. プロジェクト「個人研究レポート」の終了——新プロジェクトの始動

　ところで、PS1をはじめて10年目の節目となる2008年度がはじまるにあたって、島田ゼミではある対応を迫られていた。それは、2006年度にあった学科の改組で、それまであった人間教育学科が保育士と幼稚園教諭の養成を目指す総合子ども学科になったことに端を発している。

　新たな3ゼミ生は、その1期生だった。カリキュラムは、資格取得のために大幅に変わり、実践向きの授業が増えていた。各種実習が2年生の夏休みからどんどん入り、それまでの学生とは動きも考え方も大幅に変化していた。学生のニーズとして顕著だったのは、「実習ですぐに使えることを学びたい」ということだった。これは、個人研究レポートづくりやゼミ活動総括づくりを目指すベクトルとは、別の方向を向いていた。

　深刻なのは、これまで4ゼミ生対象の授業が通年で4コマあったものが2コマと半減し、個人研究レポートづくりに割ける時間が大幅に減ったことである。これまでなら、指導時間以外にも自主ゼミを開いていたが、その時間の確保が難しくなった。また、保育士と幼稚園教諭志望ということで、就職活動が4年の後期まで大きくズレこみそうなことも考える必要があった。さ

らに、3ゼミ生は、それまでの学生と大きく違う背景のなかで育ってきていた。それは、教育改革と連動しており、「ゆとりの教育」がはじまった第1期生で基礎学力不足が懸念された。

加えて、この学年の入試は、文部科学省から新学科の設置認可がおりてからの募集となり、入試の実施が遅れ、学生募集が限られたこともこの懸念を大きくしていた。

3ゼミの初回のオリエンテーションでは、ゼミの卒業までの2年間のスケジュールを示すのだが、ある意味で予想どおりの鈍い反応がかえってきていた。

他方、4ゼミは、人間教育学科の最後の卒業生ということで、ゼミ活動総括づくりにはとくに違和感なく、つくるつもりで私も学生もいた。

會田氏に島田ゼミの様子を伝え、ゼミ本づくりの今後の進むべき方向性について、何度か話しあった。

ところが、この年度途中のある日、會田氏が2009年9月から筑波大学に異動するという新事態が発生した。個人研究レポートづくりは、島田ゼミでは基本的には後期授業が終了時点で完成原稿の提出を求めていたが、會田ゼミでは、例年4ゼミの4、5月ごろまで続けて完成度を高めていた。會田氏より、2009年度はその時間が確保できないため、3ゼミの個人研究レポートづくりはやめ、4ゼミのゼミ活動総括づくりのみにしたいという申しいれがあり、了解した。

新事態の発生を受け、学びの共同体づくりのひとつの柱であった「他大学との交流」を継続することが困難となったこともあり、この共同セッションは2008年度で、ひとまず終止符を打つことになった。

島田ゼミ生にもこの旨を伝え、「最後のゼミ本づくりになるかもしれないが、がんばろう」と励ました。その結果、個人研究レポートは、3ゼミ生8名中2名が仕上げた。ゼミ活動の総括は、4ゼミ生7名全員が完成した。

かくして、個人研究レポート集を収録する目的ではじめたゼミ本づくりは、この活動をはじめてから通算で12冊目となる『Hiro Tech』('08)を発刊し、一区切りを迎えた。

B 部門　講義形式の授業における実践研究

第1章
自分史エッセイづくりの展開 I

PL1〜学校生活回顧プロジェクト「14、17歳のころ」(2002年度前期)

1. 自分史エッセイ「14、17歳のころ」の試み

　2002年度前期に実施したPL1〜学校生活回顧プロジェクト「14、17歳のころ」は、2001年度よりはじめた「14、17歳のころ」をテーマにした自分史エッセイづくりを学内外に拡大する試みである。そこでは、小学校時代までさかのぼることを視野にいれている。この授業実践にとりくんだのは、2大学の2つの授業である（¶3）。

　¶3　〈授業の概略〉
　プロジェクトを実施した授業は、甲南女子大学の全学共通科目で1年生対象の必修科目の「自分の探求」と、島根大学の教職科目で3年生対象の「特別活動指導論」である。
　「自分の探求」では、第1週は、1年生全員を講堂に集め、全担当教師18名による合同オリエンテーションを行った。それ以後は、教師2名ずつが9チームにわかれ、50名ばかりの学生を第2週から第7週までの前半クラスと第8週から第13週までの後半クラスとで、それぞれ6週ずつ交代で受けもった。担当する6回の授業は、前後半クラスとも同じ日程で進めた。1回目はイントロダクションで、「自由テーマ」による自分史エッセイづくりの課題説明に続き、自己紹介や他者紹介。2回目は、映画『がんばっていきまっしょい』（愛媛の高校を舞台に女子ボート部の創部からの顛末を描いた同名小説を映画化）の部分鑑賞。残り4回で、原稿の添削を受け、エッセイを完成。提出者は、前後半クラスとも51名ずつの合計102名。
　「特別活動指導論」は、8月下旬に夏期集中講義として4日間開講。初

日終了直前に、「テーマを特別活動にかかわるものに限定」した自分史エッセイづくりの課題説明。3日目終了時に、学生同士によるピアレビューを実施。最終日終了時に仮原稿を提出してもらい、変更があれば10日後までに完成原稿を改めて提出、なければそれを完成原稿とした。提出者は、60名。

　なお、字数は、いずれも663字相当とした。これらは、島田博司編『耳をすますー「自分史エッセイ」の試み』(六甲出版販売、2002)にて、全員分を収録。

2. エッセイづくりのプロセスで起きること

　「14、17歳のころ」をまとめることで、学生になにが起こるのか、あるいは起こったのか。

1）過去の掘り起こし――〈自分さらし〉

　エッセイを書く作業は、過去を掘り起こす〈自分さらし〉からはじまる。私は、アドバイスする。「うれしかったことや楽しかったことをどんどん書きだしてごらん」と。これは、けっこうつらつら筆が走る学生が多い。書きだす端から思いだし笑いをして、近くに座っている学生と盛りあがっている。もちろん、いきなりつまずいて、難しい顔をしている学生もいる。

　それから、「哀しかったことや苦しかったこと、怒ったことをどんどん書きだしてごらん」と。すると、「先生、忘れてしまって、思いだせない…」という反応が少なからずでてくる。

　それは、そうだろう。過去は、思いだしたいことばかりではない。消し去りたいものやリセットしてやり直したいものもある。そればかりか、いまだに自分のなかでうまく消化しきれていない自分の不可解な行動や感情などが呼び起こされ、自分を見失うことにならないよう、記憶をセーブしていることは少なくない。

　簡単にわかりたくない、わかる苦しみを体験したくない、わかるとつまらなくなるからわからないままでいたいものもある。とりあえずの答えを用意して、日々の流れに身を委ねるのは心地いい。それも、生きる上では、必要

なことである。
　そこで、学生の「思いだせない…」という声を聞き流しながら、「思いだせないものは、しょうがないねえ。思いだせるものをどんどん思いだして、そのときどんなことを感じ、どんな行動をし、まわりがどんな反応をしたか、書いていこう」と言葉をつなげていく。
　うまく言葉がでてこないこともあるので、学生同士で話しあいをしたり、お互いの文書を読みあったりして、フォローしあってもらう。私も、仮原稿を提出してもらったり、机間巡視をしたりしながら、サポートしていく。

2）　大人になるということ

　すると、不思議な瞬間が訪れることがある。それは、学生にとっても予期せぬことであることも多い。他の学生や私に話をし、話を聞いてもらっているうちに、なにか弾ける人がでてくる。
　お互いのやりとりのなかで、とりあえずの答えではない答えをみつけ、顔がパッと明るくなる。きちんと答えをだすことが答えになるときを迎える。不意にあれこれの意味がわかり、「そういうことだったんですネ」、あるいは「そういうことかもしれませんネ」といってニコニコしている。答えをださないことがそのときの答えだったと気づき、時間が解決してくれることを実感する瞬間である。年齢を重ねること、大人になることが素敵に感じられる瞬間でもある。
　それは、自分の人生に和解するということなのかもしれない。ある人の行為をとても許せないと感じていたはずなのに、許せている自分がいたりする。たとえば、「こんな世界に生まれたくなかった」「こんな家に生まれたくなかった」「男（あるいは、女）に生まれたくなかった」などのセリフを吐きながら、この世に生まれでたことを嘆き、親が好き勝手にセックスをし、その結果生まれてきたにすぎないと憎まれ口を叩く学生をよくみかける。そういうとき、「あなたが生まれることや、どの親のもとに生まれるか、どの性で生まれるかなどを、自分で選んだとは考えられないだろうか」と投げかける。すると、キョトンとしながらも、笑いだす学生もいる。さらに、「生まれることは選べなかったかもしれないけど、これからの人生をどう生きるかは君が選べるよ！」といったりする。すると、ひょんな拍子に、学生が自分の人

生を自分のものとして受けいれることができるようになる。ヘンに親のせいにせず、自分の人生を自分の責任で生きていけるようになる。そう、なにごとも人のせいにしていては、自分の人生ははじまらないと気づく。

3）「若者のための自分史」の意味

　打ち明け話をしていると、「実は僕もそうだ！」「私もそうなのよ！」「ちょっと前の僕みたい！」なんて、いわれたりする。「な〜んだ、自分のことがわからないのは自分だけじゃなかったんだ」ってわかる。なんだかホッとする。

　ひょっとしたら、「あなたのいいたいことは、こんなことかな…」って、あなたの感じていることを表現する手伝いをしてくれるかもしれない。「そうそう」となるときもあれば、「そうじゃなくって…」という感じで、お互いの表現のズレから自分を語る糸口がみつかる場合もある。

　また、「私の場合、こんなふうに感じてたんだけど…」なんて、自分が思い描いていたこととは異なるストーリーを語りはじめる人がいる。思いがけず、思いもしない感性に出会い、意外なことに気づかされたりする。

　相手の反応や出方次第で変わる自分の語り口に驚いたり、とまどったりすることもあるだろう。でも、それは恐れるに足らない。いや、それどころか、人が代わることによって新たな自分の一面に気づけることは楽しみですらある。自分のことや自他の違いがわかるきっかけをやすやすと逃す手はない。

　そんな体験をくりかえすうちに、自分がなにを人に伝えたいのか、どんなふうに聞いてもらいたいかがわかってくる。人がなにを自分に伝えたいのか、どんなふうに聞いてもらいたいかがわかってくる。自分のだし方、相手の受けとめ方の感じがつかめてくる。

　その場に居合わせた人がお互いに耳をすましていくと、お互いがお互いに相手を発見し、お互いがお互いに自分を発見していく。そのプロセスのなかで、自分の体験したことの意味がわかってくる。

　すると、不思議なことが次々と起こりだす。生きている世界が違った色合いをみせはじめる。ある学生は、「ある日、ベッドに足を伸ばして寝そべっているとき、不意に世界が変わってみえて、自分のまわりが急に輝きだした」と表現してくれた。

ところで、別のある学生は、「これが自分の生き方だし、みんな自分のことをそう思っているから変われない。だから、自分は誤解されやすい」といっていた。はたして本当だろうか。私には、どこかそんな自分に酔っているようにみえた。自己の存在価値（個性）を主張するかのような「これが自分の生き方だ」という表現、「みんな自分のことをそう思っている」「自分は誤解されやすい」といった他人のせいにする表現…。知らない人となにかにとりくむといった、自分のこれまでのやり方が通じなくなるようなシーンになると、あれこれ言い訳し、逃げよう避けようとする。私には、妙に大人になるばかりで、自分を生かす覚悟と勇気がないようにみえるのだが、はたしてどうだろう。

　〈自分さらし〉は〈他者さらし〉を促し、自己理解や他者理解を促進させる。エッセイづくりをしていると、こんなことが起きてくる。

3. 自分史エッセイ「14、17歳のころ」をふりかえって

1）友達ができることが大事

　ところで、1年生対象の「自分の探求」の授業では、エッセイづくりは大変な作業となった。入学したばかりで、まだ文章を書きなれていないため、なかなか文が進まない。とくに「17歳のころ」が書けない。

　17歳という年齢がこの間のことで、今の自分との距離がとれず、自分をうまく客観視できない。あれこれありすぎた人は、あれこれ書きたいけれど書ききれないし、どれを選んだらいいのか悩ましい。変わらない毎日をまったりと送った人は、なにを書いたらいいのかわからない。そもそも自分を知ることが難しい。

　学生同士で文章をチェックしあうのも、どこをどうチェックしていいかわからない。意見があっても、お互いの遠慮もあり、どう伝えていいのかわからない。そんなこんなで、私のアドバイスや添削は多岐にわたった（これは、B部門第3章の2「エッセイづくりをサポートする小道具」で紹介するマニュアル「エッセイを書く際のポイント」として整理されていく）。

　しんどい思いをしながらも、多くの学生がなによりも喜んでいたのは、こ

の授業で新しい友達ができたことである。1回目の授業では、知らないもの同士でコミュニケーションをとってもらった。3回目以降の授業では、エッセイづくりをするにあたって、ランダムに5～6人ずつにグルーピングして、各グループ内でお互いに助けあいながら継続的に作業を進めてもらった。そうこうするうちに、次第にクラスの雰囲気が和んできた。自分の書いたエッセイをめぐって、新たにできた友達や私とやりとりしていくうちに、自分の過去や現実の意味が変わりそうな視点がみつかって、顔色が明るくなる学生もでてきた。「しんどかったけど、よかった」といってくれる学生もでてきて、ホッとした。

　もちろん、まわりになじめない学生やなじみの学生としかかかわろうとしない学生もいる。しかし、あいさつをしたり、気軽に話せる友達ができたりしていくうちに、それなりに自分の居場所がみつかっていくようだった。

　とはいえ、〈自分の探求〉は重いテーマである。「自分とはなにか」「どう生きたらいいのか」について真正面から向きあうより、胸に秘めている方がいいという学生も少なくない（これは、授業を担当する教師も同じだろう）。究極的には解決できない問題なのだから、「軽いノリで日々をエンジョイできればそれでいいじゃないか」とか思っている学生には、受講科目に他の選択肢があってもいい。

　総じていえることは、今の新入生に必要なのは、友達づくりや居場所づくりに役立つ仕掛けなら、エッセイづくりにかぎらず、なんでもいいということかもしれない。

2）　人間関係が落ち着いてこそ

　島根大学で講義した「特別活動指導論」では、テーマが特別活動に絞られていたことや、受講者が3年生ということでレポートなどを書く機会が多いせいか、与えられた時間が少なかった割にはエッセイをうまくまとめていた。4日間の集中講義だったから、学生も全エネルギーを投入しやすかったのかもしれない。

　学生同士の読みあわせも、3年間の積み重ねである程度人間関係が落ち着いているためか、スムーズに進んでいた。3日目の授業の残り15分で、グループをくんで3人以上の原稿を読んでコメントやアドバイスを書きこむこ

とにしたが、本当に集中して読みあっていた。時間が足りないところは、グループごとに授業がおわってから居残ってしてもらった。読みおわると、教室のいろんなところから「みんな、けっこう青春してるんだ」という声があがり、お互いを再発見しているようだった。お互いの添削が効を奏したのだろう。

　話は少しそれるが、「総合的な学習の時間」の導入や学校週5日制の実施にともない、運動会や文化祭、学芸会、遠足などの特別活動の時間が削減されつつある。ゆとり教育で減った授業時間を補うために、行事見直しの指導をしている教育委員会も少なくない。

　それに加え、新学習指導要領[1]では、中学・高校のクラブ活動は特別活動からはずされた。多くは、部活動代替でやってきたクラブ活動がなくなることの影響は少なくないだろう。

　クラブ活動が形骸化し、存続する意味がなくなっているというが、はたしてどうだろう。学生のエッセイでは、学校生活における、学校生活ならではこその、この部分の悲喜こもごもの出来事がエピソードとして多く語られている。彼らは、特別活動そのものだけでなく、それにともなう人間関係に楽しみをみつけている。

　教育現場では、そうした活動が学習にもいい影響を及ぼすことを経験的に知っている。だからこそ、この部分の教育に大きなエネルギーがそそがれてきた。

　カリキュラム改革の流れのなかで、「一服の清涼剤」ともいわれたクラブ活動をはじめとする特別活動や課外活動などの仕掛けが緩み、勉強もつまらない、とくに目標もなく、人間関係もうまくいかない生徒が増えるとなると、昨今大きな社会問題となっている中途退学者がますます増加してしまうかもしれない。

　学校行事をはじめとする特別活動は、社会性など集団のなかでしか身につけられないような資質を養う絶好の機会である。学校はどういう場所なのか、これからどうしていったらいいのか。学力低下論議がかまびすしいこのごろだが、人間関係能力低下論議ももっと盛んにする必要があるだろう。児童・生徒にとって大事な特別活動とはなにかについて、児童・生徒の声や、この本で試みたように比較的最近まで生徒だった学生の声などを反映させながら

行事を精選していくことが必要ではないだろうか。
　こんな思いは、B部門第3章でとりあげる、〈自分試し〉をキーワードにしたPL3〜学校生活回顧プロジェクト「運動会」につながっていく。

3）『耳をすます』の誕生と叢書化

　かくして、学校生活回顧プロジェクトの最初の成果である『耳をすます』が誕生した。これは、後に大学授業実践記録を収める「甲南女子大学教育研究ネットワーク叢書」という器を得ることになる。
　以下、2010年度終了現在までに出版した本のバックナンバー（第0号〜第19号）と構成内容を紹介しよう（表6）。なお、表中では、発行年度がわ

表6　教育研究ネットワーク叢書一覧

0. 島田博司編『耳をすます―「自分史エッセイ」の試み』六甲出版販売、2002.11
　　○自分史エッセイ集
1. 島田博司編『ケルン―「自分史エッセイ」の試み』六甲出版販売、2003.3
　　○自分史エッセイ集
2. 島田博司編『ケルン―「自分史エッセイ」の試み【特別完全版】』六甲出版販売、2003.5
　　①自分史エッセイ集、②自分史エッセイへのコメント集
3. 島田博司編『運動会―〈自分試し〉の物語』六甲出版販売、2004.1
　　①自分史エッセイ集
　　②研究論文「「自分史作成サポートアンケート」導入の試み」（島田論文）
4. 島田博司編『ケルンIII―〈自分飾り〉からの脱出物語』六甲出版販売、2004.4
　　○自分史エッセイ集
5. 島田博司編『ケルンIII―〈自分飾り〉からの脱出物語【大学ガイド版】』六甲出版販売、2004.5
　　○自分史エッセイ集
6. 島田博司編『幸せのレシピ』六甲出版販売、2004.11
　　①幸せのレシピ集、②「Love & Hate」集
7. 島田博司編『トレイル・エンジェルス―幸せのレシピ2』六甲出版販売、2005.3
　　○幸せのレシピ集
8. 島田博司編『まじない―生きる意味の遍歴〈私たちのプチ言行録〉』六甲出版販売、2005.11
　　○プチ言行録集
9. 島田博司編『なぜなに集―言葉がとびかう学びの広場』六甲出版販売、2006.3
　　○なぜなに集
10. 島田博司編『雨、あがる―自縄自縛を解く"言葉の力"』六甲出版販売、2006.11
　　①自縛返し録集、②流転対話録集、③自縛解き録集
11. 島田博司編『出会いカンタービレ―意志を育む"自戒の力"』六甲出版販売、2007.3
　　①自戒録集、②『他者との出会いを仕掛ける授業』をめぐって

12. 島田博司編『島梟の森―聞き上手になるために』六甲出版販売、2007.11
    ○レッスン録(「聞き上手」レポート)集
13. 島田博司編『7つの質問―島梟の森で交響する』交友印刷、2008.3
    ○「7つの質問」集
14. 島田博司編『とりあえずやってみよう!―3つの指令〔利他・負荷・傾聴〕』六甲出版販売、2008.11
    ①利他指令録(転じて、外開指令録)集、②負荷指令録集、③傾聴指令録集
15. 島田博司編『とりあえず形にしよう!―7つの質問II』交友印刷、2009.3
    ○「7つの質問」集
16. 島田博司編『「美人力」養成講座』交友印刷、2009.12
    ①「美人力」養成講座、②「強化力」養成講座、③「傾聴力」養成講座、④「交響力」養成講座
17. 島田博司編『せかいのおとをきこう―7つの質問III』交友印刷、2010.3
    ○「7つの質問」集
18. 島田博司編『ゆっくり歩もう!』交友印刷、2011.2
    ①「ほめ力」養成講座、②「美人力」養成講座、③「強化力」養成講座、④「傾聴力」養成講座、⑤「自分さらし力」養成講座
19. 島田博司編『言葉のアルバム―7つの質問IV』交友印刷、2011.3
    ○「7つの質問」集

かるように発行月も記載している。

　以後、本文中でこれらの本を引用するときは、各章の初出時は『耳をすます』(2002)や『ケルン【特別完全版】』(2003)というように記載し、2度目以降は『耳をすます』や『ケルン【特別完全版】』と表記したい。
　また、第16号から第19号は、1999年度から2008年度までの10年間に次々と立ちあげたプロジェクトに加え、2009年度以降に実施しているプロジェクトの成果を収めたものである。

第2章
自分史エッセイづくりの展開 II

PL2〜大学生活サポートプロジェクト「ケルン」（2002年度後期）

1. プロジェクト「ケルン」のねらい

1) 導入教育の必要

　近年、校風を知らずに入学したり、校風のイメージを自分勝手にふくらましたりして、それに呑みこまれる学生が目立ってきた。このため、学生がキャンパス・ライフに速やかに慣れるために、なんらかの方途が必要となってきた。導入教育（一年次教育）の充実が求められる由縁である。また、就職活動にともなう自己分析が一般化している現状をふまえ、学生が自分を見失わないように、広い意味でのキャリア形成をサポートし、ケアする必要もある。

　そのために立ちあげたのが、PL2〜大学生活サポートプロジェクト「ケルン」である。このプロジェクトでは、学生がキャンパスで、①いかに人間関係を築き、維持しているのか、②いかに学んでいるのか、③いかにアイデンティティーを発展させているのか、④いかにキャリア（職業およびライフスタイル）を決定していくのか、などを明らかにし、学生がキャンパス・ライフをうまく送る指針を提供したいと考えた。

2) 2つのカルチャー・ショック

　ところで、「○○大学」という名前を聞いて、一般の人はどんなイメージをもつだろうか。かつてなら、一定のブランド効果が期待できた。だが、近年、こうした効果は薄れてきている。とはいうものの、ある種の通俗的なイメージはつきまとう。

　学生一人ひとりが、お互いの内面を知らず、人間関係の距離をはかりあう

とき、通俗的なイメージは相手をはかる数少ない手がかりとなる。イメージ先行でそんな学生ばかりだと思っていると、心に余裕がない入学当初には、自然とそういう学生に目がいき、そんな学生ばかりの大学だと思ってしまいがちである。そのイメージにのりたい学生は、安心して自分を磨き？だす。そのイメージを知らずに入学した学生は、ある種戦々恐々としている。知っていてもそれにはのらない学生は、泰然自若を決めこんだりしている。

　一般にもたれているイメージが幻想であっても、人間関係が落ち着くまでは幻想は現実として生き続ける。世間一般が学生を誤解している以上に、学生自身がその大学の学生を誤解する状況が生まれてしまう。

　高校とは異なる教育環境にとまどう大学ショック。各大学がもつイメージに呑みこまれる大学カラーショック。この2つのカルチャー・ショックにしばらく翻弄される。

　どこの大学でもそうだろうが、一番の壁は入学式当日である。登学の道すがら、周囲の学生の様子、といっても気になる一部の学生が目に入る。そこに、目がとまって動かなくなると、そうした学生しかいないような視野狭窄に陥る。すると、その他大勢の学生がみえなくなる。自分のみたいものをみているにすぎないのだが、これに気づくのは難しい。気後れすることで、怖気づく。友達をつくれず、次第に孤立していく。入学式終了早々、不登校気味になり、退学が身近なものになっていく。

　「素」の学生がみえるようになるには、しばらく時間がかかる。

3）　大学への適応——かかわりあうこと

　しかし、人はかかわりあうと、お互いのことがみえてくる。オリエンテーションの時期がすぎ、授業がはじまりだすと、だんだんそれぞれの顔がみえてくるようになる。そうすると、最初の印象が悪ければ悪いほど？、イメージが好転したとき、ますますよくお互いのことを認めあうことができるようになってくる。南女生が上級学年になればなるほど、ここの学生であることを誇りに思うのは、そうした体験をするからだろう。

　とはいえ、人間関係づくりの苦手な学生が少なくない。そこで、大学も学生同士を知る機会を増やすために、学科ごとに、入学式直後にクラス会と称して保証人を交えての食事会をしたり、入学後1ヶ月ぐらいたったころに歓

迎パーティーをしたりしている。また、1、2年生対象の、少人数で行う基礎ゼミでは、人間関係づくりに主眼をおき、学生の友達づくりを支援している。

　さまざまな機会を介して友達関係が安定してくると、キャンパス・ライフは楽しくなる。女子学生の人間関係のバロメーターともいえる「お茶タイム」を共有する親友（信友・心友・真友）ができると、ますます楽しくなってくる。専門（卒業研究）ゼミで好きな勉強をいっしょにできる友達ができるころには、すっかり大学になじんでいる。「今、ここにいていいんだ」と感じられるほどの居心地がいい人間関係ができればできるほど、大学への満足感も高まってくる。

　3年生後期になると、恋愛、アルバイト、ダブル・スクール、ゼミなどを体験したことで、ちょっとたくましくなっている。生きる世界がますます広がり、どんな体験かは人それぞれだが、一通りの苦難？を体験したことで、少々のことでは傷つかないタフさを身につけ、それによって得たやさしさがにじみはじめる。

　昨今どの大学でもそうだろうが、自分のことを大切に思えず、自信がもてず、自尊感情が低い学生が少なくない。そうした学生も、悩むだけでなく、行動することで、自分の人生を前向きに考えられるようになってくる。

2.　自分史エッセイ「ケルン」の試み

　学生のキャンパス・ライフは、実際どうなのか。大学は、学生にどんなことができるだろうか。このことを知るために、2002年度後期開講の3年生対象の「教育社会学Ⅱ」を受けている学生たちに、「大学1年生、大学3年生のころ」のことを「入学したころの私」と「現在の私」という形に翻案し、自分史エッセイを書いてもらうことにした（¶4）。

　¶4　〈授業の概略〉
　　プロジェクトを実施した授業は、甲南女子大学文学部人間関係学科の専門科目で3年生対象の「教育社会学Ⅱ」。12月中旬にあった12回目で、エッセイづくりを冬休みの宿題としてだした。具体的には、「大学1年生、

大学3年生のころ」をテーマに書いてもらった。字数は、663字相当とした。提出者は、64名。『ケルン』（2003）には、59名分を収録。

1) 友達からコメントをもらう

　今回、各エッセイを私に提出するとき、「大学内の友達3名のコメントを書いてもらって提出すること」という条件をつけた。普段、教師以外の人からコメントをもらうことはない。自分のメッセージに対する直接のコメントをもらうのは、うれし恥ずかし体験となる。

　この手の話を学内の友達同士でする機会は、あるようでない。大学の友達は、大学にいるときだけの「ときだけ友達」で、それ以外の時間を共有し、楽しんだりするわけではないと一線を画し、割りきっていることが多い。友達は友達だけど、友達のことはなにもわからないし、知らないケースは少なくない。それどころか、どこでも「ときだけ友達」があふれている。

　そんななか、だれかが自分の話をきちんと受けとめ、話に共感してくれたり、うなずいてくれたりすると、どこかマイナスに捉えがちだった自分を、ありのままの自分として自分できちんと受けとめられるようになる。そのことで、「本当はこれを話したかった」というようなことを話してみたくなるかもしれない。

　たとえば、イジメられている人を助けられなかったばかりか、自分がイジメられないようにイジメに参加したり、みてみぬふりをしたりしたという、ある種の負い目や後ろめたさをひきずっているとしよう。そうしたイジメにどう対処したらよかったのか。今、距離をおいて過去の自分と向きあってみる。

　そうしたことができれば、きっと自分のなかにある「負の遺産」としっかりとおさらばするきっかけになるに違いない。場合によっては、思いがけずアドバイスや話を聞いてくれた人の体験話まで聞けるかもしれない。これは、人生の醍醐味というものである。

　コメントを寄せるように頼まれた人にとっても、事情は同じである。手にしたエッセイは、他者発見と、それを通した自己発見につながっていく。共感することもあれば、驚きを呼び覚ますこともあるだろう。それは、各方面に波及効果を及ぼすことになる。

それは、学生にとどまらない。私にとっては、学生の理解に役立つだけでなく、授業改善のヒントを与えてくれるだろう。さらに教師である私たちにとっては、学生の現実を知ると同時に、大学教育の課題を拾い、今後の大学のあり方を模索することに役立つだろう。

2) 後輩に読まれることを意識化

大学3年生になると、就職活動に向けて、自分をみつめたり語ったりする機会が増える。そこでは、自己分析の重要性が増す。自分史エッセイづくりは、なによりも自己分析に役立つ。

今回のエッセイ集づくりでは、友達だけでなく、他者、とりわけ後輩たちに読まれることを強調した。ちょっと身近な他者に知ってもらうことは、だれに向かって書いたらいいのかの指針になる。自分のしたことが他者に役立つとなれば、自分の存在価値がでてくるし、存在証明にもなるだろう。さらに、自分史エッセイを後輩に託すことで、後輩のサポーターになってほしかった。書いた本人がそこにいないのに役立てる不思議を想像してほしい。それは、どんなにすばらしいことだろう。

そればかりではない。自分を語ろうとすると、そこにはある流れが生まれる。手繰り寄せた記憶のなかから、ストーリー（お話）が生まれてくる。自分の内面やまわりとの関係がひとつながりの言葉となっていく。だれかに知ってもらおうとすることで、頭のなかでボヤーッと何気なく思っていたことに形や方向性が与えられ、思いもしなかった言葉が紡ぎだされていく。そのときどきの感情が甦り、喜び、怒り、哀しみ、楽しさなどの感情が解き放たれる。カタルシスが起きる。自分がラクになっていくと、ゆとりが生まれてくる。今後の自分の生き方を客観的にみつめる、いい機会となる。

3. 自分史エッセイ「ケルン」の実際

以下は、自分史エッセイ「ケルン」の一例で、「現在の私」についてのエッセイと友達からのコメント部分を抜粋している。なお、氏名は、イニシャルで表記している。

T・H
「言葉にできない宝物」
　大学に入って3年。着実に就職という、人生で最大の壁に向かって走っている。私は、「宝物」ともいえるこの大学生活をどう言葉にして伝えるか悩んでいた。
　「学歴社会」、それが入学前に私がもっていた価値観だった。いい大学やいい会社に入ることが幸せなのだと思っていた。今は思っていないかといえば、嘘になる。しかし、明らかに私が変わったのは、サークル活動での日々があったからだ。サークルには、いろんな種類の人間がいた。みんなとの生活は楽しかった。ある日、私のとった行動が問題を起こしてしまった。私なりに考えた末の行動だったが、サークルに居づらくなってしまった。それまではなんでもハキハキいって盛りあげていた私が、みんなに嫌われないよう恐る恐る顔色をみる日々。みんなの態度も、明らかに以前と違うように感じた。
　ある日、サークル内の2人の男が私に話があるといってきた。私は、悪い方へ悪い方へと考え、サークルをやめろといわれると思っていた。しかし、彼らは違った。私が自分のだした結論に自信をもたず、みんなから逃げるように自分を隠すことが許せないといわれた。「お前はお前らしくしていればいい。だれもお前を嫌ったりしない。けど、お前がいま逃げていることがイヤだ」と聞き、私はこの友人たちに出会えたことに感謝して、そして泣いた。今までの自分が恥ずかしくて泣いた。
　自分に自信をもつ。難しいことだけれど、彼らは私を認めてくれていた。サークルという場で学んだことをバネにして、いま私は前向きに就活にとりくんでいる。

【自己PR】
　大阪育ちの負けず嫌い。他人に教えてもらったこと数知れず。将来は、大阪一のおばちゃんになりたいです。

T・Hさんへのコメントの実際
＊価値観が変わるということは人生が変わることだと思った。要は、自分

次第なのかもしれない。
* 私にもよい友達がいます。周囲の人が与える影響って、人生のなかでとても大きなものですね。自分もよい方向に変われてよかったと思います。
* 私も大学入学"負け組"です。ここまでは考えませんでしたが、つらかったです。容姿で決めてしまうことはよくないと思いながら、まわりに圧倒されました。けど、今はHさんと同様に、ここに入学してよかったと思えるようになってます。
* 人との出会いを大切にして、これからもがんばってくださいね。そして、怒ってくれた先輩の（男2人）役目を、次はあなたが担っていってください。だれかにあるきっかけをつくれるような、そんな自信をつけていってくださいね。（院生）

4. 学生の反応

1) 友達からコメントをもらうことがもたらすもの

今回、エッセイを書きあげたあと、大学内の友達3名に原稿を読んでもらい、コメントをもらうように指示した。学生にとって、これはドキドキ体験となったに違いない。

新年早々の授業終了時に提出してもらった授業評価には、他者に読まれることを前提としたエッセイづくりということで、何度も書き直し、苦慮した様子が綴られていた。

* 今回のエッセイ・レポートは、本当にてこずりました。自分のことだし、簡単に書けるわと思っていたけど、いざ書こうとすると、ぜんぜん書けない。他人がみるかもしれないレポートに、どこまで自分の本音を書けるのか。これはかなり勇気のいることでした。バカみたいに自分をさらけだすのもどうかだし、自分をつくって書くのはイヤだし…と悩みまくっていたら、結局2回書き直すことになってしまいました。でも、自分的には満足です（時間かかったけど）。自分の本音をレポートにするって邪道ではないかという意見があったって聞いて、笑えました。私も友

達と似たようなコトをいっていたので。ださざるを得ない状況、しかも自分の痛いところをほりだす。かなりきつかったけど、過去の自分を見直せて、今はやってよかったと思えるから不思議。(2003年1月20日分)

ここでは、ちょっといいカッコしいをしてしまったことや、いいきっかけだと割りきって自分のことを書いたことなどが紹介されている。
　そんな自分語りに触れた学生のコメントには、今まで知らなかった友達の側面に驚きを示すばかりでなく、友達をより深く知るきっかけになったことを素直に喜んでいる様子が綴られていた。

2) 多様な他者に読まれることがもたらすもの

また、本にまとめるということで、友達だけでなく、多数の人に読んでもらえるからこそ、自分の「素」をだそうと決心した学生もいる。

＊どう書いていいか悩みはしましたが、日ごろ知りあうことのない人に自分の存在を知ってもらえる機会もあると思うと、こんなヤツも生きてんだぞ♪とワクワクして書けました。楽しかったです。(2003年1月27日分)

ここでは、そのエンジョイぶりを伝えてくれている。

5. 自分史エッセイ「ケルン」の試みをふりかえって

1) 先入観は恐ろしい

「キャンパス・ライフは、ダイナミックだ」。これは、学生のエッセイを読みおえての私の感想である。
　それをイメージ的に語ると、こんな感じになる。自分が少し変わりはじめると、自分がどんどん変わっていく。だれかが少し変わりはじめると、まわりがどんどん変わっていく。まわりが少し変わりはじめると、キャンパス全

体がどんどん変わっていく…。ひとりの動きは、波紋のように周囲に影響を及ぼしていく。

ということは、大切なのは、ひとりがまず「変わろう」と決心することなのかもしれない。

では、変われない理由はどこにあるのだろうか。そのひとつに先入観（偏見）がある。

先入観は恐ろしい。それが真実であるかどうかにおかまいなく、その人の人生を左右していく。たとえば、「大学」にまつわるイメージ、「南女」にまつわるイメージ、「南女生」にまつわるイメージ、その一つひとつがその人のキャンパス・ライフのアメニティを変えていく。

すでに現在の「大学」はかつての「大学」ではないし、現在の「南女」はかつての「南女」ではないし、現在の「南女生」はかつての「南女生」ではない。でも、かつてそこにいなかった現在の学生には、かつてのそれを実感することはなかなかできない。

島田ゼミでは、興味がある学生には、卒論で「甲南女子学園史」の断面に光をあてる試みを勧めている。というのも、「南女」あるいは「南女生」という言葉を耳にしたときの、人々の反応の由縁を知りたいと思っている学生が少なくないからである。

近年、大学創立からの流れをたどる「自校史」を教える大学が増えている。明治大学、九州大学、京都大学、立教大学、名古屋大学、広島大学、立命館大学など、歴史ある大学が続く。

学生がその大学に入ったのはたまたまのことであり、そこで学ぶ目標も定かではない。「自校史」が流行るのは、「自校史」を学ぶことで、伝統や校風を改めて知ることで、自信や誇りをもたせ、本人に存在意義を与えようとしているからである。

とはいえ、逆にいえば、「自校」のアイデンティティー・ロストに悩んでいる大学が多いということにもなる。「自校史」を学ぶことで、本当に自信や誇りをもたせ、本人に存在意義を与えることになるかどうかは疑わしい。

ただ学生たちに話を聞くと、ほとんどの学生が「そんな授業があるなら、自分も受けたい」という。学生ばかりか、おそらく最近大学に赴任した教職員とて、同様の心境だろう。少なくとも、私は知りたい。

2) 素の自分

　というのも、「島田先生は、南女の先生らしくない」と、学生に笑顔でよくいわれるからである。このフレーズのあとに、「先生のキャラ、濃い〜よね。好きな人も多いけど、嫌いな人もいると思うよ。もちろん、私たちは好きだから、こうやって先生と話してんの」と続くことも少なくない。

　話をよくよく聞くと、「島田先生は、他の先生となにかが違う。それがなにかはよくわからないけど、みんな感じている」ということらしい。それが、学生の腑に落ちる表現として、先のフレーズがでてくるらしいのだ。

　とはいえ、「南女の先生」という部分を、「過去に勤務した大学名の先生」としても、「在学した学校名の生徒」としても、あるいは「私の出身地である島根県出身の人」としてもいいのだが、さまざまなヴァリエーションでもって、私が生まれてこのかた、人びとからいわれてきたフレーズである。

　もうひとつ、「島田は、ずっと昔からここにいるような気がする」というフレーズも、なにかの折によくいわれる。それなりにその場にとけこんでいるということだろう。ということは、私が「らしくない」ことで浮いているというわけではなさそうである。

　自分では、なかなかおもしろいことだと思っている。私が「らしくない」ようにみえるのは、そこの歴史を知らないからかどうかはわからない。おそらく、いつどこにいても自分にできることを一生懸命していて、相手によって変わる自分ではなく、「素の自分」が折々にでているからではないだろうか。

　それが私とかかわる人に、驚きや憧れ？ばかりでなく、不安や恐れ？をもたらしているのだろう。きっとそれは、「らしくない」と思う人が自分を生きていないから感じることではないだろうか。裏をかえせば、「らしさ」を身につけることによって組織への帰属感を高め、自己の存在意義を見出しているのだろう。

3) キャラの苦しみ

　そんな人の反応には、共通点が多い。どこか自分を生きていないという負い目？があり、そんな自分のマイナスのエネルギーを、形を変えて他者にぶ

つけ、気晴らしをしがちである。自分のことは棚にあげ、自分と同じようには生きていないことに嫉妬心や妬みの気持ちを勝手にもち、ケンカを売ったり、悪口をいったりしやすい。

　そういえば、これはどこかでみた風景に似ている。そう、いわゆる「いい子」が自分の本当の気持ちを押し殺して、周囲の期待にこたえようとして自滅していくパターンのそれにそっくりである。

　これは、「いい子」キャラだけの問題ではない。最近の学生が「キャラ」を生きることで居場所を確保しようとするときによくみられるパターンでもある。「個性」が強調される時代、「自分らしさ」というキャラを生かすよりも、お互いのキャラがかぶらないようにする姿はどこか痛ましい。「自分らしさ」は磨きあげた上で発揮されるものだから、あれば強くだせる。しかし、それほどの努力はしたことがないので、あるキャラを演ずることになりがちである。

　「天然ボケ」は憧れのキャラだが、これを演ずるのは難しい。このため、無難に自分らしくない「飾った自分」を生きている。「素の自分」をだすと、弱みをにぎられることにつながり、それはやがてイジメに変わっていくのではないかと恐れる。自分を守るために、嫌われないようにするために「別の自分」をつくる生き方は、自閉的思考や行動を生み、自分を見失っていく。無語や避語が生まれる由縁である。

　私はといえば、そんな時間があれば、もっとクリエイティブなことに使いたいものだと思うことしきりだし、実際にそうするだろう。

4）「らしさ」のメリットと限界

　とはいえ、用意された？「らしさ」を身につけることには、メリットも多い。自分の存在意義を与えられることによって自己肯定感が高まれば、他者の足を引っぱることはアホくさくなって、やってられなくなるだろう。これは、居場所がみつかること、居場所を確保できることにつながる。自分のポジションができる。社会にある穴のひとつを埋めることができる。

　そして、その先に他者を介在しない自己肯定感をもつことができれば、用意された「らしさ」を卒業し、自分が自分に存在意義を与えることのできる「自分らしさ」をもち、「あるがままの自分」（決して、「わがままな自分」で

はない) でいられるようになるだろう。他者の足を引っぱることを生きがいとすることが収まれば、他者を生かすことができるようになる。ここには、「共生の世界」が広がっている。

また、「飾った自分」の落とし穴に落ちないようにするには、自分の居場所を居心地よくする試みが必要である。キャラによって得た居場所は、学生がよくいう「居場所はあるけど、居心地はよくない」場所にすぎない。

6. 学内の反応

1) 【特別完全版】の発刊に

『ケルン』を2003年3月に発刊するや否や、学生からは「これを新入生のときに読んでいたら」という声があがり、同僚の教師からは「学生の実像を知るために教師全員にも配布してほしい」という要望がでた。

これらの声を受け、2003年5月、新たに各エッセイに対する「大学内の友達3名と大学院生のコメント」と「大学院生1名のコメント」を追録し、内容の充実度を高めた『ケルン【特別完全版】』(2003) を発刊した。

かくしてPL2〜大学生活サポートプロジェクト「ケルン」は、その後『ケルン』シリーズ (4冊) として結実していく。

ところで、このシリーズの本のタイトルとして、「ケルン」を選んだのには、私のある願いがあった。

登山道を歩きながら道のそこここに積まれた石の山を目にしたことはないだろうか。そう、登山道の目印として積まれた石、それがケルンである。雪が積もったり、霧で先がみえにくくなってトレイルがわかりにくくなったりしたとき、歩く道標となる。先に道を歩いた人たちが、あとからくる人たちに贈る無言の励ましでもある。

ケルンに石は積まれ続ける。ケルンに人は石を積み続ける。登山者のエチケット、暗黙のルールでもある。あとから歩いてきた人が石をおくと運がよくなるともいわれ、その行為を励ましている。

本のタイトルを「ケルン」としたのは、この試みが、ケルンと同じように

あとに続く人たちの道標となって励まし、さらに本人にも幸運をもたらすことを願ったからである。

　道行に慣れない間は、歩くのもなかなか大変である。最初にペースをあげすぎて、ケルンのあるところにたどり着く前に息切れしてしまうことも少なくない。道に迷って方向を見失ったり、天気の急変に翻弄されたり、足を滑らしてケガを負ったり、熊や蜂に襲われたりと、なにかと危険が忍び寄る。少し慣れてくると、また危ない。なめてかかり、痛い目に遭うことが少なくない。

　キャンパス・ライフもこれに似ている。はじめは、ケルンを目指すだけだったのが、ケルンにたどり着き、自分でも石を積みはじめる。慣れるにしたがって、難易度をあげ、距離や高さを求めはじめる。目的地にたどり着いたあとは、別のコースに挑戦する人もいれば、新たなコースを開拓する人もいるだろう。

　いずれにせよ、すべては第一歩からはじまる。とりあえず、キャンパスの入口にたつことである。

　こうして生まれたのが、『ケルン』である。

2)　一般学生の読後感

　はたして『ケルン』ならびに『ケルン【特別完全版】』は、一般学生にはどのように受けとめられたのだろうか。

　『ケルン【特別完全版】』の新入生への配布から1ヵ月ほど経過した2003年6月下旬、人間科学部人間教育学科の1年生から3年生までの280名全員に、大学教育の実態調査を実施した。回収数は161名で、回収率は57.5％である。

　その調査の一項目として、『ケルン』あるいは『ケルン【特別完全版】』の配布を受けた学生105名に、『ケルン』を読んでなにか得るものがあったかを尋ねた。結果は、69名（65.7％）の学生が得るものがあったと答えている。

　ちなみに、『ケルン【特別完全版】』を読んでない29名の学生をはずした76名あたりで計算し直すと、実に90.1％の学生が得るものがあったと答えている。とくに新入生はキャンパス・ライフへの期待と不安が渦巻くなか、

こうした学生の実像に迫るエッセイは、生きる指針を与えてくれる心強い味方となったようである。

　学生たちに話を聞くと、本を読んで、自分と同じような気持ちの人がいることを確認できてホッとしたという意見や、先入観の恐ろしさを指摘する声を多く耳にした。

　『ケルン【特別完全版】』に追録した、「大学内の友達と大学院生によるコメント」にも、そうした記述は少なくない。ある学生のエッセイへのコメントを紹介しよう。

* ＊私も入学してからの印象は同じようなものだった。けど、本当にやればなんとかなるものなんだということを実感しています。私も大学生活は決して遊ぶものじゃない、遊べるものではないなと、経験上、思っています。
* ＊私も入学したときは不安でいっぱいでした。私と同じように感じている人がいて、少し安心しました。私も得たものはたくさんあります。どれもひとりではつくれないものばかりだと思っています。

第3章
自分史エッセイづくりの展開III

PL3〜学校生活回顧プロジェクト「運動会」（2003年度前期）

1. 自分史エッセイ「運動会」の試み

　自分史エッセイを書こうというと、「人の書いたエッセイは読みたいけど、自分のエッセイが読まれるのはどう思われるかわからないからイヤだ」という反応がよくでてくる。自分が他者に受けいれられるかどうか不安になるのだろう。読まれることで、なにを思われるかわからないし、傷つきたくない。自分にとってイヤな反応を避けるため、「人は人。自分は自分」と開き直る学生は少なくない。でも、書いたエッセイに、匿名でなく実名で反応をもらうと悪い感じはしない。それどころか、共感されたり意見をもらえたりしてうれしくなる。

　こんな学生をみていて、以前から気になっていた「傷つきたくないし、傷つけたくない」心理がもたらす、人間関係ばなれについて考える必要を感じた。苦しんだり傷ついたりした体験は、自分にとって、お金といった「有形の財」ではなく、心を育てる「無形の財」になる。エッセイ集づくりで、このサイクルをしっかりと体験できないか。

　浮かんだアイデアは、「競争のない運動会」が増えつつある現状をどう考えるかである。徒競走で順位をつけると大人が考える以上に子どもは傷つくからやめようとか、組体操や騎馬戦はケガするからやめようといった、学校現場の動きが気になった。

　学生と話をすると、「大人の心配のしすぎで過保護になって、運動会がおもしろくなくなり、自己成長するチャンスがつまれがちでつまらない」という反応が大半を占めた。子どものためにしたことが、必ずしも子どものためになってないねじれ。これは、いったいどういうことだろう。

　1990年代後半、「徒競走で順位をつけると、ビリの方になった子が傷つく」

「騎馬戦や棒倒し、人間ピラミッドなどは危険」といった理由で、さまざまな競技が学校から消えていった。近年、「それではマズイのではないか」「その方面で個性のある子はどうなるんだ」といった声を受け、復活しつつある。

この波をもろにかぶった学生たちにとって、はたして運動会や体育祭はどんなものだったのか。

そこで、2003年度前期は、〈自分試し〉をキーワードにしたPL3〜学校生活回顧プロジェクト「運動会」を立ちあげ、「小中高の運動会」をテーマにエッセイづくりに挑戦してもらうことにした。キーワードは、「傷つくこと」「自己実現」「個性発揮」などである。「競争のない運動会」を実際に体験した学生の声を聞いて、運動会のあり方を再考するきっかけになればと考えた。

この授業実践にとりくんだのは、3大学の4つの授業である（¶5）。

¶5 〈授業の概略〉

プロジェクトを実施した授業は、3大学の4つの授業である。甲南女子大学では、全学共通科目で1年生対象の必修科目の「自分の探求」と人間科学部人間教育学科の専門科目で3年生対象の「教育社会学A」。島根県立大学では、教職科目で3年生対象の「教育方法論」。島根大学では、教職科目で3年生対象の「特別活動指導論」。

「自分の探求」では、1週目に1年生全員を集め、合同オリエンテーションをした。以後の授業では、2名の教師が50名ほどの学生を6週ずつ交代で受けもった。前半クラスでは、1回目はイントロダクションで、『耳をすます』を配布し、レクチャー。続いて自己紹介や他者紹介、さらに運動会についてトーク。2回目は『耳をすます』の読書会、3回目はエッセイの添削開始、4回目は学生同士で読みあわせ、5回目はエッセイの添削、6回目はエッセイの完成である。後半クラスの授業は、1回目のイントロダクションで、『耳をすます』を配布し、エッセイづくりについて説明し、レクチャー。続いて自己紹介や他者紹介をしあったあと、自分史の骨格をアンケート形式で記入する「自分史作成サポートアンケート」を配布し、完成したものを提出。2回目は自分とはなにか・自己分析とはなにかについてのトーク、残り4回の授業は前半クラスと同じ展開にした。提出者は、前半クラス40名と後半クラス41名の合計81名。

「教育社会学A」では、6月中旬にあった9回目の授業で、エッセイの課題説明と自分史作成サポートアンケートを配布し、翌週にはエッセイの仮原稿と、自分史作成サポートアンケートに記入したものを提出。その翌週には、添削原稿を返却。課題をだしてから4週間後になる、7月上旬に完成原稿を提出。提出者は、90名。

「教育方法論」では、8月上旬に夏期集中講義として4日間開講し、初日午後に自分史作成サポートアンケートとエッセイづくりについて簡単に説明。2日目午後最後の授業中に、自分史作成サポートアンケートへの記入とエッセイの作成。3日目午前は、前日からの作業を続行。3日目午後のラストにピアレビューと添削。最終日午前に、もう一度ピアレビューと添削を受けて、一気に書きあげ、自分史作成サポートアンケートと同時に提出。提出者は、9名。

「特別活動指導論」では、8月下旬に夏期集中講義として4日間開講し、初日午後すぐに、自分史作成サポートアンケートに記入し、続いてエッセイづくりの説明。3日目午後のラストに、ピアレビューと島田の机間巡視による相談受けつけを実施。最終日終了時に、エッセイと自分史作成サポートアンケートの完成したものを提出。提出者は、82名。

なお、エッセイの字数は、680字あまり。『運動会』（2004）には、全員分を収録。

2. エッセイづくりをサポートする小道具
――マニュアル「エッセイを書く際のポイント」の誕生

1) 誕生の経緯

これまで、個人研究レポートづくりをしたり、自分史エッセイづくりをする際、教育的指導として、エッセイのタイトル変更をはじめ、文章も読みやすくするために表現に手を加えたり、字句の統一を図っている。こうした修正や訂正を行うことを学生には事前連絡し、その教育的意味を口頭で説明してきた。

しかし、「自分の探求」の前半クラスで、ある学生が添削されることに強

い不満があり、面と向かっては口にしなかったが、最終回の授業評価用紙にて、「(添削されると、文章に)個性がなくなる」と述べていた。

　私も大学院時代、指導教官に赤をいれられることにかなり抵抗があった方なので、その気持ちはよく理解できた。しかし、その後、赤の意味をかみしめたものである。

　そこで、後半クラスからは、添削ポイントとして頻出する項目について口頭で示し、メモをとるように指示し、意図を理解してもらうよう努めた。しかし、ノートとりに慣れておらず、説明も右の耳から左の耳に抜けるだけの学生もいて、同じことを何度も説明しなくてはならなかった。

　3年生対象の「教育社会学A」では、学生が完成原稿を提出した授業で、「エッセイ添削の意味」についてOHPを使いながらポイントを説明した。しかし、説明日が完成原稿提出日と重なったので、学生自身が自分の原稿に手をいれることができなかった。

　島根県立大学での「教育方法論」では、集中講義2日目に、マニュアル「エッセイを書く際のポイント」を印刷して配布し、自己チェックとピアレビューをするときに役立ててもらった。これで、エッセイづくりはとてもスムーズに進んだ。

　島根大学の「特別活動指導論」では、集中講義初日にマニュアル「エッセイを書く際のポイント」を配布し、エッセイ作成当初から注意してもらった。初日配布にあたっては、躊躇するところもあった。エッセイを書きだす前に注意事項を並べては、プレッシャーがかかって書きにくくなる心配があった。しかし、受講生が多くて個別指導できないし、集中講義のため添削する時間もないことを考えて、初日配布を決めた。私の心配をよそに、学生は適当にやっているようだった。理科系の学生対象の授業ということもあるのか、国立大学の学生ということもあるのか、昨年度にエッセイづくりしたときも感じたのだが、文章を書き慣れており、心配は杞憂におわった。ただ、手抜きの激しい、いわゆる要領のいい学生もおり、文章の出来不出来の差は大きかった。

　もちろん、正しいエッセイの書き方があるというわけではない。今回は、島田スタイルで統一している。

2) マニュアルの実際

　ここまで書くと、そのマニュアルがどんなものか気になる人も多いだろう。マニュアル「エッセイを書く際のポイント」は、15項目からなる。

①**単文で書く**　　これは、できるだけ単文で書くという意味である。複文になると、文章の論理性がみえにくくなりがちである。読みを読者に委ねる分、読むのに手間どる。文章のスピード感がなくなり、時代にそぐわない。

②**書き言葉で書く**　　学生の文章では、話し言葉やメール用の文章が頻発する。仲間内のやりとりなら、それもいい。しかし、第三者が読むことを想定すれば、それはまずい。

③**大きなところから書きはじめ、細部に至る**　　たとえば、好きなものをいくつか紹介するとしよう。これをダラダラやられると、話がいつおわるのかとイライラしてくる。話に「これから、好きなものについて3つ話します」という導入があれば、これは解消する。

④**時間の経過にそって書く**　　話が前後すると、流れがわかりにくくなる。そればかりか、余計な字数を要してしまう。エッセイのような短い文章表現には向かない。これは、①単文で書くに通じる。

⑤**主語を短くする（形容詞句を使わない）**　　主語のなかに文章がもうひとつあるような書き方をされると、話の頭が重くなる。

⑥**文章は一度でおわる（〜であるのであるといった表現は×）**　　エッセイは、字数がかぎられる。「のである」は、たった4文字かもしれない。しかし、この4文字をはずすことで表現の可能性が広がっていく。使うなら、話の締めに1回かな。

⑦**強調表現を多用しない（「！」、「？」、体言止め）**　　短い文章に強調表現が多いと、結局なにも強調されないのと同じである。

⑧**「思う」「感じる」をできるだけ使わない（文末を日本的なあいまい表現にしない）**　　この表現を使いだすと、ついつい連発してしまう。文章表現に自信がないとき、ごまかすために使われたりする。

⑨**接続詞を少なくする**　　日本語は、接続詞がなくてもわかる。文章がう

まくつながらないとき、「そして」「また」「しかし」が連発される。その結果、意味不明になっていく。

⑩ **代名詞をできるだけ使わない**　「それ」を指すものが書いた本人しかわからないことが多い。場合によったら、書いた本人にもわからない。

⑪ **はじめて読む人がわかるように書く**　それを使わないと臨場感がでない言葉に、若者用語や隠語などがある。だけど、グループ外の人にはまったく通じない。

⑫ **文章を読みやすくするためにひらがな使いを工夫し、多用する**　パソコンが普及し、漢字変換が多くなった。しかし、漢字表記は重くなりがちである。注目を集める部分でないなら、避けたい表現は少なくない。教養のあるところをみせつけるより、大事なことがある。なによりもまず読んでもらうことを忘れてはならない。

⑬ **「　」を適宜使用する**　地の文が続いていると、読みにくい。ただし、「　」が続く文章もうっとうしい。「　」表記は、適宜使いたい。

⑭ **字数を節約できる表現にする**　「という」「ということ」などの表現は、要注意である。たぶん、なくてもかまわない。

⑮ **タイトルを工夫する**　エッセイを読みたいと思わせることが大事。誘惑する言葉を知らなければ、なかなか人は読まない。

3. 自分史エッセイ「運動会」の実際

　実際に書かれたエッセイを紹介しよう。それは必ずしもマニュアルどおりの記述ではないが、文章からは躍動感が伝わってくる。なお、氏名は、イニシャルで表記している。

S・M（23）生物資源科学部生命工学科2000年度入学
　「運動会は走れ、競え」
　私が通っていたのは、どこにでもある普通の小学校だった。でも、運動会はちょっと違う。じいちゃんもばあちゃんもいっしょになって燃える種目があるのだ。それが我が母校の運動会のメインイベント、地区対抗リレーである。もともと田舎の小さな町。地区（大字）の数もそう多くはない。

そこで、地区にわかれて速さを競うのである。子どもも大人も走る。その日も1年の大イベントを前に、いわば町全体が緊張していた。

その年、私は5年生だった。6年生がいなかったのでリーダーになった私は、大人にバトンをわたす大役をまかされた。緊張のなか、スタートの音が鳴り、抜きつ抜かれつで私にバトンがまわってきた。8チーム中6位であった。私も現状を維持したまま大人へとバトンをわたした。順位はあげられなかったが、1つの仕事をやりおえた充実感があった。

ここからがこの種目のみどころである。普段はだらしない近所のおっちゃんがすごいスピードで走っていく。大人のすごさを思い知る瞬間。地区をあげての大声援。そして、感動（？）のゴール。結果は、順位をひとつ落として7位。アンカーがちょっと寂しそうな顔で我々の応援席に帰ってきた。しかし、だれも責めず、ヤジらず、みんなで健闘を称えあっている。大人たちのいい顔が印象的だった。

この種目、もしかしたら今はもう行われてないかもしれない。徒競走さえない時代である。でも、運動会なのだから、全力で走ってなんぼ、競ってなんぼだと思うのである。

【自己PR】
　毎年、北海道を目指してひとり旅にでるも、予算が厳しくなり、いつも信州あたりで挫折する哀れな男。寄り道の癖を直したいと切に思っている。

4. 自分史エッセイ「運動会」の試みをふりかえって

1)「語る立場」になる——痛みを糧に学ぶ

時間がたち、いろいろな体験をすればするほど、「人生、結局プラス・マイナス・ゼロになる」ところがみえてくる。そのような地点から運動会をみると、リアルタイムで経験したときに感じていたこととは別のことを発見する。大学生の今、小中高時代はまだ近すぎるのかもしれない。

しかし、そうであっても自分の過去についてエッセイを書いていると、学

生は自分が「する立場」「みる立場」だけでなく、「語る立場」にいることに気づく。

　語る立場になると、「なぜ、運動会をするのか」という教育の原点、教育の根本問題が改めて顔をだしてくる。

　運動会の歴史を知ると、レジャーやスポーツの視点の歴史が浅いことに気づく。小さいころからみんなが同じ種目をやらされ、点数で評価をつけられるだけでは、荻原健司もいうように、運動ができない子は苦手意識を植えつけられるだけでおわってしまうだろう[1]。そうすると、「どんな運動会をするのか」って方法論的な問題も浮かびあがってくる。自分だけの問題ではないことがみえてくる。

　語ることに着目すると、卒業文集の場合、95％は学校行事の思い出が語られているという[2]。宿泊行事や運動会での楽しい経験を書く子どもが圧倒的に多く、学校行事を通して自己実現できた機会が何回もあったからではないかという。

　教育をどうみたてていくのか、運動会をエッセイにして語る体験から一人ひとりが考えたことはなんだったのだろうか。

　人は、楽しいことしかしたくない、自分が傷つくようなことはしたくないと考えがちである。学びの場においても、確かに学んでいて楽しくないものは、本当の意味で身につかない。確かに学んでいて傷つけ傷つくばかりでは、腰が据わらない。一方で、痛みをともなわない学びもニセモノである。痛みを糧にして学んでいく楽しさは、長いスパンでものごとをみていかないと、気づけない。

2）くりかえし体験した痛みを力に

　最後に、エッセイ集と自分史作成サポートアンケートの結果より、みえてきたことをまとめてみたい。

　かつて私は、『大学授業の生態誌（3部作）』（2001〜02）[3],[4],[5]で、学生の生き方として一般化している「ラクに楽しく要領よく生きようとする」生き方がなにを学生にもたらしているかを実証的に考察した。授業を聞くといった学習より、友達との私語を大切にし、ノートをとるなどの努力や苦労をともなうことはしない姿が浮かびあがってきた。その後、素とキャラの研究

をしたときには、友達に自分の存在を認めてもらうために、キャラを演じ、素をだせない悩みにはまっていくことがわかった。深刻になれば、不登校・ひきこもりが自分のこととなる。

　運動会で、しんどいけど、要領は悪いかもしれないけど、楽しく生きた学生たちのエッセイは、努力の結果としての達成感や、自分が他者とやり遂げたことへの自己肯定感と他者肯定感、他者の役にたった幸福感などにあふれ、自分を、さらに自分たちを生き生きとさせている。これは、「ラクに楽しく要領よく生きようとする」生き方の対極にある。

　それを支えるのは、よくいわれることだが、①勝ち負けは、一時的なことだと捉えている、②ダメなことは、運動のある部分にかぎられていると捉えている、③自分に課題があるなら、過去にとらわれたり、未来を夢みたりするだけでなく、その解決に向けて努力している、といった生き方である。ひと言でいえば、いい意味で、楽観志向・プラス志向でものごとを考えている。傷つくことでいえば、傷つけられたことや傷の深さに心を奪われるより、ちょっとのことでは傷つかないタフさや他者の痛みを思いやるやさしさを身につけようとしている。運動会エッセイづくりは、これら教育の原点に気づく転機（仕掛け）となる。

　それから、この生き方をサポートする親や先生や友達の存在も大きいことにも気づく。

第4章
自分史エッセイづくりの展開 IV

PL4～大学生活サポートプロジェクト「ケルンIII」（2003年度後期）

1. 大学になじむには

1) はじめが肝心

『ケルン【特別完全版】』（2003）に収録したエッセイから、入学式と、それに続く前期開始までの間に実施される学内オリエンテーション期間に、大学になじめるのか、学生の今後の動向がほぼ決まってしまっていることが窺える。とくに入学式当日がすべてを決めるといってもいい。まさに、はじめが肝心である。

大学になじむ過程では、次のようなことが起きている。

①入学式で、まわりの雰囲気（たとえば、女子大特有の華やかさ）に呑みこまれると、翌日から不登校になる可能性が高い。
②入学後しばらくして、学生同士のコミュニケーション機会が増え、友達ができると、大学にくるのが楽しくなる。
③お互いの気心が知れ、「素の自分」をだせるようになると、大学になじむようになる。

ここで、キーワードとして浮かびあがったのが、すでに述べたPL2～大学生活サポートプロジェクト「ケルン」で指摘した「素とキャラ（の攻防）」である（B部門第2章の「5. 自分史エッセイ「ケルン」の試みをふりかえって」を参照）。入学当初は、場になじもうとしすぎて、限度がわからず、背伸びをしすぎがちになる。それをみた上回生は、「いつものことだけど、この時期の1年生は、がんばりすぎててコワイよね～」と、横目でみながら

笑っている。大学での居心地のよさは、無理してつくったキャラである「自分飾り」から脱出できるかにかかっている。

2) 島田ゼミ交流会——カレッジ・インパクト

学生をみていて、その大学がもつカレッジ・インパクトについて考えさせられる。

キャンパス・ライフの満足度について、2003年度に学内調査したところ、1年生のころ48.2%だったのが、2年生になると67.7%、3年生になると76.9%と、どんどん上昇していくことがわかった[1]。なにがどうなっているのだろうか。

島田ゼミでは、折りあれば4ゼミ生が1ゼミ生に話す機会をもつ。4年生の話は、なぜかいつも同じところに落ち着く。それは、「もっとひとつのことを一生懸命やっておけばよかった。いろいろやることが大切な気がして、あれこれ手をだしてみたけど、どれも中途半端。アルバイトも社会勉強になるとよくいわれるけど、幅広い体験のひとつにはなっても、社会勉強になるようなアルバイトは少ない。4年間、遊んでしまった感じになる人となにかやり続けた人とは、ぜんぜん違うよ」と。

それを聞いた下級生の学生の反応にも定番がある。「なにかひとつ真剣にやりたいなあと思うようになったけど、それってなにかって思ううちにあっという間に時間がたってしまった」と。

上級生たちと話していると、いかに上級生になるかがみえてくる。

一見派手系の学生が抱えがちな寂しさや空しさ、孤独などもみえてくる。だれもが自分を必死に守るために、クールさを装ったり、プライドをもったり、見栄を張ったりして、弱い部分を隠そうとする。ブランドで身をかためるのも、そのひとつである。それは、決して悪いことではない。なぜなら、そうすることでしか自分を守れないからである。

こんなところにまで目が届くようになると、人として自分と同じ部分があることがわかってくる。自分とは違うと思っていた人が同じ悩みをもっていて、その出方が違うだけである。

それぞれがかかわり、サポートしあうことで、それぞれにしっかりしてくる。

卒業が近くなると、「すっぴん」の学生がずいぶん増えている。力のいれどころと抜きどころがわかり、少々のことではまわりに流されなくなっている。入学したころとは一味違う、バージョンアップした学生になっている。

高校生たちがオープン・キャンパスで大学に訪れる。そのとき、学生が意外と派手でなく、話してみると話しやすいことに驚く。

この現実の延長線上にあるのだろう、うちの学生は「癒し系」といわれることがある。そのイメージは、1、2年生のころはとかくよくないイメージとからむことが多い。

しかし、上級学年になるころには、心に傷をもったり、人の痛みを知ったりすることで、一皮むけている。ずいぶん大人になっている。そんな学生といっしょにいると、和んでくる。

大人になった学生の学ぶ意欲は高い。就職活動も落ち着き、卒業論文を仕上げるころには、嫌いだった勉強も楽しくてしょうがないことに突然気づき、名残惜しく卒業式を迎える学生もいる。

とはいえ、なかには自分を見失い、〈自分なくし〉にはまり、〈自分探し〉に終始したまま卒業していく学生もいる。

2. 自分史エッセイ「ケルンⅢ」の試み

内向きの〈自分探し〉に終始する人と、なにかにチャレンジする外向きの〈自分試し〉をしたり、素の自分をさらす〈自分さらし〉をしたりして新たな可能性を拓いていく人の違いはなんなのか。この差は、いったいどこからくるのだろうか。もう少し多くの学生のキャンパス・ライフを知りたくなった。学生がキャンパス・ライフで成功する方法はどこにあるのか。

この思いに至って、PL2～大学生活サポートプロジェクト「ケルン」の新バージョンとして、PL4～大学生活サポートプロジェクト「ケルンⅢ」を新たに開始した（¶6）。キーワードは、〈自分飾り〉である。

¶6 〈授業の概略〉

プロジェクトを実施した授業は、人間科学部人間教育学科3年生対象の専門科目の「教育社会学B」である。書くテーマは、「大学1年生、大学3

年生のころ」。字数は、663字相当とした。11月中旬にあった6回目に、エッセイづくりを冬休みの宿題としてだした。その際、『ケルン【特別完全版】』を配布し、解説。「素とキャラの攻防」について注意を喚起し、「自分飾り」について書けることがあれば書くように促した。提出者は、51名。

　ところで、できあがったエッセイ集を入学式当日に新入生全員に配布できるとよいと考えた。学長と相談の結果、キャンパスへの適応を促進するために、成功例を中心に編集したものを配布することになった。このため、掲載エッセイ数は、33名分となった。

　これら33名分に加えて、『ケルン【特別完全版】』から39名分を再録し、合計72名分のエッセイを収録した『ケルンⅢ』(2004)が完成。

3. 自分史エッセイ「ケルンⅢ」の試みをふりかえって

　その結果、キャンパス・ライフで不適応に陥る典型的なパターンがみえてきた。学生がいかに先入観や誤解をもつに至るのか。そして、自分を守るために〈自分飾り〉に走り、いつしか〈自分なくし〉に陥りがちになるのか。

　と同時に、そこからの脱出方法もみえてきた。それは、〈自分試し〉〈自分さらし〉をすることである。結局、キャンパス・ライフの成功の秘訣は、〈自分試し〉〈自分さらし〉にある。

　このエッセイ集の紹介文として、学生が一皮むける瞬間を文章にして切りとり、裏表紙に付した。

　　とかく新入生は、入学式に出会う、世間的なイメージでの『飾った他者』にとまどう。それに対抗するかのように『飾った自分』をつくり、自分を見失いがちになる。なんのことはない、自分で壁をつくり、南女嫌いになっただけである。もちろん、飾ることで注目を浴びるのもいい。しかし、それしか頼るものがないと、〈自分なくし〉にはまっていく。このことに気づき、ちょっと勇気がいるけど自分を飾るのをやめると、不思議なことが次から次へと起こりだす。だんだん『素の自分』をだせるようになり、『素の他者』を知るようになる。ひとりで、あるいは仲間と〈自分試し〉

をし、気にせず〈自分さらし〉ができるようになればなるほど、居心地がよくなってくる。〈自分づくり〉が洗練され、〈自分磨き〉に拍車がかかる。ものの見方・考え方・感じ方が変わり、同じ世界が違うように自分にふれてくる。心が自由になる。

副題の「〈自分飾り〉からの脱出物語」は、このあたりの事情を伝えるメッセージとなっている。

4. 学内の反応──【大学ガイド版】の発刊に

『ケルンⅢ』を 2004 年 4 月に発刊し、入学式直後に新入生全員に配布するや否や、受験生や高校の先生方などから、「本学を知る一助にもなる」という声があがった。

また、『ケルンⅢ』をベースに展開した 2004 年度前期の授業でも、内容への反響は大きかった。授業「教育社会学 A」の授業評価に書かれた感想のひとつを紹介しよう。

> ＊今日の授業で、先生が『南女生が南女生を誤解している』といわれたときに、私は入学当初の自分を思いだしました。小中高と共学だった私にとって、女子大は未知の世界でした。見知った友達がだれもいなかったこともあり、南女への入学は私にとっては一からのスタートでした。また、南女の"うわさ"もあって、不安でいっぱいでした。そんな大学 1 日目をおわった感想は、『うわさどおりの"派手"な学校』『すごく（自分が）場違いな（ところにいるような）気がする』でした。しかし、2 日目以降、初日の感想は違うかもしれないと思いはじめました。そして今では、あのときは間違いをしていたと思います。そう思えた（思えるようになった）のは、やはり南女（生）と接して理解していくなかで、私は誤解していたと思ったからです。今、私はこの大学に入れてよかったと思っています。（2004 年 4 月 26 日分）

こんな声を受け、『ケルンⅢ』をほぼ踏襲した「大学ガイド版」を作成す

ることになった。かくして、2004年5月、装いを新たに『ケルンIII【大学ガイド版】』(2004) ができあがった。

第5章
各プロジェクトに起きつつあった困難

1. 他者とかかわる授業づくりの必要

1) 求められる父性原理

　1970年代以降、精神的にも身体的にも傷つきやすくなった若者は、傷つくことを恐れ、クールさを装うようになり、自分の「本当の気持ち」がだんだんみえなくなった。

　90年代に入り、バブルの崩壊と阪神大震災を体験して以降、自分のしたいことをする若者が増加していく。これは、極度の自分の欲望充足に走る「自分中心主義」を生み、自分の周囲から他者（邪魔者だけでなく、サポーターも）が消えていった。

　このため、学校に母性原理が多く導入された。たとえば、子どもが傷つかないように、傷ついた子どもをサポートするカウンセリングの手法のよさが広く認知されるようになった。実際、カウンセラーが配置されるようになる。教育界は「臨床」ばやりで、ケアやキュアが注目された。〈自分探し〉が時代のキーワードとなった。

　授業では、自分のしたいことをする学生により、私語問題が深刻化する。当初、もうひとつの私語と呼ばれ、私が「無語」と命名した「わからない」を連発する学生や、さらに「避語」と命名した「知らない」や「別に」といってコミュニケーション自体を回避する学生が登場した。

　無語や避語になる理由を探っていくと、授業がわからない以前に、自分が大学にいる意味がわからない学生が少なくなかった。実は、それ以前に自分の気持ちがわからなくなっていた。

21世紀に入り、就職状況の悪化が進み、キャリア形成の上でも、自己分析が必須になってきた。

ところが、どの分野でもよく起こるが、「予期せぬ結果」が生まれる。自己分析は、他者と向きあおうとしない、内向きの〈自分探し〉に終始しがちになる。他者がだんだんみえなくなり、〈他者なくし〉にはまる。他者という鏡を失えば、〈自分なくし〉につながってしまう。他者との回路を失えば、他者とかかわることが怖くなる。自分の居場所を失った喪失感から逃れるように、〈他者閉ざし〉〈自分閉ざし〉を実行してしまう。それがもたらす孤立と孤独は深い。

このスイッチを反転させるには、「他者とのかかわり」が量も質も必要である。この意味で、これまでのプロジェクトで実施した、個人研究レポートを作成したり、自分史エッセイを綴ったりする試みは、「自分への働きかけ」という点ではよかったが、「他者への働きかけ」という点ではおとなしめなものだったといえる。

今や、もう一歩踏みこんだ学習指導や教育指導、生活指導が必要になってきている。それは、教育現場に「父性原理」を呼び戻す試みといってもいい。

プロジェクトとしては、受動的に「体験したことを書くこと」から能動的に「体験すること」へと軸足をシフトすることを意味している。「体験したことを書くこと」の限界や学生気質の変化がこの試みを後押ししている。

2）「他者という回路」を通す

このことを意識したのは、2003年秋に朝日新聞大阪本社から「私の視点」欄への執筆依頼があったときである。このコーナーで、自分史エッセイ集づくりの試みの意味と成果を紹介してみないかという。それは、2003年10月22日に掲載された。

どんな原稿にするか思案しているとき、「他者という回路」という言葉がでてきた。

そう、そこでハタとひらめくものがあった。「他者という回路」をもっと能動的に通すことはできないか。学生の勇気が試されるようなシーンを学習デザインできないか。

以後、〈自分開き〉に向けて、〈自分試し〉と〈自分さらし〉をどうデザイ

ンしていくかが頭の片隅を支配するようになった。

　日本の場合、学校で人間関係が占める比重は大きい。イジメなどをみてもわかるように、人間関係が安定してこそ学習がスムーズに進むことが少なくない。自分をなくす状態での学習は困難である。だからこそ、自分を開き、他者をとり戻すために他者とかかわる授業づくりが必要になる。

2．3ゼミで起きた波乱

　この思いを強くしたのは、私の足元の授業で異変が起きつつあったことが大きい。

　まずは、2003年度のゼミ活動である。A部門第4章の「8．第Ⅱ期「転換期」に訪れた危機」でも若干紹介したが、この年度の3ゼミ生は少なくて5名だったにもかかわらず、学習成果をゼミ本である『キャラバン』('03)に収録することがまったくできなかった。

　詳しく経緯を話そう。2002年秋、新学部の1期生である2年生から、次年度に所属するゼミ選びのために案内パンフレットがほしいという要望がでた。これを受け、ゼミ担当者がゼミの詳細を記した文面を用意することになった。

　学生のゼミ選びは、「ラク」かどうかに左右されやすい。少人数相手の、じっくりした指導をしようという思いがあり、学生数を絞りたかった。そこで、島田ゼミは「ラクに愉しくやりたい人には不向きなゼミですが、愉しくチャレンジしたい人には絶好のゼミ」と記入し、課題を詳述した。その結果、第1志望の3名と、そうでない2名がきた。

　個人研究レポートの作成では、4ゼミ生は例年どおり、すでに3ゼミで書いた人は自由参加にしていた。希望者を募ったところ、だれもいなかった。これで、私の気持ちのなかに油断や慢心が生まれたのかもしれない。「今年度は、（思惑どおり）余裕をもって3ゼミ生を指導できる。いつものように、人数をこなすために指導を急ぐ必要もなく、じっくり学生と向きあえる」と思っていた。それが、次々と裏目にでていく。

　卒論は、基本的に「自分は、どんなことに興味や関心があるのか」「研究したいことは、自分とどのようなかかわりがあるのか」がわからなければ、

はじまらない。ここで、島田ゼミのメンバー全員が立ち往生した。研究の方向性が決まっても、テーマをうまく絞りきれない。知りたいことはあっても、それがなかなか「問い」の形にならない。いつもと調子が違うなと思っているうちに、あっという間に年度末を迎えてしまった。4年生になっても、就職活動の厳しさもあって学生の進路が定まらず、夏休みから後期へと雪崩打つように入ってしまった。後期の初回授業の様子をみて、猛烈なスパルタ指導をかけることにした。その結果、卒論はなんとかいいものができあがった。

しかし、のど元あたりになにかがひっかかっている感じが否めない。それは、やりたくないことをやってしまったという感じでもあり、まだなにかをやりそこなっているのではという感じでもある。島田ゼミは、自由な雰囲気が特長であり、学生の自主性を尊重している。その分、学生の責任は重い。だが、その重さを学生に引き受けさせられなかった。表現を変えれば、その重圧に学生が堪えられなかったということだろう。

学生指導に、「厳しさ」をどうもちこむかという宿題が私にでた。

翌2004年度の3ゼミは、2003年度の反省をふまえ、教師である私がある程度積極的にリードしていくことにした。だが、学生の腰はなかなか重かった。

ここで、自分史エッセイづくりの授業に、話を移そう。

3. 直面する教育困難

2001年度よりスタートした自分史エッセイ集づくりにおいても、ほんの数年のことなのに、年をへるごとに教育指導に困難を感じるようになってきた。それは、文章を書くための基礎体力不足というべきものである。ある程度の分量を書くとなると、何割かの学生には極めて難しいものとなりつつあった。

そればかりではない。すでに指摘したが、「忘れてしまって、思いだせなくて、書けない」学生が増加していた。深刻な場合、本当に記憶が空白になっている…。その風情は、感受性が閉ざされている、あるいは一方向にしか開かれてないようにみえた。自尊感情も学習意欲も低い学生も増えていた。

自分史エッセイ集づくりを続けるプロジェクトが急速に難しくなりつつあ

った。文章作成能力に左右されない試みが必要となってきた。別のいい方をするなら、文章作成能力はそれなりの専門の授業や、PS1〜学びの共同体プロジェクト「個人研究レポート」に特化し、役割分業を進める必要がでてきていた。

　「他者という回路」を体験させる以前のところで、授業がうまくいかなくなっていた。そんなとき、ある本との出合いが次なるプロジェクトの呼び水となった。そのプロジェクトでは、学生の勇気や希望、情熱、創造力といった、生きる力が試されることになる。

第6章
幸せのレシピづくりⅠ

PL5〜自分試しプロジェクト「幸せのレシピ」(2004年度前期)

1. 次なるプロジェクトの呼び水──ある本との出合い

　次なるプロジェクトの呼び水となったある本とは、日比野克彦の『100の指令』(2003)[1]である。彼自身による彼自身のための指令集で、これを読んだ人になんらかの変化を起こさせる指令集となっている。

　指令の大半は、ひとりだけでできる自己完結的なものである。たとえば、「自分の描いた絵を街に貼ろう」「歩きながら右に曲がるときにどうやって右に曲がっているのか、自分の足をよく観察してみよう」「自分の影と握手をしてみよう」など。思わずハマってしまった。

　少ないながら、他者とのかかわりを促す指令もある。「お母さん、お父さんのポケットにびっくりすることを書いて、そっと入れておこう」「りんごはなぜりんごというのかいろいろな人に聞いてみよう」など。これはこれで、なかなかおもしろい。

2. 足慣らしの試み

　とはいえ、これまでの授業の文脈にのせるとき、日比野氏の試みをもう一工夫する必要がある。

　それは、学生の〈自分試し〉〈自分さらし〉〈自分開き〉を促すにはどうしたらいいかにつきる。このために、ある種の体裁を整える必要があった。

　そこで、この試み全体を「レシピづくり」と呼ぶことにし、学生のレシピを集めた、レシピ集を作成し、学びの成果を共有化することにした。

　レシピは、4要素で構成するようにした。それは、①作者名（所属や学年などの属性を含む）、②〈指令〉（学生が自分でつくる）、③〈結果〉（学生自

身が挑戦して、だす)、④【自己PR】(試みの途中から、「Love & Hate」による【自己紹介】に変更)、である。

　この試みが、学生が自他を知ったり、自分や他者になにができるのかを知ったりするのに役立てばと考えた。

　まずは、非常勤講師として出向いている神戸看護専門学校第三学科で、2003年度後期に1年生対象の基礎分野科目である「教育学」の試験問題としてだすことにした。

　足慣らしの試みということで、〈自分試し〉や〈自分さらし〉に重きをおくより、このような試み自体を実施することが可能かを見極めたかった。

　いきなり自由課題というのは難しい。そこで、とりあえず「～できたらいいな」というイメージで、人とかかわって幸せになれたらいいな、和めたらいいな、笑いがあふれたらいいな、余暇をうまくすごせたらいいなって感じで、「幸せのレシピ」「和みのレシピ」「笑いのレシピ」「暇つぶしのレシピ」の4ジャンルを設定し、そのどれかを選択し、作成するように指示した。

　日程的には、冬休み明け最初の授業で連絡し、次週にレシピづくり相談会を設け、手直ししてもらい、2日後に改めて提出してもらった。10日間という、切羽詰まった日程であった。

　その結果、受講生44名全員からレシピが提出された。できたレシピのジャンルを多い順に並べると、「暇つぶしのレシピ」25名、「和みのレシピ」10名、「幸せのレシピ」6名、「笑いのレシピ」3名、となっていた。

　各指令を読んでみると、ジャンルわけはそれほど意味がなかった。それから、「笑いのレシピ」では、笑いをとるのはプロでもなかなか難しいことを再確認した。

　レシピの構成部分のうち、〈指令〉と〈結果〉の部分をピックアップし、いくつか紹介しよう。

〈指令〉　お父さんのお弁当に、感謝の気持ちを手紙に書いて、いっしょにいれておこう。
〈結果〉　満面の笑みで、ちょっと照れくさそうに「ありがとう」といってくれた。

〈指令〉「お腹のなかに赤ちゃんがいる」と思って、赤ちゃんに話しかけてみよう（女の子は自分のお腹に、男の子は彼女のお腹に）。
〈結果〉 自分の体がとても大切に思えて、幸せな気持ちになれた。

レシピづくり相談会での学生や学生同士のやりとりで盛りあがっている様子や、実際にできた〈指令〉と〈結果〉をみて、この試みはやり方次第でうまくいきそうな手ごたえを得た。

3.「幸せのレシピ」の試み

これを受け、2004年度前期開講の授業で、〈自分試し〉や〈自分さらし〉の視点を鮮明に打ちだしたPL5～自分試しプロジェクト「幸せのレシピ」をスタートした。

目指すのは、〈自分試し〉や〈自分さらし〉をしながら、自分（たち）で汗をかいて答えをだす、一問多答式のレシピづくり。加えて、各授業に共通するねらいとして、「人とうまくつきあえるようになること」と「人をうまく動かす企画を考えだすこと」を設けた。「～をしよう」と、自分や他者を「誘惑する自分」の誕生を目指す感じである。

この授業実践にとりくんだのは、3大学の4つの授業である（¶7）。

¶7 〈授業の概略〉
プロジェクトを実施した授業は、3大学の4つの授業である。
甲南女子大学では、全学共通科目で1年生対象の必修科目の「自分の探求」と人間科学部人間教育学科の専門科目で3年生対象の「教育社会学A」で、他者とのかかわりにおいて自分や相手を幸せな気分にする「幸せのレシピ」づくり2作品に挑戦した。
「自分の探求」は、1週目に18名の担当教師による合同オリエンテーションを開催。その後、教師2名でティームティーチングを実施し、前後半クラスを入れ替わりで6回ずつ担当。前半クラスでは、1回目の授業はイントロダクション、2回目はレシピづくりの説明。残り4回で、レシピづくりに挑戦し、レシピ完成者から順に、「Love & Hate」づくりにトライ。

後半クラスでは、1回目はイントロダクション。3回目に、「Love & Hate」づくりとレシピづくりを説明。まず「Love & Hate」づくりをし、完成者からレシピづくりに着手。続く3回で、レシピを完成し、提出。提出者は、前半クラス37名と後半クラス34名の合計71名。

「教育社会学A」では、5回目に「Love & Hate」づくりを説明し、翌週に提出。それと並行して、レシピづくりを説明。翌々週に〈指令〉候補を複数考えて仮提出してもらい、その1週間後にはそのよしあしを3段階評価したものを返却し、レシピを完成させるよう指示。提出は、7月上旬で本来なら12回目の授業後のはずが、台風6号上陸のため1週間順延となった、11回目の授業後。提出者は、99名。

島根県立大学では、8月上旬に4日間実施した夏季集中講義「教育方法論」で、野外体験学習を促す「海辺のレシピ」1作品と、クラスメイトとなにかする「幸せのレシピ」づくり1作品にトライした。初日午後は、レシピづくりの説明と【自己紹介】づくりではじまった。レシピづくりでは、3日目午前に石見海浜公園（姉ヶ浜海水浴場 & 波子海水浴場）にて実施する野外体験学習教材として「海辺のレシピ」づくりと、4日目午前にクラスメイトとなにか体験学習する「幸せのレシピ」づくりを指示。2日目午前、レシピづくり相談会。午後のラスト、「海辺のレシピ」づくり相談会。3日目午前、「海辺のレシピ」に挑戦。午後、「海辺のレシピ」のまとめ。4日目午前、「幸せのレシピ」づくり相談会に続いて、「幸せのレシピ」に挑戦、さらにレシピの完成相談会。午後、レシピの完成と提出。提出者は、15名。このうち1名は、島田ゼミ3年生の特別参加。

島根大学では、8月末から9月にかけて4日間実施した夏季集中講義「特別活動指導論」で、「幸せのレシピ」づくり2作品にチャレンジした。初日午後の冒頭、レシピづくりの説明からはじまった。2日目の午前と午後に、レシピづくり相談会。3日目授業開始前に、レシピづくり特別相談会。午後、レシピづくり相談会。その後、授業のラストに、レシピづくり相談会に並行して、レシピづくり協力タイムを設け、レシピに挑戦。4日目授業開始前に、レシピづくり特別相談会、ならびにレシピの完成相談会。午後の授業開始前に、レシピを提出して終了。提出者は、109名。

なお、『幸せのレシピ』（2004）には、全員分を収録。

4.「Love & Hate」の試み──「自己PR」から「自己紹介」へ

1)「Love & Hate」の3セットで自己紹介

　ところで、当初レシピをまとめる【自己PR】欄は、簡潔な記述を求めるだけで、とくに字数制限なども設けていなかった。これでもよかったが、もう少しレシピ作成者の個性を知ることができないかという思いがあった。
　レシピづくりでは、その人のことを知る手がかりは、〈結果〉の部分にしかなかった。しかも、そこからは、その人のことをわずかしか知れなかった。
　前期の授業の準備をしていたとき、フォルクスワーゲン社「ゴルフ　トゥーラン　デビューフェア」の新聞広告「Love & Hate」(『朝日新聞』2004年4月8日、大阪本社版)がこの問題解決のためのヒントを与えてくれた。
　そこには、微妙な差異にこだわった「○○は好き。××は嫌い」というフレーズのヴァリエーションが人間や動物のイラストつきで羅列されていた。これは、レシピ作成者の感性の一端を知ってもらうのに役立つぞって、ピンときた。「ひとつではもの足りない。3パターンつくってもらおう」と思いたち、授業にくみこんだ。

2)「Love & Hate」づくりを試す

　甲南女子大学の授業では、レシピづくりとは別立てで、「自分の探求」ではレシピづくりが早めにおわった学生を対象に、「教育社会学A」では受講生全員を対象に、「Love & Hate」集をまとめる試みをした。「Love & Hate」を〈作品〉として完成させ、さらに【自己紹介】欄で、ひと言での自己紹介に挑戦してもらった。
　具体的には、〈作品〉では、自分にとって美しいかどうかや気持ちいいかどうかという、自分の美的基準を「Love & Hate」形式で3パターン記入してもらった。ただし、ただの好き嫌いにおわらないように、自分試し、自分さらし、自分磨き、自分探し、自分飾り、自分づくり、自分なくしにかかわるものを表現したり、「みんなでいっしょに、は好き。みんなと同じ、は嫌い」といった、微妙な差異に注目するように促した。【自己紹介】欄では、

できるだけ簡潔な自己紹介に挑戦し、自分がどんな人なのかを〈作品〉の内容を彷彿させるように工夫してもらった（¶8）。

¶8 〈授業の概要〉
　「Love & Hate」の完成者は、「自分の探求」では、前半クラス 7 名、後半クラス 23 名の、合計 30 名。「教育社会学 A」では、99 名。〈作品〉は、『幸せのレシピ』に付録として収録。

　実際にやってみると、学生のノリがとてもよく、なかなか楽しかった。同じ年齢の学生が書くと、かぶる表現もでてくる。「ひとりが好き。孤独は嫌い」「マイペースは好き。自己チューは嫌い」「ワイワイは好き。うるさいのは嫌い」などは、その代表格である。そういうときは、「君の表現、かぶってるよ。かぶりそうにない自分のこだわりを表現して」と誘った。学生のセンスがどんどん引きだされていった。「悩ましく難しいけど、おもしろい」と、大好評だった。

　これを受け、島根県立大学と島根大学の授業では、レシピづくりは【自己PR】欄をなくし、はじめから【自己紹介】欄を設定した。冒頭を「Love & Hate」で書きはじめ、末尾に近況などをひと言でまとめてもらった。

　微妙な好き嫌いの違いをまとめるのは本当に悩ましかったようだが、「自分についていろいろ新たな発見ができた」と、またまた大好評だった。

3）「Love & Hate」の実際

　学生が書きあげた「Love & Hate」のなかから、気になるものをどんどん紹介しよう。

　　「求められるのは好き。期待されるのは嫌い」
　　「必要とされるのは好き。利用されるのは嫌い」
　　「信頼は好き。依存は嫌い」
　　「充実してるのは好き。忙しいのは嫌い」
　　「ラクなのは好き。怠けるのは嫌い」
　　「自分をもってる人は好き。わがままな人は嫌い」

「演じている自分は好き。本当の自分は嫌い」

なかなか、おもしろい表現が続く。しかも、ちょっとした表現の落差から、いろいろ感じたり、考えさせられたりする。これは、なかなか粋なことである。表現することで、自分の感性を改めて知ることができる。表現されたことで、相手の意外な側面がみえてきて、他者理解が進む。それらが楽しくできるところがいい。

4）「Love & Hate」の意義

「Love & Hate」づくりは、一見とても軽いイメージがある。しかし、やってみると、なかなか奥深い。

「Love & Hate」づくりのよさは、自分なりの生きるルールが問われることにある。他者に表現することで、自分をふりかえる機会となり、自分の生きるルールを再確認することができる。他者に表現されることで、さらに自分をふりかえる機会となり、自分の生きるルールを再確認することができる。「個性」がみえてくる。

その結果、自己肯定感や他者肯定感が育まれ、自己の存在証明にもつながる糸口が提供されることになりそうである。

意外に思われるかもしれないが、「個性」という言葉が若者の間で瀕死の状態にある。ちょっと前までは、「個性＝自分らしさ」だと考えられ、街中を闊歩していたような気がする。

授業で学生に、「あなたは個性的に生きていますか、あるいは生きたいと思いますか」と問いかける。かえってくる答えは、「そうは思わない」が大半。「個性的な人といって思い浮かぶのは、スゴイ人か、ヘン？な人。個性的にはなかなかなれないし、場合によったら浮いてしまう。そんなのしんどくて、やってられない。個性的に生きるのは、難しい」と続く。

そう気づいたとき、学生は「個性＝生まれたままの自分」と開き直った。これでは、個性はたんなる個人差・個体差の話にすぎなくなり、自分磨きなどの入る余地はなくなる。

2005年2月、レシピづくりの試みが山陰中央新報の「明窓」欄（2005年2月8日）で紹介された。その記事に興味をもった人たちに誘われ、島根県松

第Ⅱ部　実践研究

江市にあるフリースクールの運営者のひとりと話す機会があった。
　そこでは、まず親などに受けいれられたことのない子どもたちを、とにかくあるがまま受けいれている。しかし、「あるがまま＝なにもしなくてもいい自分」と解釈し、動かなくなる、あるいは動こうとしなくなる子どもとどう向きあうかが悩みだと、打ち明けられた。
　私は、「あること」と「できること」の違いを指摘した。ただあるだけでなく、できるように努力することがポイントとなる。なにもできない、まわりに頼るだけの赤ちゃんが、まわりから少しずつ自立し、自分ひとりでいろいろできるようになっていく。それが、成長する（大人になる）ことの一般的な意味である。簡単にいえば、人間は変化していくのが常態であることを子どもたちにわからせることだった。いつまでも変わらずに居続けるなんて、どだい無理な話である。変わることを自分のなかにどう位置づけるかが生きるための課題となる。
　その地平にたどり着くと、〈自分磨き〉や〈自分づくり〉が重要なことに気づく。個性とは、磨きあげられた心身そのものだからである。大方の場合、「型にいりて、型よりでる」ことのくりかえしのなかから、個性が生まれてくる。〈自分試し〉や〈自分さらし〉を続けることで、なにかが身についていく。
　それを個性だと感じられないのは、教育現場では「型」を身につけることに終始しがちで、「型」の習（修）得が資格化するからである。資格化すると、いつでもどこでもだれでもできることが重視される。教科書ができあがる。そこでは、「型」が情報化・パターン化し、およそ個性とは無縁のものにみえてしまう。
　しかし、実際は「型は変化するもの」であり、「自分の心身も変化するもの」であるから、同じ地点に居続けることは難しい。「個性は磨き続けるものだ」ということがみえてくる。
　この意味で、「子どもの個性」を問題にするとき、個性を「　　」（かっこ）つきで考える必要がある。小浜逸郎が『「弱者」とはだれか』（1999）で指摘したように、「個性は、もともと社会の壁に突きあたることによって、そこから頭角をあらわすという形でしか実現していかない」[2]のなら、なおさらである。

「個性とはなにか」を考えるための導入としても、「Love & Hate」という課題にとりくむ意味は大きい。この意味で、フォルクスワーゲン社の新聞広告の冒頭にあった大見出しのコピーの「みんなで一緒に、は好き。みんなと同じ、は嫌い」は、個性を考えるよい視点を与えてくれている。

5.「幸せのレシピ」の実際

1) レシピの紹介

話をレシピづくりに戻そう。

まずは、当初自由に自己PRしてもらう【自己PR】欄を設けた、甲南女子大学分の学生のレシピを紹介しよう。なお、氏名は、イニシャルで表記している。

K・S（19）人間科学部人間教育学科2003年度入学
〈指令A〉　いつも近くにいる友達に、手紙を書いてわたしてみよう。
〈結果A〉　普段メールや電話ばかりなので、改めて手紙を書くのはけっこう緊張した。でも、実際書きだしてみると、思っていることがすらすらでてきて、手紙もいいな…と思った。わたすのは少し恥ずかしい気もしたけど、びっくりしながらも喜んでくれたので、うれしかった!!

〈指令B〉　利き手とは逆の手でお箸をもって、食べてみよう。
〈結果B〉　左手で食べると、思った以上に難しくて、食べおわるのにすごい時間がかかった。でも、少しずつゆっくり噛んで食べられたので、満腹感があって、ダイエットにはいいかも☆

【自己PR】
　笑うこと、食べること、大好き！　10代最後の夏、楽しむぞ!!

次に、「Love & Hate」で自分を紹介する【自己紹介】欄を設けた、島根

県立大学分の学生のレシピを紹介しよう。

T・I（20）総合政策学部総合政策学科 2002 年度入学
〈指令A〉　海辺で遊んでいる子どもといっしょに遊ぼう！
〈結果A〉　小さい子は本当にテンションが高くて、見知らぬ人（←私）と楽しく遊んでくれた。無邪気さ、愛らしさが感じられた。

〈指令B〉　「夏」のイメージは何色か聞いてみよう！
〈結果B〉　圧倒的に、青が多かった。オレンジ、赤、緑のほか、僕色や灰色という想像していなかった色もでてきて、正直驚いた。

【自己紹介】
　「雪は好き。冬は嫌い。おしゃべりは好き。議論は嫌い。都会暮らしに憧れる。人が多いところは嫌い」。浜田でのんびりすごしています。

2）〈指令〉のパターン

　一口にレシピといっても、できたものを並べるとさまざまである。〈自分試し〉でいくのか、〈自分さらし〉でいくのか。人とうまくつきあえるようになることを目指すのか、それとも人をうまく動かす企画でいくのか。
　たとえば、思いつくまま内容を分類しよう。該当する〈指令〉の例を、学生がつくったレシピから、ひとつずつ拾ってみよう。

- 取材型〜他者になにかを聞いてまわる
  * 「私のいいところって、どこ？」って、家族や友達に唐突に聞いてみよう！
- 調査型〜ヒトやモノについて調べる
  * どうして人を好きになるのか、みんなに聞いてみよう！
- プレゼント型〜相手になにかプレゼントをしてみる
  * 自分で勝手につくった記念日に、友達にケーキをつくって、どんなリアクションをしてくれるかみてみよう！
- 自分語り型〜自分のことについて話してみる

＊夜、寝ているときにみた夢をみんなに話してみよう！
- イベント型～なにかイベントをしかける
　　＊自分のまわりをシャボン玉でいっぱいにしてみよう。
- 実験型～なにか実験を試みる
　　＊左右で違う靴を履いて歩いてみよう。
- 観察型～なにかを観察する
　　＊バイト先の焼肉屋で、お客さんの様子を細かく観察してみよう！
- 探検・探索型～わざと日常から逸脱した行動をしてみる
　　＊家の近くを探検してみよう！
- ドッキリ型～他者に働きかけ、相手の反応をみる
　　＊朝、公園のベンチに座っている老夫婦の隣に座って話しかけてみよう。

6．学生の反応

1）　南女生の反応

　手許に、甲南女子大学の学生たちの授業評価がある。この試みは、学生になにをもたらしたのであろうか。
　「レシピ完成！　いろいろ考えさせられたなあと思った。普段できないことをやる、いいきっかけをもらった」（「自分の探求」2004年7月7日分）では、自分がやろうと思っていてもなかなかできなかったことに背中を押してもらった様子が伝わってくる。
　「昨日、母親に『最近、少しわがままが減ってきたね』っていわれた。この授業のおかげなのかなあ？」（「自分の探求」2004年7月7日分）からは、自他の関係に変化が現れたことを教えてくれる。
　ちょっと長くなるけど、こんな「告白」をしてくれた学生もいる。

　＊最後の最後に、先生に告白したいことがあります。私は、吃音（きつおん）です。吃音になるのには、いろいろな説がありますが、私は「心の弱さ」が原因だと思います。私は、今まで吃音のことで、人に傷つけられるようなことをいわれてきました。また、私自身、「私は、吃音だか

ら〜ができない」というふうに、吃音を言い訳にして、なにもしてきませんでした。そんな自分が大嫌いで、自分から逃げていました。その結果、私の吃音はさらにひどくなり、また自信もないちっぽけな人間になってしまったのです。私は、昨年より吃音矯正教育へ通っています。そこで気づきました。「自分のなかになにか原因があり、その結果として吃る」ということに。その原因というのが、人に弱みをみせることができない、強がる、かっこつける、人前で泣けない、人によく思われようとする、人に本当の自分をみせることができない…、そのような自分。その教室で、「本当の自分を受けいれられたら、吃音は克服できる。今までしてこなかったことをしないと、吃音は治らない」といわれました。自分自身が体験しないと、本当の自分を知ることができません。今までの私には、「体験する」勇気がなかったのです。今、私は吃音と闘っています。先生の授業内容は、そんな自分の助けとなりました。私には、〈自分試し〉や〈挑戦〉など、先生のおっしゃることが一番必要だったのです。ありがとうございました！」(「教育社会学A」2004年7月12日分)

ここには、不安や恐れを抱えながらも〈自分試し〉に自分を投げこんでいく気概が語られている。

2) 県大生の反応

島根県立大学での集中講義最終日、最後の授業を締めくくると同時に、パチパチパチと拍手がはじまった。後方の席から「みんな、拍手！」のかけ声がかかり、満場の学生から拍手をもらった。こんなことははじめてで、ちょっとテレてしまった。

たぶん、これがこの授業のすべてを物語っている。

授業終了後、非常勤講師室を訪ねてくれた学生たちもいた。授業評価用紙に感想を書いたけど、書き足らないと語りはじめた。教育を含めたモノの見方や考え方が変わったと、口々にいわれた。自分の生き方も大きく変わりそうな予感がするとの声もあった。

彼らのメッセージのポイントは、「失敗をしてもいいんだ。失敗しても、

失敗にこだわる必要はない。失敗したら、別のやり方を探したり、それができるように努力したりすればいいんだ」ということにあった。要は、失敗の仕方を学んだことにつきる。プラス思考的にいえば、成功の仕方を学んだことになる。

〈自分試し〉〈自分さらし〉〈自分開き〉をしたからといって、すぐになんでもうまくいくほど世間は甘くはない。でも、最初からあきらめていては、なにもできない。それでは、自信をつけることはできず、自尊感情は低くなるばかりである。

3）　島大生の反応

「なんだか、学生とよくしゃべったなあ〜」。これが、島根大学での授業の感想である。トークの内容は、レシピづくりに集中する。授業中はもちろん、授業以外でも学生とのトークシーンが多かった。授業の合間の休憩時間はもちろん、朝は朝で大学にいく道すがら、昼は昼でランチをともにしながら、授業後は喫茶店でティーブレイクをしながら、トークは弾んだ。

内容は、「授業中寝るかもしれないけど、夜通しチャレンジしてもいいですか」「授業を抜けてやってもいいですか」といったズルイ注文から、「この授業をとってない子たちとやってもいいですか」といった参加者の輪を広げるものなど、千差万別である。

「学生全体の様子は？」といえば、毎日慣れない体験学習のオンパレードで私に翻弄され、受講生仲間に再びもまれて、授業がおわるとクタクタに、そして翌日も、そしてまた翌日も、と思っているうちに最終日を迎えていた、という感じだろう。

〈指令〉は、お互いの〈指令〉の挑戦を助けあうために、3日目の午後に設けた、室内での「レシピづくり協力タイム」でできるものばかりではなかった。人によっては、深夜や早朝、場合によっては夜通しでの挑戦となっていた。このため、教室のあちらこちらにトローンとした寝ぼけ眼が並び、カボチャ？頭がうつらうつら…。

最終日には、夜がけと朝がけと2日続けてのハード・スケジュールで、ついにダウンした学生もいた。教室の後方出口をでてすぐのところにあるソファーに、デーンと寝る女子学生まででる始末。妙にヒートアップした教室に

は、さまざまな学生模様が広がっていた。

　レシピのなかには、ちょっと危ない〈指令〉もあり、心配した。しかし、相手選びを間違えず、〈指令〉を与えた人自身のキャラの助けもあって、なんとか事件や事故を起こさず、いい結果をだしていた。

　集中講義がおわってからもいろいろあって、再びトーク、トーク、またトークである。メールのやりとりも続いている。授業を受講していなかった学生にもうわさは広がり、トークシーンはさらに広がりつつある。

7．「幸せのレシピ」の試みをふりかえって

　なにはともあれ、〈指令〉に挑戦することで、いろいろな〈結果〉を体験し、そのなかで「気づき」を重ねていくことが重要である。それが変化（成長）につながっていく。

　そもそも、学びには2側面ある。「学」という字は、「覚」に通じるという。ということは、学びには「覚える」ことと「覚醒する（気づく）」ことが内在している。

　現代教育の光と影は、この2側面にわたる。単純化していえば、学びの基本である、読み書きそろばんをおろそかにすれば「覚える」ことができず、学力低下を生む。「気づく」ことをおろそかにすると、感性が鈍り、心が育たず、生きる力が衰える。2つのことができないことで、自尊感情はますます育たなくなる。

　3大学での試みをみるかぎり、「レシピづくりをして、よかったよかった」という印象をもたれるかもしれない。しかし、それはいかにも早計である。

　レシピづくりをすることで、不幸になる人がいる。レシピづくりをする気にもなれず、レシピを試す気にもなれず、〈結果〉をださなかったにもかかわらず、やったようにみせかけて、〈作品〉を完成した恰好をとりつくろって、課題を提出した人たちである。

　なぜバレているかといえば、それを隠さず、堂々とやってみせる学生もいるからである。レシピづくりの相談にのっていて、うまくいかず、ついに〆切りが迫り、背に腹は代えられず、なんとかゴマかしたケースや、友達におねだりしてレシピをもらい受けたケースなど、いろいろある。

人をだましたり欺いたりすることは、それほど難しいことではない。表面的には、なにごとも問題なく、自分では要領よくやったと思っているのだろう。でも、あざといことをしたのを自分は知っている。これでは、自尊感情は高まらず、自信もつかない。授業をとる意味や受ける意味を見出せないとき、それは顕著となる。

　ともあれ、自分らしい素敵な人生を送るには、自分からなにかはじめることがきっかけとなる。自分の生き方を自分で選び、自他を発見する生き方をはじめることが重要になる。

　「幸せのレシピ」は、そのきっかけを提供している。

第7章
幸せのレシピづくり II

PL6～自分試しプロジェクト「幸せのレシピ 2」(2004 年度後期)

1.「幸せのレシピ 2」の試み

2004 年度前期に実施したレシピづくりは、とても評判がよかった。そこで、後期も引き続きこの試みを続けることにした。

今回のレシピづくりでは、テーマを限定して、2 つの作品づくりに挑戦してもらった。ひとつは、冬シーズンを体感できる「季節のレシピ」である。もうひとつは、異年齢（異世代）の人たちが交流体験する「交流のレシピ」である。こうして、「季節のレシピ」と「交流のレシピ」の 2 本柱からなる PL6～自分試しプロジェクト「幸せのレシピ 2」がスタートした。

このプロジェクトを実施した授業は、3 年生対象の「教育社会学 B」である（¶9）。

¶9 〈授業の概略〉
11 月中旬にあった 8 回目の授業終了前に、冬休みの宿題としてだした。2 週間後の 11 月のおわりの 10 回目に、参考資料として『幸せのレシピ』を配布。12 月最後の 12 回目に、レシピづくり相談会を開催。新年明け、最初の授業のおわりに、仮原稿の提出。最後の授業のはじめに、学生に内容確認を求め、完成原稿の提出。提出者は、81 名。『トレイル・エンジェルス』(2005) には、全員分を収録。

『幸せのレシピ』(2004) では、レシピづくりをした授業が前期だったということで、春夏シーズンならではのレシピや、季節感のないレシピ、友達同士など同年齢層でやるレシピが多かった。そこで、『トレイル・エンジェルス』では、『幸せのレシピ』にはないレシピづくり、あるいはすきまのレシ

ピづくりを目指すことにした。その結果、「幸せのレシピ」シリーズの2作目となる、『トレイル・エンジェルス』が生まれた。

「トレイル・エンジェルス」とは、山々を貫くトレッキング・コースのそこここで、ハイカーを助ける人たちのことである。トレッカーは、トレイル・エンジェルスのサポートを得て、次なる歩を進める力につなげていく。

トレイル・エンジェルスも、かつてトレッカーとしてトレイル・エンジェルスのサポートを受け、そのありがたみやあたたかさを感じた人たちである。自分のためにしてもらって感激したことを、今度は自分が他者のためにする。もちろん、そこにお仕着せはない。

「幸せのレシピ」は、レシピづくりに参加した人たちをそんな気にさせている。学生は、レシピづくりにとりくむことでなにか自分のためにしたくなる気持ちを育て、さらに人のためになにかしたくなる気持ちを育んでいる。学生は、それができる自分に、生きる実感を見出しつつある。

その姿が、これからレシピを実行しようとする人に励みを与えている。やった結果、私もレシピづくりに参加したいという声が大きくなった。「私たちもレシピ集をつくりたい」という、次なる声もあがってきた。こうしたパワーの喚起力は、「幸せのレシピ」ならではのことだろう。

この声を受け、シリーズ第2弾となる『トレイル・エンジェルス』を世に送りだした。レシピづくりに参加した学生やその成果をまとめた本は、トレイル・エンジェルスに似ている。いろんな学生たちの手助けを受けながら、山あり谷ありのレシピ・トレイルを歩むイメージがタイトルに刻みこまれている。

2.〈指令〉の実際──「季節のレシピ」と「交流のレシピ」

できあがった「季節のレシピ」と「交流のレシピ」の〈指令〉を、いくつか紹介しよう。

- **「季節のレシピ」の実際**
    - ＊大切な人たちの手のひらをマッサージしてあげよう。
    - ＊白く吐く息がどれぐらいの距離まで届くか測ってみよう！

＊みんなで鍋をするとき、ひとつだけハート型に切ったニンジンをいれて、「これとったら、幸せになれるよ」といってみよう！
　＊冬山の川に入り、足をつけてみよう。
　＊除夜の鐘の音を、108つすべて聞いてみよう。
　＊雪音に、耳を澄ましてみよう。
　＊落ち葉を踏んでみよう。
　＊真剣に冬山登山をしてみよう！
　＊居酒屋で、忘年会の様子を観察しよう。

- **「交流のレシピ」の実際**
　＊赤ちゃんは、泣いて意思を伝える。私も、泣いて意思を伝えてみよう。
　＊犬をつれて、近くの保育園や幼稚園に帰宅時間をねらっていってみよう。
　＊小学生に、いま流行っている遊びを聞いてみよう！
　＊年上の人に、大人としてのマナーに気を遣って接してみよう。
　＊祖母と、同じペースで散歩してみよう。
　＊「あなたにとって、おふくろの味は？」と、いろんな人に聞いてみよう。
　＊「結婚」とはなにか聞いてみよう。
　＊人はいくつになっても恋をする感覚は同じなのか、いろんな年齢の人たちに恋愛話を聞いてみよう。

3.「幸せのレシピ2」の試みをふりかえって

　今回の試みは、少し中途半端におわってしまった。理由は、2つある。ひとつは、就職活動に関連している。なぜか各種の就職セミナーと授業とが散々重なった。就職が厳しくなるなか、3年生はできるだけ多くの就職セミナーに参加したい。就職セミナーと授業との板ばさみで、3年生の気持ちは落ち着かない。学生の欠席が入れ代わり立ち代わりで始終あり、授業への参加意識を高めたり、授業に流れを生みだしたりするのが難しかった。それに、自分史エッセイづくりは就職活動するための自己分析に役立ったが、レシピづ

くりは切実性に欠けた。就職活動で、精神的にも肉体的にも大変ななか、心身が消耗する〈自分試し〉はできない相談だった。

　もうひとつは、レシピづくりのテーマを限定したことにある。「季節のレシピ」づくりでは、異常気象が影響した。2004年は季節が異常で、梅雨に雨が乏しく、夏は異常に暑く、それは秋になっても変わらず、秋らしくない日々が続いた。12月も暖冬続き。学生は、思うような試みができなかった。また、レシピづくりに季節を前面にだしたため、ステレオタイプ的なイメージが先行し、発想が広がらなかった。逆にいうと、似たような〈指令〉が数珠つなぎとなるありさまだった（これには、季節感の喪失ということが背景にはあるかもしれない）。いくら学生に発想の転換を促しても、就職活動で落ち着かないまま浮き足立っていて、ゆっくり発想をふくらますことが難しかった。「交流のレシピ」も、身近に異年齢の人が少なく、相手を探すので一苦労し、家族や親戚頼りとなってしまった。事前には、できれば見知らぬ大勢の人を含む一般的な他者との交流か、少なくとも学校の仲間や知りあいとの交流を目指したのに、家族や親戚といった身近な他者との交流にとどまっていた。

　この結果、『トレイル・エンジェルス』には、『幸せのレシピ』にあった大胆さやおもしろさがなくなり、こぢんまりとしたものとなった。「授業は、ナマモノだ」と、痛感した。

第8章
自縛呪文打破 I

PL7〜自分支えプロジェクト「まじない」(2005年度前期)

1. 発想の転換の必要

1) 自分ひとりでできる持続的な試みに向けて

これまでのプロジェクトは、指導者がいるとできるが、ひとりではなかなかできなかったり、単発的な試みにおわりがちで、そのときはできても時間がたつと元の木阿弥となったりしがちである。

この欠点を補うために、PL7〜自分支えプロジェクト「まじない」を立ちあげた。そこでは、〈自分試し〉や〈自分さらし〉を持続する力となる「まじない」に着目している。それは、自分を自分で見放したり、見捨てたりせずに、自分を自分で救ったり、自分を生かしたりするにはどうすればいいかを考えるだけでなく、実践する〈自助〉プログラムであり、〈ライフスキル〉プログラムとなっている。

2) やる気をそぐ言葉の充満

言葉には、意外な力がある。言葉ひとつで、人（自分も他者も）を生かしもすれば、傷つけもする。それは、「言霊」と呼ばれたりする。

当時気になっていたのは、やる気をそぐ言葉を使う若者が増えていたことだった。たとえば、「できない」「無理」「やだ」「微妙」「どっちでもいい」「どうでもいい」「でも」「だって」「けど」「疲れた」「しんどい」「めんどい」「ま、いっか」「わからない」「知らない」「関係ない」「別に」「どうせ」「がんばれない」「いっぱいいっぱい」「ムカつく」「ウザい」…など。これらは、ネガティブな意味で使われる言葉である。これらの言葉は、人の歩みをその地点で立ちどまらせ、その先に進めることを阻む。

とはいえ、ラクに楽しく要領よく生きたいと望むとき、しんどいことを避けることができる、ある意味でとても便利な言葉になる。一度口にすれば、それでなにもかもおしまいにすることができる。「失敗する可能性」を未然に防ぐこともできる。流行の言葉でいえば、これで「自己の危機管理がうまくできている」ことになる。

失敗する可能性を防ぐといえば聞こえがいいが、同時に「成功する機会」も奪っていく。なにかができたり、やり遂げた達成感や充実感を味わったりすることはできなくなる。自分や自分たちの有能感を味わうこともなくなる。失敗が成功のもとになることもないので、自分をバージョンアップすることができなくなる。

なにかをしている最中に、結果がでるより一足先に「できない」といっておき、「本気じゃなかった」と言い訳できるように少し引き気味にしておけば、失敗しても「やっぱりいったとおりでしょ」と開き直り、傷つくことから自分を守ることができる。これで予言どおり？に失敗することが続けば、ある意味でそれも成功体験？となり、失敗することに酔いしれることにもなる。

もちろん、今の自分にそれしかできないとしたら、自分を守ることは悪いことではない。ただ、いつも逃げていると、その代償として自分を磨く機会を失い、挑戦することで身につくはずの勇気や自信や希望が、生まれるはずの夢が消え去っていく。結果的に、これらの言葉を使っていると、「ダメな自分」「自信のない自分」になっていく。それは、やがて確信に変わっていくだろう。

3） 一歩踏みだす勇気

もし自分がこうした言葉を発しているとしたら、なぜそう思うのか、どういう気持ちで口にするのか、本当はどうしたいのかを自分で確かめてみる必要がある。

その場に踏みとどまる気持ちがあるのなら、「みんなと同じ」ように、「とりあえず、〜をしない」などといって、なにかをやらないところ、あるいはやれないところに甘んじ、自分から可能性を摘みとることはないだろう。

一歩でも先に踏みだしたいなら、発想の転換が必要になる。「みんなと同

じ」でなくてもいいから、「とりあえず、〜をする」ことで、なにかをやるところ、あるいはなにかをやれるところにでていくことで、自分の可能性をみつけることができる。なにかができるようになり、経験を積み重ね、自分に磨きがかかれば、自分の生きる道もみえてくるし、それを切り拓くこともできる。

2.「まじないづくり」の試み

そこで、2005年度前期では、自分の可能性を拓く言葉を発見する試みをしてもらうことにした。ヒントは、詩人の工藤直子のワークショップにある。それは、20〜40代の社会人を集めて行われた、心を元気にする「言葉のつえ」としての「まじないづくり」の試みである[1]。「会社や家庭で落ちこんだとき、自分を支える「言葉のつえ」があれば、元気になれる」という。これは、工藤氏の経験から生まれたアイデアだそうである。

この記事を目にしたとき、大越俊夫の『6000人を一瞬で変えたひと言』(2003)[2]や、岡本太郎の『強く生きる言葉』(2003)[3]などが浮かんできた。これらの本は、「未来は、あなたの意志次第だ」ということを強く教えてくれるまじない集である。そこには、力強い言葉があふれている。

私は、2004年度と2005年度入学生用の推薦入試を受かった高校生たちに、入学事前学習教材としてこれらの本を読むことを推奨した。これらの本は、目の前のことから逃げがちな高校生には、とくに鮮烈な印象を与えたようである。提出された読書感想文には、「このままではいけない」という意味の感想が姿を変え、形を変え、あふれていた。

そこで、2005年度の授業をどうするか模索中だった私に、ピンとくるものが2つあった。

ひとつ目は、2004年度の授業では、自分を知るために自分の美的基準を意識化させる試みとして「Love & Hate」集づくりを実施していたが、これを発展させることを思いついた。

2つ目は、ここ数年来の気がかりだった、学生の自尊感情や自己信頼の低さである。自己評価の低さは、すでにベネッセや日本青少年研究所の調査でたびたび報告されているが、学生にエゴグラムをやらせたり、会話したりし

ているときにたびたび痛感し、重い気分にさせるものだった。授業後やゼミでのトークで、学生の口からしきりに登場する「無理」「できない」「いっぱいいっぱい」の言葉には、いい感じがしなかった。「やれる」「できるかも」「まだまだ」という言葉に、なかなかお目にかかれなくなっていた。ゼミでは、私の口から「とりあえず、やってみよう」という言葉が頻発するようになっていた。

この2つのピンが合体し、2005年度は、学生に自分を励ます「まじないづくり」に挑戦してもらうことにした。ねらいは、学生が充実したキャンパス・ライフを送ることをサポートすることにある。

自尊感情や自己信頼が低い若者からは、生きるための、明るい未来像がみえてこない。今、若者に個人的に生きる意味と社会的に生きる意味の再発見や再構築が必要となっている。それは、個性と人格をどう磨きあげていくかにつきる。そのために、若者や子どもたちが親や教師などに頼らず、自分ひとりでもできるなにかを探るなかで、自分を支えるまじないづくりをしていく。

ネガティブな生き方をしがちな若者の根底には、ネガティブな発想（まじない）があり、それが口癖になっていて、さらなる悪循環を生みがちである。自分が生き生きと生きられるようになるために、その発想を逆転させる必要がある。

「まじない」は、漢字で書けば、「呪い」。字だけをみれば、「のろい」と読んで、「まじない」とは、なかなか読めない。「まじない」の意味は、「災いを逃れられるように、また、他人に災いをくだすように神仏などに祈る言葉」である[4]。まじないづくりで目指すところは、あくまでも前者の意味にあり、さらに積極的に、たんに災いから逃れるだけでなく、しあわせをもたらす言葉の意味で用いている。

しかし、いきなり「ポジティブに生きよう」といっても違和感がある人もいる。そんな人は、ポジティブでもネガティブでもない、まずは「ゼロ地点」を目指す発想からはじめるといいと考えた。

ポイントは、いうまでもなく、それぞれの未来を拓くまじないづくりにある。これまでの人生で、一度も落ちこんだことのない人などいないだろう。そんなとき、ある人との出会いや言葉との出合いが自分を支えたり、救った

りしてくれたのではないだろうか。そういう体験が多い人ほど、明るく生き生きと充実した人生を送っていく。

十人十色というように、人によってまじないもいろいろである。よくある格言（たとえば、「失敗は成功のもと」といった表現）や、歌詞の一節のように一瞬で共感できるけれど気分や雰囲気に流されやすいフレーズを切りとることは避け、できるだけ自分なりのまじないをつくってもらいたいと考えた。

社会学的な言葉を使えば、R・K・マートンのいう「予言の自己成就」[5]という社会学の概念を、現場で使えるように落としこむ作業といえるだろう。

この2つのピンを受け、まじないづくりの顛末を「プチ言行録」としてまとめる授業がはじまった（¶10）。

¶10 〈授業の概略〉

プロジェクトを実施した授業は、3大学の5つの授業で、そのうちひとつは高校生対象の授業である。甲南女子大学では、全学共通科目で1年生対象の必修科目の「自分の探求」と人間科学部人間教育学科の専門科目で3年生対象の「教育社会学A」と、甲南女子高校対象の〈大学講座〉「学問のおもしろさ」。島根県立大学では、教職科目で3年生対象の「教育方法論」。島根大学では、教職科目で3年生対象の「特別活動指導論」。

「自分の探求」では、1週目は、1年生全員を集め、合同オリエンテーション。それ以降、教師2名によるティームティーチング。登録者を2クラスにわけ、前後半入れ替わりで6回ずつ担当。前半クラスでは、2回目は、名刺づくり（まじないづくりに先行する〈自己紹介〉欄づくり）。3回目は、名刺交換会＆まじないづくりの説明と立案。3回目〜5回目は、まじないづくり相談会。4回目〜6回目は、まじないづくりの完成とプチ言行録の提出。後半クラスでは、1回目は、名刺づくり（まじないづくりに先行する〈自己紹介〉欄づくり）。2回目は、名刺交換会。3回目は、まじないづくりの説明と立案。4回目〜5回目は、まじないづくり相談会。4回目〜6回目は、まじないづくりの完成とプチ言行録の提出。提出者は、前半クラス38名と後半クラス36名の合計74名。『まじない』（2005）に収録したのは、68名分。

「教育社会学A」では、6回目の授業終了前にまじないづくりの説明。7回目には、まじないづくりに関する質問の受けつけ。プチ言行録の提出は、12回目まで。提出者は、115名。『まじない』に収録したのは、109名分。

〈大学講座〉「学問のおもしろさ」(全8回：講義担当者は毎回交代)では、登録者10名のうち、大学授業での試みを知った有志が参加。授業は、6月初旬の4回目の島田担当回の授業で、まじないづくりの試みを紹介。プチ言行録の提出は、6月末まで。プチ言行録を完成したのは2名で、2名分とも収録。

「教育方法論」では、8月上旬に夏期集中講義として4日間開講した1日目午後、3時間目のラストに、まじないづくりの予告に続き、〈自己紹介〉欄づくり。2日目午前、2時間目のラストに、まじないづくりの説明に続き、相談会。3日目午後、4時間目のラスト前に、まじないづくり相談会。4日目午前、1時間目のラストに、まじないづくりの最終相談会。昼休み中に、プチ言行録の提出。提出者は、22名。『まじない』に収録したのは、20名分。

「特別活動指導論」では、8月下旬に夏期集中講義として4日間開講した、1日目午後、3時間目の冒頭に、まじないづくりの予告に続き、〈自己紹介〉欄づくりのためのワークショップ。2日目午前、2時間目の冒頭に、まじないづくりの説明に続き、キャリア教育の観点から作成のためのヒント探し用のワークショップ。3日目午後、4時間目のラスト前に、まじないづくり相談会。4日目午前、1時間目のラストに、まじないづくりの最終相談会。昼休み中に、プチ言行録の提出。提出者は、101名。『まじない』に収録したのは、95名分。

なお、プチ言行録は、以下の5項目から構成するように指示した。

〈自己紹介〉　自分にとっての美しさや気持ちよさといった自分の美的基準を、微妙な差異にこだわり、好き嫌いの形式で、3セットほど簡潔に表現する。
〈私の口癖〉　「　」つきで、記入。ポジティブでもネガティブでもOK。口にしないまでも、心でつぶやいていることでもOK。複数

あれば、3つまでOK。(自分で気づかなければ、家族や友達に聞いてみよう！ なくて七癖、不思議となにかある!!)
〈まじない〉　「　」つきで、記入（歌詞の一節のように、一瞬で共感できるけど、雰囲気に流されやすいフレーズは避けてください）。
〈なじみ度〉　そのまじないの、自分へのなじみ度を100点満点で評価。続けて、まじないへのコメント（背景・自分の気持ち・思いいれなど）を簡潔に。
〈授業評価〉　授業で感じたことや授業の印象を「漢字一文字」で表現。さらに、解説を簡潔に。

〈自己紹介〉では、「Love & Hate」づくりが生かされる。〈私の口癖〉では、多くの場合、無意識のうちにとっている自分の言動を意識化する機会を提供している。そこでは、自分にポジティブな言葉かけをしているのか、それともネガティブに接しているのか、それに気づく作業を進めることになる。〈まじない〉では、自分を励ます言葉かけを考えてもらい、ある一定期間意識的に心に留めて生活する意思表明をしてもらっている。〈なじみ度〉では、そのまじないの自分へのなじみ度を自己評価してもらうことになる。〈授業評価〉では、「漢字一文字評価」を初導入している。

3. プチ言行録の実際

学生には、どんな口癖があり、どんなまじないを自分にかけたのだろうか、いくつか紹介しよう。学生がなじみ度で80点以上の自己評価をしたものからセレクトしよう。

〈私の口癖〉　「ありえへん」「まじでぇ～!?」
〈まじない〉　「高い壁を避ける人じゃなく、乗りこえる人になる！」
〈なじみ度〉　85点☆　できそうにないことでも、この言葉を思いだすと、「私は、できる人なんや！」って、勇気がでる★
〈授業評価〉　「考」。今まで考えたことがないことを考えさせられた…。

〈私の口癖〉　「楽しもっ！」
〈まじない〉　「後悔するなら試したあと」「ぁたしゎ幸せ」「自分らしく生きるべし」
〈なじみ度〉　どれも89点。まじないも、今や口癖です。
〈授業評価〉　「同」。先生と私の考えが同じでした。みんな人それぞれの性格だけど、みんな同じように悩みをもってて、しんどい思いをしている。そう思うと、ちょっと安心する☆

〈私の口癖〉　「よかよ」
〈まじない〉　「はったり7分（しちぶ）、本気3分（さんぶ）」
〈なじみ度〉　90点。要は、気持ちの問題。気持ちのマイナスの部分を、無理矢理プラスにしてしまう。気持ちで負けなければ、なんでも乗りこえられる。
〈授業評価〉　「伝」。素直に気持ちを表現し、伝えることの難しさに気づかされた。伝えることは、練習しないと、いきなりはできない。

〈私の口癖〉　「やばい」「だめだな」
〈まじない〉　「俺式無敵モード」
〈なじみ度〉　90点。目標まであと一歩のとき、思いだすだけで血がたぎり、すごく前向きになれます。
〈授業評価〉　「進」。今までは、自由に空を飛ぶ鳥のように、自分のやっていること（だけ）が正しいと考えていた。しかし、多くの体験学習からみんなと高めあう道筋を与えられ、そうではないと気づいた。やっと教職につくためのスタートラインにたてたようである。

　こうした反応がある一方で、なじみ度はやはりまだまだ低いものが多かった。とくに集中講義という4日間の短い時間で自己実現するには無理がある。「自分の探求」と「教育社会学A」は、課題がでてから結果をまとめるまでに6週間あったが、自分の口癖に自分に気づく難しさや、「自分で気づかなければ、家族や友達に聞いてみよう！」と促しても、そこまで人とかかわっ

ていない学生もいて、なかなか気づけない学生もいた。たとえ気づいたとしても、今度はポジティブな言葉かけがうまくみつからず、四苦八苦していた。
　それから、すでに過去に自分のダメな部分に気づいて、それをなんとかしようとしている人には、自分のやっていることを再確認する作業にとどまり、まだうまくできないからやっている、という人が少なくなかった。

〈私の口癖〉　「大丈夫、大丈夫」
〈まじない〉　「ねばったもん勝ち」
〈なじみ度〉　90点。中学生のころから、部活のテニスの試合やなにかをもうやめたいと思ったときに、いい聞かせている。それで、これまで山場を乗りこえてこられた。
〈授業評価〉　「知」。普段はあまり気にすることのない「私自身」のことを考え、新たな自分の性格を知ることができた。新しい友達もできた。

　さらに、「予言の自己成就」というより、どちらかといえば、他者に励まされたり、ほめられたりした言葉を胸に生きているという記述も少なくなかった。

〈私の口癖〉　「無理」「なんで？」「なんとかなるやろ」
〈まじない〉　「あのとき、できたんやから」
〈なじみ度〉　84点。高校時代、水泳部できつい練習メニューをこなしていたとき、先輩から「こんな死にそうなメニューをこなせたんやから、なんでもできるで」っていわれて、3年間がんばれました。でも、部活以外ではあきらめてしまったことも…。これからは、過去の自分に負けないようにしたいです☆
〈授業評価〉　「思」。島田先生の思考や思想がわかった。いろんなことを考え、思った。そして、自分の思い出＝過去とも、ほんの少し向きあえた。

　もうひとつの発見は、まじないも使っているとマンネリ化し、リニューア

ルが必要になるという指摘である。

〈私の口癖〉　「も〜、やだぁ」「たいぎぃ」
〈まじない〉　「私はできる！」
〈なじみ度〉　80点。小学生時代から、いい聞かせている。最近、マンネリ化。
〈授業評価〉　「魅」。思わぬ発見がいくつもあって、いつのまにやら魅せられた。もっともっといろんな経験をして、人を惹きつけられる魅力的な人間になりたい。

それから、「漢字一文字評価」を初実施したが、漢字一文字ということで、なかなかピンポイントで授業の様子がつかめることが窺えた。

4．学生の反応

1)　南女生の反応

ところで、まじないづくりをからめた授業全体の評価は、どうだったのだろう。

まずは、「自分の探求」からチェックしよう。前後半クラスのそれぞれ最後の授業に提出された授業評価に書かれた感想から言葉を拾おう（2005年6月1日ならびに7月13日分）。

* 今日は、最後の授業でした。今日も、とてもいい話が聞けて、うれしかったです。悩みがあったとしても、それはいろいろなことに気づくチャンスでもあります。プラスに捉えるかマイナスに捉えるか、自分次第でものごとが違った景色にみえるということ。素敵なことを学べました。授業回数が少なかったので、残念です。この授業、すごく好きでした。ありがとうございました。
* 今日の先生の話は、とても考えさせられるものでした。今までの自分に当てはまることがたくさんありました。でも、毎回問題に直面しても、

> それぞれちゃんと乗りこえてこられたということは、自分の強みなのかなと思いました。今まで自分を防御していた部分が大きかったですが、大学へ入ってから考えることや悩むことが増えるにつれ、だんだんと成長することが怖くなくなってきたのでは？と感じています（←過言かもしれないですが）。今まで積み重ねてきた経験をこれからの糧や自信につなげていければいいな、と思っています。最後になりましたが、楽しい授業をありがとうございました。

すべての学生がこんな感想になるわけではないが、それぞれがしっかりと、自分自身を、あるいは自分と自分のまわりとの関係をみつめ直す機会となった様子が窺える。

次は、「教育社会学A」である。この授業の雰囲気も、授業評価に書かれていた文章から推測できる。まずは、10回目の6月20日分より紹介しよう。この日は、学生が聞くのを苦手とする基本的な話である「教育社会学の研究対象と方法」をまとめ、続いて「教育の拡大」について話をした。それを受け、次のようなコメントが寄せられた。

> ＊先生の「要領よく単位がとりたいでしょう！」という言葉に、ドキッとしました。あと、授業がわからなくなったときに、「もういいか」と授業を聞かなくなるというのも自分にあてはまっていて、ドキッとしました。とりあえず大学へいって、とりあえず単位をとって、とりあえず卒業する。私も含めて、そういう人がたくさんいるんだろうなと思いました。自分がしないことを、なにかのせいにしてなにもしない。このままではダメだな、と感じさせられました。

この「とりあえず」という生き方について、11回目の6月27日の授業でのアンサー・タイムで紹介したところ、話が広がっていった。私は、学生に新たな視点として、「とりあえずやる人と、とりあえずやらない人について、どう思う。あなた自身は、どちらのタイプ？」と投げかけた。その日寄せられたメッセージは、私のコメントをつけて、プリントにまとめ、7月4日の

B部門　第8章　自縛呪文打破 I

授業で配布した。以下がそれである。文章のラストにある、「→」印に続く太字部分が、私のコメントである。

*私が引っ越して3年の月日がたち、今になりやっと「とりあえず、今やるしかない」と、生活に思いきりをつけることができるようになった気がします。今までは完璧主義者で、完璧なものしか追求しませんでした。実は、この大学を選んだのも、「私の実力があるなら、ぜったいにAO試験に受かる」と先生にいわれたからです。最近、自分のまわりをみたら、完璧に前に進めるという手段を失いました。大学の進級にしても、将来にしても。この、生活に完璧を求めることをやめたら、いろいろなことに対してだんだん慣れてきました。怖がることも大切だけど、「とりあえず」前に進まなければ、今の状態から抜けだせないことに気づいた、今日このごろです。→**人間は、不完全だから価値があります**（゜.゜）

*「とりあえず」って言葉、好きです。よく使います。「とりあえずはじめてみよう」と思う前に、散々悩んだりしますけど。私は、なにかをはじめたら中途半端がイヤなので、たくさん悩んで、悩み損をします。結局、なにかをしていることが多いですね。はじめたら、私はいつも「せっかくやるんだったら、どうせなら真剣にやってみよう。がんばろう」と力が入ってしまいます。もっと要領よく生きていけないものかと、いつも悩みます。頭が固くて、マジメくさってて、古い人間だと思います。そんな自分のこと、嫌いじゃないかなって思います。→**方略訓練プログラム（介助学習）を活用してごらん**（^○^）

冒頭、自分の思いや悩みといったプライベートなことを素直に告白した彼女に、ちょっとした論点を加えるだけで、受講者仲間から実にいい反応がもらえている。

最後は、〈大学講座〉「学問のおもしろさ」である。この授業では、授業がおわってから、「もう泣きそうだった」と語ってくれた人もいたくらい、授業中泣き笑いがあふれた。それが、有志によるまじないづくりのトライへとつながっていった。

2) 県大生の反応

島根県立大学の集中講義の最後に提出してもらった授業評価には、いろいろな思いが綴られていた（2005年8月6日分）。ある男子学生は、「生徒のことを考えるというのはもちろんだが、これからは今まで以上に人のことを考え、自分がしたいと思うことをあきらめずにがんばろうと心に決めました」と、決意表明を書いていた。

また、ある女子学生は、「島田先生は、典型的な『熱血教師』（容姿的に）ではないけど、心はとっても熱い先生です。先生の言葉は、途中で散ることなく、私たちのところへ届いたし、脱力して信頼できて…、スゴイと思います。うまく言葉で表現できませんが、先生に（なるに）はやはり『熱い心』が大切ですね！ また、お会いしたいです。次にお会いしたときは、少しでもよい自分へと変化していたいです。これから、がんばります！」とあった。

3) 島大生の反応

集中講義がおわった翌朝、提出されたレポートの受けとりに大学に出向いた。そこで、受講生だった女子学生に偶然会った。

昼食をともにしながら、彼女が笑顔で話すには、「今回、はじめて話した女子学生から食事に誘われました」とのこと。授業では、信頼などの「つながりのつくり方」に重点をおいているものの、つながりをつくるきっかけを与えているにすぎない。それが本当につながるかどうかは、その後の学生の行動次第である。

この授業がおわったとき、次なる学生の課題は、「つながりの築きあげ方」や、さらなる「つながりの深め方」となることがみえてきた。

5.「まじないづくり」の試みをふりかえって

この試みをした結果、自信をつけるためにまじないが自分に浸透するには少し時間がかかることと、友達や先輩からの励ましといった他者のサポートが励みになることがみえてきた。

また、「自分ひとりでできる試みを」ということで、自助プログラムを開

発しようとしてはじめたまじないづくりだが、中高時代の友達や先輩というストロングタイズ（強い絆）の存在の重要性に改めて気づかされることとなった。

あくまでもラベリングによる他助プログラムではなく、予言の自己成就による自助プログラムを完成するには、もう一工夫が必要だということだろう。

そこで、この試みをまとめた『まじない』の「エピローグ」では、以下のような文章で締めくくることにした。

　自分の位置を自分だけの世界のなかで探していては、気はおさまりません。人とのつながりのなかで位置づくと、生きる軸がぶれなくなってきます。

　自分のためだけになにかをしていた場所から一歩踏みだして、だれかのためになにかをし、さらにだれかといっしょになにかをし、またまたさらに一心同体のようになにかができるようになると、自分の存在が確かなものとなってきます。〈自分から他者へ〉という視座ができてきます。

　人との距離がみえ、さらに人との距離がつまればつまるほど、信頼感も増すし、お互いに励ましあえるし、助けあえるし、勇気づけあうこともできます。世界のなかで、自分の影が濃くなっていきます。

　こうしたプロセスをへて、「これ以上、できない」「あれだけやったから、できた（あるいは、できない）」といった言葉が実を結びます。結果がでなくても、最初からなにもしないより、なにかひとつでもやってみることです。

　なにかができるようにがんばったとき、たとえなにかができるようにならなくても、自分を追いこんでそこまでがんばれたことが、充実感や満足感、達成感をもたらします。それは、生きる自信をプレゼントしてくれます。結果的に、自信をもつことができます。

　こんな循環ができるようになると、今度は他者が自信をもつ過程に自分が参加できるようになります。もちつもたれつの人間関係が自信を喪失させる「共貧関係」になるのではなく、自信を獲得させる「共栄関係」となっていきます。人をサポートできる自分を実感できるようになると、顔にはりついていた影もいつのまにかなくなっています。

まさに、「人生、日々新たなり」。昨日も、今日も、そして明日も…。

第9章
なぜなに探し

PL8〜自他確認プロジェクト「自他問答」(2005年度後期)

1. プロジェクト「自他問答」のねらい

1)「幸せのレシピ2」の試みが残した宿題

〈自分試し〉や〈自分さらし〉、〈自分開き〉を促すPL6〜自分試しプロジェクト「幸せのレシピ2」では、冬シーズンを体感できる「季節のレシピ」づくりと、異年齢（異世代）の人たちが交流体験する「交流のレシピ」づくりに挑戦してもらった。

ところで、「他者という回路」を確保するためにもくろんだ「交流のレシピ」づくりでは、学生の身近に異年齢の人が少なく、レシピを実行する相手を探すので一苦労し、家族や親戚頼りとなってしまった。事前には、できれば見知らぬ大勢の人を含む一般的な他者との交流か、少なくとも学校の仲間や知りあいとの交流を目指したのに、家族や親戚といった身近な他者との交流にとどまっていた。

異年齢（異世代）の人たちが交流体験する「他者という回路」をどのようにしたら広げることができるのか。

2) 自他を確認する4つの視座

〈自分探し〉は、自分を映す〈他者探し〉が対にならなければ、ひとつは自分を見失わせる〈自分なくし〉へと向かい、もうひとつは他者を自分の視野から遠ざける〈他者なくし〉に向かわせる。

自分を知るためには、そして、なにかができるようになり自信がつくようになるには、〈自分試し〉をし、結果的に他者に〈自分さらし〉をすることが必要になる。そのためには、他者を介在しない、自分にとって都合のいい

〈自分から自分へ〉という自分中心のまなざしを、一度自分から切り離す必要がある。

その代わり、どういう反応がかえってくるかわからない、必ずしも自分にとって都合のよくない他者に対して自分から働きかけたり、自分を傷つけるかもしれない他者からの働きかけをうまく受けとめたりしていく必要がある。

このしんどい作業を省こうとすると、いきおいキャラにすがりつくことにもなりかねない。キャラは、お互いに想定ずみの、お互いにとってある程度都合のいい、仮想他者にすぎない。

もちろん、素の自分ばかりでは、人間関係はうまくいかない。お互いの素をある程度露わにし、〈自分から他者へ〉と働きかけたり、〈他者から自分へ〉という働きかけを受けとめたりする技法が必要だろうし、あるならば、その練習（レッスン）も必要だろう。そうした往復作業を進めていくなかで、改めて〈自分から自分へ〉という回路は、自己成長を促すツールとなっていく。

そこで、まず導入として〈自分探し〉と対になる〈他者探し〉をうまくくみこんだとりくみが必要になり、編みだしたものがPL8〜自他確認プロジェクト「自他問答」である。それは、「他者という回路」と「自分という回路」を交錯させ、「自問自答」「自問他答」「他問自答」「他問他答」という4つの回路を設け、自他の回路を重層的にするなかで、自他の存在を確認する試みである。〈自分から自分へ〉という視座、〈他者から自分へ〉という視座、〈自分から他者へ〉という視座に加え、〈他者から他者へ〉という視座をも視野にいれることを思いついた。題して、なぜなに集づくり。

2001年度より、学生の〈自分試し〉や〈自分さらし〉、〈自分開き〉、さらには〈自分づくり〉を促す試みにとりくんでいる。そのために、これまで、①自分史エッセイ集づくり、②幸せのレシピ集づくり、③まじない集づくり、などをしてきたが、今回のなぜなに集づくりも、この一環に位置づく。

3）「問答」という仕掛け――「問い」の発見

「自問自答」「自問他答」「他問自答」「他問他答」という4つの回路は、基本は問答にある。問答は、われわれが慣れ親しんでいる対話の形式で、この意味で、なぜなに集づくりは、これまでの試みのなかで、おそらくもっとも自然体でとりくめるものになっている。

なぜなに集づくりのポイントは、①「問い」の発見、②自分との対話、③他者との対話、などにある。どういうことか。
　問答には、不思議な力がある。問いかけられ、それに答えることで関係が紡がれていく。言葉を継ぐことで、世界が開かれていく。それは、新たなヒトとの出会いやモノとの出合いを促す。

2.「なぜなに集づくり」の試み──2つの企画

　なぜなに集づくりをするにあたって、「自問自答」「自問他答」「他問自答」「他問他答」という4つの回路を具体的にどう準備したらいいのかを考えた。
　その結果、「大学生なぜなに集」づくりと「子どもなぜなに集」づくりの2つを用意した。
　大学生なぜなに集づくりは、受講生自身が「問い」をだし、自分で答えたり、他者に答えてもらったりする試みである。自問自答し、さらに他答を促す。できあがるのは、「自問自答＆自問他答」集である。具体的には、まず学生自身が「〈大学生ならでは〉の疑問」を発し、それに対する「自分自身の回答」「同年代の友達の回答」「学生以外の大人の回答」の3つを求めて、レポートを完成する。
　子どもなぜなに集づくりは、受講生が子どもたちとの出会いのなかで、子ども自身の発する「問い」を拾って、自分で答えたり、その子どもの成長を大切に思う人たちに答えてもらったりする試みである。他問自答し、さらに他答を促す。できあがるのは、「他問自答＆他問他答」集である。具体的には、最初に学生が子どもたちにインタビューして、「子どもたちの素朴な疑問」を3つ収集する。それぞれの疑問について、「その子どもの親の回答」（その子の成長を願っている大人でもOK）と「学生自身の回答」を記入し、レポートを完成する。
　この授業実践にとりくんだのは、2005年度後期開講の授業を受講した甲南女子大学と神戸看護専門学校の学生たちである（¶11）。

　¶11　〈授業の概略〉
　　大学生なぜなに集づくりは、甲南女子大学人間科学部人間教育学科の専

門科目で3年生対象の「教育社会学B」で実施。12月中旬にあった11回目の授業終了前に、冬休みの宿題として大学生なぜなに集づくりをアナウンス。宿題の提出は、約1ヶ月後。提出者は、91名。『なぜなに集』(2006)に収録したのは、87名分。

他方、子どもなぜなに集づくりは、神戸看護専門学校第三学科で1年生対象の基礎分野科目である「教育学」で実施。12月中旬にあった11回目の授業終了前に、冬休みの宿題として子どもなぜなに集づくりをアナウンス。宿題は、1ヶ月あまりあとの13回目授業にプリントアウトして持参し、グループにわかれて意見交換会。授業最終回の14回目に提出。提出者は、35名。『なぜなに集』に収録したのは、全員分。

大学生なぜなに集づくりでは、まず学生自身が「〈大学生ならでは〉の疑問」を発し、それに対する「自分自身の回答」「同年代の友達の回答」「学生以外の大人の回答」を求めて、作成してもらうことにした。

他方、子どもなぜなに集づくりでは、最初に、学生が子どもたちにインタビューして、「子どもたちの素朴な疑問」を3つ収集し、それぞれの疑問について「その子どもの親の回答」と「学生自身の回答」を記入してもらうことにした。前者は、その子の成長を願っている人でもOKとし、その際はどういう人かを記載してもらった。

3. なぜなに集の実際

1) 大学生なぜなに集の実際

まず、大学生なぜなに集づくりについて紹介しよう。学生は、どんな問いを用意し、どんな答えをゲットしたのだろうか。

〈私の疑問〉　なぜイヤな科目まで勉強しないといけないの？
〈自分の答〉　好きな科目だけやっていては知識が偏るから（大学3年）
〈友達の答〉　ホンマはカリキュラムに含まれているからっていいたいけど、でもやらなかったら、結局将来その教科につながる関係のも

のが弱くなってできないから（大学3年）
〈大人の答〉　好きな教科があるから、嫌いな教科があんねんやろ？　好きな教科をみつけるためには嫌いな教科が必要なんちゃう？（母）

〈私の疑問〉　なぜ学校へいかなければならないの？
〈自分の答〉　将来やりたいことをみつけるため（大学3年）
〈友達の答〉　就職するための最低限の学歴を得るため（大学3年）
〈大人の答〉　人並みの知識や常識を身につけるため（母）

　ここには、大人になる過程で、年相応のふとだれもが抱く素朴な問いがあふれている。そして、自分と、強い絆で結ばれた友達と、身近な大人として、多くの場合、両親の答えがある。これは、後の祭りだが、3つの答えを並べて比較し、自分の答えを俯瞰してみて、さらにどういう気づきが得られたかまでレポートしてもらうとよかった。

2）子どもなぜなに集の実際

　次は、子どもなぜなに集づくりについてである。まず、学生が子どもたちにインタビューして、「子どもたちの素朴な疑問」を3つ収集しなくてはならない。
　一般に、「子どもたちの素朴な疑問」を3つ収集するのは、普通の学生には難しい。だが、この課題にとりくんだ神戸看護専門学校には社会人学生が少なくなく、子育て中の学生も何人もいる。この課題では、日ごろ距離のある社会人学生と普通の学生との交流も見込めるし、実際この課題をきっかけに子どもの問いを拾う過程で、交流が進み、交響する関係にもなっていった。
　同年齢や同一背景で固まりがちな学生の視線や行動を、異文化をもつ子どもに向けさせることで、いろいろな気づきをもたらすに違いない。学生は、この試みのなかでどんな問いと答えを拾ったのだろうか。

〈子の問〉　なぜおばあちゃんの手はしわしわなの（4歳）
〈親の答〉　今まで生きてきて大変だったから、しわができたんだよ（母

27歳）
〈私の答〉　手にしわがあるお年寄りの方は、とても尊敬するよ。それだけ大変な思いをしてきたっていう証だから（19歳）

〈子の問〉　人間の1号はだれなの（名前など、はっきりしたものが知りたい）（小2）
〈親の答〉　難しいなぁ。1号の人の名前、わからないわ…。人間の元の元って、ミジンコかも。大きくなったら調べてみてね（母46歳）
〈私の答〉　だれかな。私もわからないわ。わかったら、教えてね（18歳）

　ここにも、年相応のふとだれもが抱く素朴な問いがあふれている。そして、幼い子どもにとって重要な他者である大人がなんとか答えようともがく姿が浮き彫りになり、微笑ましくもある。あるときは誠実に、あるときはごまかしたり、またあるときはオブラートに包んだりしながら答えている。ふりかえって学生の答えは、人生経験の有無がストレートに現れている。子どもとのつきあいの長さが吉とでることもあれば、凶とでることもある。結局は、子どもときちんと向きあっているかどうかが重要である。

4．学生の反応

1)　大学生なぜなに集づくりへの反応

　甲南女子大学での試みは、学生にとってどんな体験になっただろうか。最終回の授業評価（2006年1月23日分）には、「答えが決まっていない問題!?を解くのは楽しい」ことに、とまどいながらも気づいた心境が多く綴られていた。
　たとえば、「"なにが最善で、なにが正解か"がない授業なだけに少しとまどい、苦痛も考えることに対する怖さも覚えましたが、受講したことは私の糧になったと思います」や、「この授業では、考えることがたくさんありました。答えのない質問が多く、自分なりの"今"の答えをだしてきました。親に話したこともあります。頭がこんがらがったことも、悲しくて涙がでそうになったときもありましたが、とても勉強になりました。ありがとうござ

いました」などに代表される。
　その結果、「なんのために生きているのかとか、なんのために勉強するのかとか、普段あまり深く考える機会もなく、けれど心にずっしりくる質問について考えることができました」という感想を生んでいる。
　この授業で翻弄?!された結果、なにかを実現したい目標がはっきりしたという記述もいろいろあった。並べて紹介しよう。

* この授業で、いろんなことを感じ、思った。具体的にあげていたらきりがないけど、私の体験とかぶったり、これからの目標となることがみつかったり、いろんなことがいっぱいつまった授業だった。これだけさまざまなことを聞いて、あ～学んだって気分になっても、そこから先は自分次第。山あり、谷あり。転んだら立ちあがって、キズをつくっても、それを治して、カバーしていきたい。この授業でメモったノートは、いろんな場面でふりかえると思う。大事にしとこうと思う。この授業はコレでおわっちゃうけど、私の人生はまだまだこれから。明るい未来に向けて、自分を磨きたい!!
* この授業の間だけではあるけれど、"自分のなかの自分"をみつめ、考えるようになりました。今まで隠れていた"本当の自分"や、自分のことでありながら目を背けていたところ、"人"についてなど。これから、もっと自分のことを好きになっていくために、まわりの人やこの先出会う人たちを好きになっていくために、役にたつと思います。本当の自分を受けとめて、その自分を知ってもらうことは勇気がいるけれど、一歩踏みだすことができれば変われると思いました。これから、少しずつ少しずつ"自分さらし"にチャレンジしていこうと思います。

2）子どもなぜなに集づくりへの学生の反応

　この試みは、神戸看護専門学校で実施した。授業期間中に出産を迎えた学生もいたのは、さまざまな年齢層を含み、子持ちの社会人学生が何人もいる専門学校ならではのものだったといえる。普段子どもとまったく縁のない人には、社会人学生の協力を得るようにアドバイスした。
　13回目の授業で行った、小グループにわかれての意見交換会の日に書か

れた授業評価（2006年1月20日分）より、言葉を拾ってみよう。

そこには、子どもに回答する難しさやとまどいの声が多く綴られていた。たとえば、「子どもには、理屈で本当のことを正確にいった方がいいのか、ただ納得できるような簡単な答えがいいのか、どっちだろうと思った」や、「子どもの将来や、教育の視点から考えると、理論的な回答ではダメな気がした」などである。結果として、普通の学生からは、「なんか、この歳になって、親の気持ちを感じました」という感想がでてきていた。

実際に母親である学生からは、「子どもの疑問って、ときに答えるのにウーンと考えてしまったり、どういうふうに答えたらわかりやすいかという内容のものが多い。子どもに夢のある回答をとも思ったが、質問に対する真実の答えを表現しようとすると難しいものを感じた」などと綴られていた。

これを看護場面に敷衍して、自分の課題を自覚した学生もいる。彼女は、「ごまかしのきく歳だとごまかせるけど、ある程度の知識のある年齢だと、その子にわかるようにきちんと教えないといけないので難しい。けど、これは看護にもつながると思った。専門用語を使わず、その人の年齢にあわせて、その人にわかるように病気のことなどを説明しなければいけない。これができなければ、将来苦労するだろうなと思った。どの患者さんに対しても、きちんとわかりやすく説明できる看護士になりたいと思う」と書いていた。

5.「なぜなに集づくり」の試みをふりかえって

「自問自答」「自問他答」「他問自答」「他問他答」という4つの回路を開く問答。問答という形式は、予想どおり、学生はかなり自然体でとりくめたようである。

ここでは、〈自分探し〉〈自分試し〉〈自分さらし〉〈他者探し〉〈自分づくり〉の全要素をくみこんだ課題が、〈自問探し〉〈他問探し〉〈自答探し〉〈他答探し〉の姿をとり、学生を試している。それは、〈自分から自分へ〉〈自分から他者へ〉〈他者から自分へ〉〈他者から他者へ〉という流れを生んでいる。

でてきた問いは、大学生なぜなに集づくりでは学生の今に、また子どもなぜなに集づくりでは子どもの今に直結する問いが多かった。それだけに、一問一答形式では不十分で、さらに対話を重ね、内容を深めた方がよいものが

少なくなかった。問答は、対話形式がくりかえされることで深まっていくし、気づきも広がっていく。

　授業は、あくまでも学生に学びのきっかけを与えることしかできない。もしこのやり方を深めるなら、問答をソクラテス流の対話にもっていくことだろう。どのようにしたら、いつおわるともわからない対話を、そしてどこに到達するか到達地点のわからない対話を学生は自分のものとすることができるだろうか。

第10章
自縛呪文打破 II

PL9～自分支えプロジェクト「自縛返し」（2006年度前期）

1.「まじないづくり」の試みが残した宿題

　2005年度前期にした「まじないづくり」の試みが残した宿題は、5つあった。それは、①まじないの効果をあげるには一定期間の時間が必要なこと、②自分の口癖に気づくことの難しさ、③自分へのポジティブな言葉かけがうまくみつからないこと、④たとえ①～③の条件を満たしていても、うまくできないこと、⑤たとえ①～④の条件を満たしていても、まじないも使っているとマンネリ化し、リニューアルが必要になること、の5つである。
　これ以外にも、自分で自分を励ましたりほめたりすることで課題にとりくんだというより、他者によって励まされたりほめられたりしたことで課題にとりくめたという学生がいたことも思案のしどころである。これ自体は、なにも問題はないし、いいことではある。だが、このプロジェクトの核心は、〈自分から自分へ〉という流れを自分でつくることにある。他者によって自分が救われるのではなく、自分で自分を救う発想である。

2.「自縛返し」の試み

　前年度の置き土産をふまえ、2006年度も新たなプロジェクトを2つはじめ、その2つのプロジェクトのハイブリット形として3つ目のプロジェクトが生まれることとなる。
　ひとつ目は、PL9～自分支えプロジェクト「自縛返し」である。ここでは、自信を失わせるマイナスの力をもつ「自縛呪文」（口癖）に対して、その呪縛を解放する「返し文句」（強いNO）を自分で自分にいえるかどうかが試される。自信を回復するために、自分の生き方を自分で選ぶ試みでもある。

上田紀行がいうように、この NO は、明るく、世界に開かれた、建設的な輝きをもっている⁽¹⁾。逆にいえば、自縛呪文に対して「弱い YES」をいって自信をなくしていた、いつものやり方をいかに手放すかが試される。暗く、自閉的で、破壊的な YES を自分で捨て去る試みともいえる。

　自分のセリフや行動に対して、それでいいのかと自分でつっこみをいれる。「セルフツッコミ」で自分を茶化し、軽い感じで笑いをとりながら、まじめにとりくむ。自分を俯瞰し、鳥瞰し、離見の見でみるやり方でもある。

　この授業実践にとりくんだのは、甲南女子大学の1年生対象の授業「自分の探求」を受講した学生である（¶12）。

¶12 〈授業の概略〉

　プロジェクトを実施した授業は、甲南女子大学の全学共通科目で、2006年度の新カリキュラム導入のため、従来の必修科目から選択科目となった1年生対象の「自分の探求」。教師3名によるティームティーチング（3名による全体オリエンテーションが1回、続いて島田が6回担当）。1回目は、全体オリエンテーション。2回目は、島田担当授業分のイントロダクション。3回目は、自縛返しレポートの〈自己紹介〉欄の作成。4回目以降、レポートづくりの本格化。5回目と6回目は、レポートづくりの続行。7回目は、レポートの完成と提出。提出者は、40名。『雨、あがる』(2006)に収録したのは、全員分。

なお、「自縛返しづくり」の試みをまとめる自縛返し録（自縛返しレポート）は、以下の5項目から構成するように指示した。

〈自己紹介〉　自分にとっての美しさや気持ちよさといった美的基準を、微妙な差異にこだわり、好き嫌いの形式で、3セットほど簡潔に表現。
〈私の口癖〉　△△△△。
〈返し文句〉　「△△△△」じゃないよ。「〇〇〇〇」。
〈なじみ度〉　まず、返し文句の自分へのなじみ度を100点満点で評価。続けて、返し文句へのコメント（背景・自分の気持ち・思いい

れなど）を記入。
〈授業評価〉 授業で感じたことや授業の印象を「漢字一文字」で表現。さらに、解説を簡潔に記入。

　自縛返し録は、まずは、自分の美的基準を示す自己紹介から入る。次に、自縛呪文を書き、続いて自縛呪文から自分を解き放つために、「〜じゃないよ」といいかえす。それを受け、自分を生かす「返し文句」を提案する。そして、返し文句のなじみ度をまとめ、最後に漢字一文字を使った授業評価で締めくくる。

3. 自縛返し録の実際

　学生は、自分の口癖に対して、どんな返し文句を自分にかえしたのだろうか。

〈私の口癖〉　あぁ〜、疲れた〜！
〈返し文句〉　「疲れた」じゃないよ。「元気」。
〈なじみ度〉　77点。本当はぜんぜん疲れてないのに、無意識のうちに言葉を発し、マイナスの空気を自分自身でつくっていることに気づいた。
〈授業評価〉　「発」。知っていたようで、実は気づいていなかった、自分の隠れた一面を発見できた。それは、友達についても同じで、意外な一面を発見した。

〈私の口癖〉　無理、わからん。
〈返し文句〉　「無理、わからん」じゃないよ。「やってみよう。絶対できる」。
〈なじみ度〉　80点。「無理、わからん」って、自分が自分から逃げるために使っていた。そういう自分がすごくイヤだった。
〈授業評価〉　「確」。確認の確。自分のなかで、イヤで逃げていた部分、気づきたくなかった自分を再確認。そこから、また今より強く、今よりいい自分がでてくる。

〈私の口癖〉　面倒くさい。
〈返し文句〉　「面倒くさい」じゃないよ。「やらなければなにもわからない（はじまらない）」。
〈なじみ度〉　70点。いつも「面倒くさい」といってはあきらめて、行動を起こさなかったけれど、行動を起こしてみると、意外に楽しく、自分のためになることが多かった。
〈授業評価〉　「深」。内容的に深かった。精神的にも深く考えさせられた。

　これらは、〈返し文句〉がかなり奏効した例といえる。まじないづくりをしたときよりも、平均的になじみ度もかなり高くなっており、もくろみはうまくいったといえる。
　とはいえ、全部が全部、うまくいったわけではない。

〈私の口癖〉　やばい…。
〈返し文句〉　「やばい」じゃないよ。「そう決めつける前に、あきらめずに真正面から向きあおう」。
〈なじみ度〉　40点。文章では簡単に書けるけど、実際問題として行動に移せるか不安な自分がいた。
〈授業評価〉　「明」。明白の明、透明の明。自分のモヤモヤしている気持ちを解放してくれた。生活していく上で大事なこと。

〈私の口癖〉　知らん。わからん。
〈返し文句〉　「知らん。わからん」じゃないよ。「知らなければ知ろうとしよう。わからなければわかろうとしよう」。
〈なじみ度〉　27点。考え方を変えた方がいいけど、自分らしさが減ってしまう気がする。
〈授業評価〉　「変」。考え方や気持ちが変化する。自分以外の人間の考えを変と感じるのは、自分とは違うから。

　〈なじみ度〉の記述に「文章では簡単に書けるけど、実際問題として行動に移せるか不安な自分がいた」と考える場合は、〈返し文句〉を読むとハー

ドルが高いことが窺える。高すぎるハードルは、失敗体験を重ねることになり、次回のチャレンジを阻んでしまう。そうならないよう、自分を壊さない負荷のかけ方を学ぶ必要があるだろう。このやり方を開発することは、今後の課題となる。

また、〈なじみ度〉の記述に「考え方を変えた方がいいけど、自分らしさが減ってしまう気がする」と書いた学生がいるが、ネガティブな生き方を自分の個性として位置づけてしまっている。こうなると、自信をつけるのは難しいし、なじみ度の評価は低くなる。

4. 学生の反応

ここでは、毎回授業終了時に提出してもらった授業評価に書かれていた文章から学生の反応を拾おう。自縛返し録づくりのはじまった3回目から、最終回となった7回目までのなかから、当該日の授業展開の概略とともに、自縛返し録づくりに関連する記述を紹介したい。

3回目（2006年4月26日）は、レポートの〈自己紹介〉欄づくりである。それをプレゼンテーションするために、パソコンを利用しての名刺づくりに挑戦してもらった。名刺は、普通その人の外面を紹介するものだが、ここでは内面を紹介するものとしての利用を目指した。このため、住所や電話番号を書く欄をなくし、その代わりに自己紹介欄を設け、自分の美的基準となる好き嫌いを3行にわたって記入してもらった。

微妙に似ている言葉
＊今日の授業は作業中心だったけど、いろいろと考えることがあって楽しかったです。微妙なニュアンスで好き嫌いを書きわけることで、自分の新たな一面を知りました。ただちょっと文字に表しただけで、こんなにも違いがハッキリするんですね。自分自身が書いたことなのに、自分でみて、「あ〜、なるほど…」と思ってしまいました。

4回目（5月10日）は、〈人生を変えたひと言〉についてのレクチャーと、前回の授業で作成した名刺の交換会をした。

人生を変えたひと言

＊今日の話を聞いていて、思いこみも大切だと思いました。私は、考えることが好きです。でも、中学生までは、考えることと悩むことを同じように考え、同じようにしていました。でも、悩むことがどれだけ自分にとってマイナスで、無駄なことかに気づきました。それからは、悩むことと考えることを別にするようにしました。自分のことは自分にしかどうにもできないんだから、プラスにしていけるように考えていきたいです。

名刺交換会

＊今日は、まったく知らない人とも普通にしゃべることができ、名刺を交換することができた。前から話してみたいなと思っていた人とも気軽に話せた。この教室にいる人がたまたましゃべりやすい人たちなのか、それとも先生の話を聞いているので、こんなにも初対面なのにしゃべれるのか。どっちもあてはまると思うけど、それだけで普通に話ができて、すごい。今日みんなと交換した名刺は、大切にしたい。

口　癖

＊私の口癖は、「めんどくさいなぁ」です。でも、これは、自分を奮いたたせるおまじないです。多くの人にはマイナスの言葉でも、自分にはプラスに働く（…つもり）。ちなみに、この言葉を使うのは、友達が私を頼って、ややこしいようで簡単なことを頼んできたとき。だって、簡単だと、気を抜いて適当にしちゃうから。「めんどくさいぞ！」っていって、誠心誠意をこめて、力のかぎり一生懸命やるためのおまじないなんです。

5回目（5月17日）にもなると、自縛返し録づくりにも細かい指導が入る。

ちょっとした工夫

＊「返し文句」の文章を先生にみてもらっていると、ちょっとした工夫をすることで、とてもよくなることがわかった。文章を長々とだらだら書

かないで、端的に表現すると、自分の意志や熱意がよりいっそう伝わる文章になった。こんな簡単なことで、文章から受ける印象や感じがガラッと変わることを知らなかった。「ひとり」とひらがなで書くのか、「一人」や「独り」のように漢字で書くのか、文字の使い方ひとつで相手の受けとめ方が変わってくるので、とてもおもしろい！　これは、就活のときに自己PRを書くときにも使える技だ。

7回目（5月31日）は、レポートの完成と提出となる。

考えさせられた
＊この授業は、本当に考えさせられることが多かった。今後も考えさせられると思う。考えることで、より自分を知れる気がする。

自分に立ち向かいます
＊この授業では、今の自分のあり方をもう一度確認するときがいっぱいあった。私は、ずっと自分のことが嫌いやったし、コンプレックスもいっぱいあった。でも、それは逃げでしかなかった。嫌いな部分もコンプレックスも死ぬまでつきあっていくものやし、向きあわないといけない。嫌いなところをちゃんと自分なりに克服できたとはいえないけれど、少しは好きになれそうな気になった。前向きになれたし、救われたような気分になった。私は、「学校の先生」になりたいという夢がある。今、本当に島田先生のような先生になりたいと思う。子どもの気持ちがわかり、慕われる、そんな先生になりたいと強く思わせてくれる授業でした。ありがとうございました。

　授業の雰囲気は、とても和んで、フレンドリーで、あたたかなものだった。そのなかで、気持ちが緩んでしまうのではなく、それぞれがしっかりと、自分自身を、あるいは自分と自分のまわりとの関係をみつめ直す機会となった様子が窺える。

5.「自縛返し」の試みをふりかえって

「自縛返し」の試みは、大学1年生が対象である。ここでは、自信を失わせるマイナスの力をもつ自縛呪文に対して、「返し文句」として「強いNO」をいえるかどうかが試された。

もちろん、いうだけなら口先の問題で、それほど難しい課題とはいえない。問われるのは、現状を「本当にイヤだ」と思っているかどうか、もしそうなら現状を「変える」ように努力しているかどうかである。

結局、それは〈なじみ度〉で判断できる。平均点を計算すると、65点になる。大学の成績評価でいえば、かろうじて60点をこえて、かつかつ及第点達成といったところだろう。

とはいえ、返し文句をいう自分に対して、なんらかの強いフィードバックがなければ、いつしか尻すぼまりし、結局元の状態に戻りそうだった。

「授業がおわれば、それで終了」という感じにならないようにするには、どうしたらいいか。未来に向けた時間的な広がりをもつ試みにするには、どうしたらいいか。具体的には、時間軸をどう導入したらいいか。

そこで、ひらめいたのが、次に紹介する「流転対話」の試みである。

第11章
自縛呪文打破 III

PL10〜自己確認プロジェクト「流転対話」(2006年度前期)

1.「流転対話」の試み

　2005年度前期にした「まじないづくり」の試みが残した宿題に対する、2つ目の答えがPL10〜自己確認プロジェクト「流転対話」である。ここでは、異なる年齢の自分（たとえば、過去の自分と今の自分、あるいは今の自分と未来の自分）との対話を促す。そうすることで、自己成長を確認する、あるいは予感することで、自己の存在を自分で受けいれ、承認していく試みである。自分が、「生まれた状態」から「生きていく状態」になるのを確認する。自他との比較によってではなく、自己の成長を確認する。これもまた、自分の生き方を自分で選ぶ試みである。

　ところで、この試みをするヒントは、絵本作家のいとうひろしのワークショップにある。それは、長野県鬼無里小学校の6年生15人に行われた、「生まれたての自分と対話してみよう」という試みである[1]。いとうは、「過去も未来も、必ず今とつながっています。過去から今を見直してみるのもいいし、つらいときは未来の自分から『そんなこともあったね』って元気づけてもらうといいかもしれないね」と話し、授業の最後に48年後の自分との対話を披露していた。

　この記事を目にしたとき、直感的に「まじない」づくりを発展させる試みができると感じた。そこで生まれたのが、流転対話の試みである。

　〈いまの私〉と、〈未来の私〉か〈過去の私〉が対話する。これも、「セルフツッコミ」で自分を俯瞰し、鳥瞰し、離見の見でみるやり方でもある。

　この授業実践にとりくんだのは、甲南女子大学の2年生対象の授業「教育社会学A」を受講した学生である（¶13）。

¶13 〈授業の概略〉
　プロジェクトを実施した授業は、甲南女子大学人間科学部人間教育学科の専門科目で2年生対象の「教育社会学A」。6回目の授業終了前に、流転対話レポートづくりの説明。12回目の授業終了前に、質問の受けつけ。レポートの提出は、翌週。提出者は、93名。『雨、あがる』(2006) に収録したのは、84名分。

　なお、「流転対話づくり」の試みをまとめる流転対話録（流転対話レポート）は、〈いまの私〉と〈未来の私〉との対話、もしくは生まれたばかりのころの〈過去の私〉と〈いまの私〉との対話、の2パターンがあり、どちらかを選択する。それぞれ、以下の5項目で構成されている。

1) 〈未来の私〉との対話
〈自己紹介〉　自分にとっての美しさや気持ちよさといった美的基準を、微妙な差異にこだわり、好き嫌いの形式で、3セットほど簡潔に表現。
〈いまの私〉
〈〇歳の私〉
〈対話寸評〉
〈授業評価〉　授業で感じたことや授業の印象を「漢字一文字」で表現。さらに、解説を簡潔に記入。

2) 〈過去の私〉との対話
〈自己紹介〉　自分にとっての美しさや気持ちよさといった美的基準を、微妙な差異にこだわり、好き嫌いの形式で、3セットほど簡潔に表現。
〈赤子の私〉
〈いまの私〉
〈対話寸評〉
〈授業評価〉　授業で感じたことや授業の印象を「漢字一文字」で表現。さらに、解説を簡潔に記入。

流転対話録は、まずは、自分の美的基準を示す自己紹介から入る。続いて、お話を次のうちのどちらかのパターンで作成する。ひとつは「〈未来の私〉との対話」で、もうひとつは生まれたばかりのころの「〈過去の私〉との対話」である。できれば、対話のどこかに、自縛呪文をしのばせる。そして、その呪文を解くように対話をもっていく。それから、対話について、寸評をする。最後は、漢字一文字を使った授業評価で締めくくる。
　ところで、自縛するものがなにもないと思う人は、自信のある自分を表現する。ただし、「確固たる自信のなさ」[2]の裏返しにすぎない「根拠なき自信の強さ」[3]でないか、自己吟味を忘れないようにする。
　この結果、〈未来の私〉との対話を選んだ学生は54名、〈過去の私〉との対話は30名となっていた。

2. 流転対話録の実際

1) 〈未来の私〉との対話

学生は、はたして未来の自分とどんな話をしたのだろうか。

〈いまの私〉　もう、ちゃんと泣けるコなんだね。
〈30歳の私〉　そうだね。20代の間に、自分に素直になれたんだよ。いろんな自分と葛藤して、自分を好きになれたからね。
〈対話寸評〉　本当の自分は、心をさらけだせてないことに気づいた。泣きたいときに泣ける、恥をかくことを恐れない人になりたい。
〈授業評価〉　「素」。今、自分のなかで、素を何パーセントだせているかを考えてみた。自分の感情を表現したいようにコントロールできていないことに気づいた。心をさらけだし、自分のしたいように感情を表にだせる人間になりたい。

〈いまの私〉　「ムリ」って、すぐにいわなくなったんだね〜。
〈35歳の私〉　「ムリ」という言葉を使って逃げるのは、やめたの。今は、「やってみる」が口癖なのよ。

〈対話寸評〉　自分のダメなところを客観的にみることができ、直さなくてはいけないところとなりたい自分をみつけることができた。
〈授業評価〉　「楽」。「楽しい」の楽、「楽になる」の楽。体験授業など授業内容がおもしろく、先生の話を聞いていると心が軽くなる。

〈いまの私〉　「どっちでもいい」って人任せにせず、自分で判断できるようになったんだね。
〈50歳の私〉　あのころ、「どっちでもいい」って人に遠慮してるようにみせて、本当は「どうでもいい」だったね。今は、自分の言葉に責任をもてるようになったよ。
〈対話寸評〉　未来の自分と会話することで、自分に素直になれた。客観的に自分をみると、答えがわかる気がした。
〈授業評価〉　「探」。今まで曖昧にしていた、自分のイヤなところやずるいところと向きあえた。「自分探し」って大切なことだって、気づくことができた。

〈いまの私〉　「わからん」っていってあきらめたり、他人を理解しようとしなかったりしてて、変な感じがする。
〈80歳の私〉　いつまでも「わからん」っていう言葉を使って逃げるのに、飽きたんよ。それに、逃げてばっかりおったら、みえるものもみえなくなってしまうしね。
〈対話寸評〉　今すぐには無理でも、これから少しずつ自分を変えていくことができそう。
〈授業評価〉　「難」。授業中にだされる問いの答えは、自分でみつけなくてはならないし、正解なんてものがない。

　「対話のどこかに、自縛呪文をしのばせる」という指示に従って書けていたのは、〈未来の私〉と対話する場合が多く、成長した自分が今の自分をあたたかく見守ることで成長を促しているようにも思える。
　ところで、気になる記述が目についたのは、ここでもピックアップしたものが多い、30歳、35歳、50歳、80歳といったところである。「十年一昔」

という言葉もあるように、10年後の30歳は一区切りの目安になる。また、30年後で50歳といえばほぼ一世代後だし、15年後で35歳といえばその半分、60年後の80歳といえば二世代後となる。そうした年齢に達した自分を話し相手に選んでいるのはおもしろい。

この試みを展開するなら、今の自分と、これらの年齢の自分と話をさせてみるとよさそうである。

2)〈過去の私〉との対話

他方、過去の自分とは、どんな話をしたのだろうか。

〈赤子の私〉　私、こんな人間になってるなんて思わなかったのに、どうしよう。
〈いまの私〉　うん、自分もびっくり。だけど、思ったより、この性格、気にいってるよ。
〈対話寸評〉　自分に少しだけ自信をもてるようになった今だから、いえたのかもしれない。
〈授業評価〉　「未」。自分は、まだまだだと思った。でも、「未だ（まだ）」っていうことを、「いつか」があるって思えば、未熟であることを恐れなくてもいいのかも。

〈赤子の私〉　ありえんっ！　なんで、未だにそんなんなん?!　あんた、ちゃんと成長してんの？
〈いまの私〉　ちゃんと成長してるよ（笑）。あなたが私だから、今があんねん。あなたがおったから、私はいっぱい学んで、そんで今、パワーアップして、原点にたててるねんよ♪
〈対話寸評〉　「自分に、家族に、今まで出会ってきた人すべてに、"ありがとう"っていわなきゃ」ってことを思いだした。
〈授業評価〉　「解」。わかった、解けた、ほぐして新たな考えをつくりあげることができた。完璧な解答はできなくても、解くヒントを得た。これからの参考になるかも…。

流転対話録をみて、さらに何人かの学生と授業以外の場で話す機会のなかであることがみえてきた。過去が自分のなかに収まっていないと、なかなか未来の自分と対話できないし、明るい展望が開けない。

もしそうなら、これは逆に使える。過去が収まってなくても、未来と対話できれば、自分の未来を切り拓いていくことは可能ではないか。これは、ひとつの仮説である。

3） 書式（型）破りの対話

〈未来の私〉との対話を収録した部分で、さまざまな年齢の自分と会話する試みの可能性を示した。また、生まれたばかりのころの〈過去の私〉との対話の部分では、過去が収まってなくても、未来と対話できれば、自分の未来を切り拓いていく可能性があることを示唆した。

実は、これを現実化した型破りの対話録がひとつ提出された。それは、指定した書式で書かれてはいなかったものの、内容的にとても充実していた。学生には、手直しをして再提出を求めたが、本人はこれをしっかり自分のものにしたいと申しでてきた。これを仕上げるにあたり、本人いわく、ものすごく自問自答したという。彼女自身、うまく言葉にならない部分もあり、話をしながら私もかなり手伝って文章にしてみた。途中まで紹介しよう。

〈39歳の私〉　なぁ、なんで今（19歳）の私は、いっつも変な気を張っとん？

〈19歳の私〉　ん〜、自分でもようわからん。気を張るっていうか、自分っていうのを自分でつくっとる。

〈39歳の私〉　知っとるのに、いろいろ知らんぷりもしとるやろ？

〈19歳の私〉　うん。だって、その方が自分のキャラを保てるし、いろいろかわいがってもらえるの。けど、下の人に対しては、気づかんうちに優越感が生まれると思うんやぁ。すっごい主観的な意見かもしれんけど。

〈49歳の私〉　じゃあ、なに？　19歳の私は、人に優越感をもって、その快感からくる感情で人との関係をつなぎとめとった、っていうん？　プライドとか、ないの？

〈19歳の私〉 ん〜、簡単にいっちゃえばそうかなぁ。けど、プライドはガッチガチにあると思うよ。あ、でも、プライドっていうよりは、こだわりかな。よくわかんない。

〈29歳の私〉 人を信じれんってずっと思っとったけど、いま思えば、ただすっごい不安で不安でしょうがなかっただけなんやなぁ。

〈39歳の私〉 一人の時間が大好きやし、一人で行動するんもなんてことないっていいながら、ほんまは人一倍淋しがり屋で、人にかまってほしいくせに。考えてみたら、ちっちゃいときからそうやん。風邪引くのもえらいけど、ケガするんも痛いけど、どっかでちょっとうれしかったもん。だって、そしたら、お母さんが心配してくれる。私をかまってくれるって。―略―

　なかなか迫力ある対話となった。流転対話録づくりも、このレベルにまでいけば、すごいといわざるを得ない。今回、たまたま規格外ということで手直しを求めたが、この試みの本来のねらいは、このレベルに達することである。

　学生には、そのきっかけとなるよう、この試みを収録した『雨、あがる』のなかで、他の学生たちが作成した流転対話録欄とは別に、「授業所感」をまとめた文章中で紹介した。

3.「流転対話」の試みをふりかえって

　「流転対話」の試みは、大学2年生が対象である。今の自分との時間的な距離をしっかりとるため、過去の生まれたばかりの自分との対話、あるいは遠い未来の自分との対話を促している。この「流転対話」の試みでは、異なる年齢の自分との対話を促すことで、自己成長を確認する、あるいは予感することで、自己の存在を自分で受けいれ、承認できるかが試される。

　なるほど、これは自分の現状と課題を把握するにはいい方法である。未来に向けて夢とか目標をもつことができたり、過去が自分のものとしてすんなり自分に収まったりした人もいた。

　ところが、なかには、今の自分をみつめることがつらすぎたり、今を生き

ている実感が乏しかったりして、今の自分との距離をうまくとれない人がいた。
　「今、ここにいる」自分と対話することに違和感があるようである。それは、「今、ここにいない」自分という他人と、いったいなにを話していいのかわからない、といった感じだろうか。あるいは、「未来を生きている」自分を想像できないのに、今の自分と対話をするのは無理、といった感じだろうか。結局、「なんか遠い話をしている感じがして、切実感が乏しい」ようである。
　異年齢の自分との対話を、「今」という日々の空間的な広がりにつなげるには、どうしたらいいか。試みに切実感をもたらすには、どうしたらいいか。
　そこで、ひらめいたのが、次に紹介する「自縛返し」の試みに「流転対話」の試みをミックスした「自縛解き」の試みである。

第12章
自縛呪文打破 IV

PL11〜自分支えによる自己確認プロジェクト「自縛解き」（2006年度前期）

1.「自縛解き」の試み

　「まじないづくり」の試みから発展的に展開した「自縛返し」の試みに「流転対話」の試みを合体させると、〈自分から自分へ〉という視座をより効果的に設定できるのではないか。

　PL11〜自分支えによる自己確認プロジェクト「自縛解き」は、ともに2006年度前期に実施したPL9〜自分支えプロジェクト「自縛返し」と、PL10〜自己確認プロジェクト「流転対話」のハイブリッド形として誕生した。

　ここでは、自縛呪文に対して「強いNO」をいう「自縛返し」をしっかりとモノにするために、異なる年齢の自分と対話することを促している。「自縛返し」という自己決定には、自己責任が付随することを自覚させようとしている。自分の行動、あるいは成長に対して、自分で責任をとるように要求する。自己の暴力性（自分から自分への暴力性や自分から他者への暴力性）を飼いならすための自己省察を促す試みとなる。

　この授業実践にとりくんだのは、島根県立大学の「教育方法論」と島根大学の「特別活動指導論」を受講した学生である（¶14）。

¶14 〈授業の概略〉
　プロジェクトを実施した授業は、島根県立大学では、教職科目で3年生対象の「教育方法論」。島根大学では、教職科目で3年生対象の「特別活動指導論」。
　「教育方法論」では、8月上旬に夏期集中講義として4日間開講した1日目の授業終了前に、自縛解きレポートづくりの予告。2日目の2時間目後半に、レポートづくりの説明と第1回相談会。4日目の1時間目前半に、

第2回相談会。2時間目後半、最終相談会し、レポートの提出。提出者は、9名。『雨、あがる』(2006)に収録したのは、全員分。

「特別活動指導論」では、8月下旬に夏期集中講義として4日間開講した、1日目の3時間目のはじめに、レポートづくりの説明。2日目の3時間目のラストに、第1回相談会。4日目の2時間目のはじめに、ピアサポートと第2回相談会を同時開催し、レポートの提出。提出者は、90名。『雨、あがる』に収録したのは、89名分。

なお、「自縛解き」の試みをまとめる自縛解き録（自縛解きレポート）は、〈いまの私〉と〈未来の私〉との対話、もしくは生まれたばかりのころの〈過去の私〉と〈いまの私〉との対話、の2パターンがあり、どちらかを選択する。どちらも、それぞれ以下の6項目から構成されている。

1) 〈未来の私〉との対話
〈私の口癖〉　△△△△。
〈返し文句〉　「△△△△」じゃないよ。「○○○○」。
〈いまの私〉
〈○歳の私〉
〈対話寸評〉
〈授業評価〉　授業で感じたことや授業の印象を「漢字一文字」で表現。さらに、解説を簡潔に記入。

2) 〈過去の私〉との対話
〈私の口癖〉　△△△△。
〈返し文句〉　「△△△△」じゃないよ。「○○○○」。
〈赤子の私〉
〈いまの私〉
〈対話寸評〉
〈授業評価〉　授業で感じたことや授業の印象を「漢字一文字」で表現。さらに、解説を簡潔に記入。

自縛解き録では、これまであった〈自己紹介〉部分は、分量の関係でカットし、まずどんなフレーズでもいいから自縛呪文を使った文章で書きはじめる。続いて、自縛呪文から自分を解き放つために、「〜じゃないよ」といいかえし、さらに自分を生かす「返し文句」を提案して、締めくくる。その後、このやりとりを受け、〈いまの私〉と〈未来の私〉、あるいは生まれたばかりのころの〈過去の私〉と〈いまの私〉と対話し、できるだけ自縛呪文から解き放たれるように対話をもっていく。

この結果、〈未来の私〉との対話を選んだ学生は 70 名、生まれたばかりのころの〈過去の私〉との対話は 28 名となっていた。

2. 自縛解き録の実際

1)〈未来の私〉との対話

学生は、はたして未来の自分とどんな話をしたのだろうか。

〈私の口癖〉　もう知らん。
〈返し文句〉　「もう知らん」じゃないよ。「最後まで投げださない」。
〈いまの私〉　途中で弱音をはかないんやね。
〈31歳の私〉　開き直って逃げるような、子どもっぽいことはしないよ。
〈対話寸評〉　今の私は、自分の言葉によって、さらにやる気をなくしていた。
〈授業評価〉　「感」。共感し、感心し、感化された。いろんな体験で、自分自身や他の人の考えを体で感じた。

〈私の口癖〉　めんどい。
〈返し文句〉　「めんどい」じゃないよ。「やったろ！」。
〈いまの私〉　行動の前から失敗にびびって、ブレーキかけてるな〜。
〈40歳の私〉　そうやって、ラクな道をいこうとしてた。でも、否定してからするのはしんどいで！
〈対話寸評〉　自分が、何気なく失敗やら困難から逃げようとしていること

がわかった。
〈授業評価〉　「見」。見ることにより、見られ、それによる発見。人を見ないと、自分のことは見てくれない。目に触角（足？）を生やし、意識して見ることが重要！

〈私の口癖〉　もうヤだ〜。
〈返し文句〉　「もうヤだ〜」じゃないよ。「まだやれる」。
〈いまの私〉　すぐには、弱音を吐かなくなったんやね。
〈66歳の私〉　実際、自分はまだなにもはじめてへんかったやん。まだまだ、やれる。
〈対話寸評〉　自分の言動は、無責任で、矛盾していた。もっと意思をしっかりもつ。
〈授業評価〉　「土」。すべての元となるような授業だった。もう一度、さまざまなものの原点にかえらされた。

〈私の口癖〉　どうでもいいや。
〈返し文句〉　「どうでもいいや」じゃないよ。「投げだすな」
〈いまの私〉　もう、二度とあきらめんよ。がんばってないのに、ほったらかしにせんよ。
〈120歳の私〉　そげだね。あきらめず、粘ってものごとにとりくむことで、それが自身の糧となり、成長できる。
〈対話寸評〉　はじめて自分と対話し、真剣に向きあった。自分を客観的にみることで、視野が広がった。みえなかった面をみつけることができた。
〈授業評価〉　「絆」。親友に裏切られたことが脳裏から離れず、人を信じることに警戒心を抱いていた。今、心から信用でき、信頼できる仲間がまわりにいる。

　流転対話録づくりでは、「対話のどこかに、自縛呪文をしのばせる」という指示が半端だった。そこで、自縛解き録づくりでは、「まずどんなフレーズでもいいから、自縛呪文を使った文章で書きはじめる」と指示したことで、

対話がしっかりしてきた。

　だれでも自縄自縛の状態に陥る危険性がある。その場その場の自分を守るためにはじめたものが、結果としてその後の自分を守ることに、可能性を広げることになってないことがある。たとえそれに気づいても気づいてないふりをするのは、次の一歩をどう踏みだしていいのかわからないからだろう。そのはじまりは、強い自己否定にある。これは、弁証法的思考を促し、別の解を自分に提供する。

　流転対話録と比較して気づくのは、流転対話録では、30歳、35歳、50歳、80歳といった年齢の私との対話が多かったのに対し、自縛解き録では、多様な年齢の私が出現していた。流転対話録より、自縛解き録の方が展開に多様な可能性があることを示している。

2）〈過去の私〉との対話

　他方、過去の自分とは、どんな話をしたのだろうか。

〈私の口癖〉　ま、いっか。
〈返し文句〉　「ま、いっか」じゃないよ。「まだ、やれる」。
〈赤子の私〉　すぐあきらめちゃう人になるの〜。
〈いまの私〉　いや、勉強や人間関係、つらくても逃げてないぞ！
〈対話寸評〉　返し文句を使うことで、気持ちが前向きに変わった。
〈授業評価〉　「発」。発見の発。新たな人たちとの出会い。自分と異なる考え・同じ考えをもっていることの発見。この新鮮な発見を、常に追い求める。

〈私の口癖〉　たいぎい。（広島弁で、「めんどくさい」の意）
〈返し文句〉　「たいぎい」じゃないよ。「やる気をだせ」。
〈赤子の私〉　たいぎいことなんて、したくないよ。なんで、しなきゃいけないの？
〈いまの私〉　自分のやる気次第で、すごい努力することができるんだぜ。その行動に対する結果が、いいにしろ悪いにしろ、そのままずっとつきまとってくる。そのことを覚えとけよ。

〈対話寸評〉　だらけ気味の自分に、活をいれられた気がした。
〈授業評価〉　「優」。「憂」は、「思うようにならなくて、苦しいこと」。それを「人」が支えることで、「すぐれ、まさっていること」になる。人はひとりでは弱いけど、お互いに支えあうことで、すごいものが生まれるんじゃないかな〜。

　〈未来の私〉との対話と生まれたばかりのころの〈過去の私〉との対話では、自ずとその質が異なる。過去の体験のもつ意味について、茂木健一郎は『脳はもっとあそんでくれる』(2008)[1]のなかで、「大事なことは記憶され、編集され続ける」という。「昔のことで覚えている出来事があれば、それは自分にとってなにか意味があることだったはずである。覚えていること自体がその記憶の価値を保障している」「過去にあった事実は変えられない。いくらとり戻そうと思っても、とり戻せない。だからこそ、後悔という甘美な感情も生まれる」「一方、私たちの過去に対する認識は変えることができる。過去は変化する。自分のうちに育てることができる」「遠い過去の思い出は、じっくり向きあう価値がある。そしてその後の体験を積み重ねた分、成熟したはずの「目」で見直してみればいい」などと指摘している。このように、記憶は編集され続け、新しい意味を見出し、過去を育てていくとすれば、生まれたばかりのころの〈過去の私〉との対話も生きてくる。

　他方、未来との対話は、過去が過去にあった事実は変えられないのに対し、未来は今の自分が切り拓いて、つくっていける可能性がある。プロ野球選手の松井英喜が『不動心』(2007)[2]のなかで、人間にとってなにが幸いでなにが災いか、表面的な現象だけではわからないということを意味する「人間万事塞翁馬」という故事にふれながら、「過去はともかく、未来は自分でコントロールできます」と語り、「悔しさは「過去」ではなく「未来」へぶつけるのです」という。過去とこのようにつきあうと、今の自分が未来に生かされるようになる。

　〈未来の私〉との対話と生まれたばかりのころの〈過去の私〉との対話を選んだ学生は、流転対話録ではそれぞれ 54 名と 30 名となっていたのに対して、自縛解き録ではそれぞれ 70 名と 28 名となっていた。いずれの場合も、〈未来の私〉との対話の方が生まれたばかりのころの〈過去の私〉との対話

より多くなっているのは、やはり過去は変えられないけど、未来はつくれるからだろう。

3. 学生の反応

1) 県大生の反応

島根県立大学の集中講義終了時に提出してもらった授業評価（2006年8月12日分）の内容をまとめると、3つのことに集約できる。それは、①信頼することの大切さを学んだ、②自分を知ることの大切さを学んだ、③チャレンジすることの大切さを学んだ、の3つである。

信頼することの大切さを学んだ
＊すべてが新鮮だった。教育方法論なんていう少し硬い名前の講義だから、受けるまでずっと気難しい内容の講義をするのだと、勝手に想像していた。だから、実際に講義を受けて、笑ってしまった。「こんなので、いいのかな」と思った。受けおわった今、「こうだから、いい」って心がいっている。この授業は、頭だけじゃなくて、体も心も使って理解させてくれようとする。常に頭と心をフル回転させて考えたり感じたりする。決して一方向ではなくて、双方向だった。聞かれるから答える用意をしておこうという気持ちが、自分から発言をしたくなる気持ちへと変わる雰囲気があった。全身を使って理解しようとするからか、わからないときは本当にわからないし、わかったときはうれしさを感じた。一番はじめに先生に会ったとき、「肩に力が入ってる」といわれた。無意識だったけれど、本当だったと思う。自分や他人と向きあうことがどういうことなのか、ということから考えさせられた。自分と向きあえない人は、他人ともうまく向きあうことができない。自分と向きあえたとしても、多種多様な他人と向きあうことは難しい。そのことに気づけた。前から気づいていたはずだけれど、今回本当の意味で気づけた。向きあえないと、届けられない、わかりあえない。教育の根っこにあるのは「信頼」なんだ、という先生の言葉が忘れられない。今、なんとなくわかってき

た。自分のなかで熟成させて、自分のものにしたい。中身が濃くて、新鮮で、きっかけと実行とおわりが一気にきてしまったような感じだ。今回学んだことをこれからの活動に生かして、生き生きとしたライフを手にいれていこう、本当に。ありがとうございました。

自分を知ることの大切さを学んだ

＊授業をはじめて受けたとき、「この授業は、なに？　おもしろい！」という印象を受けました。はじめに、気づいたことや感じたことを書きだしてグループ内で発表しました。自分の意見はたいしたことないから発表しにくいなあと思っていましたが、聞いてもらったり、よいところを褒めてもらったりして、自分の感じたままの意見でいいのだということを改めて感じました。「自分さらし」は、最初抵抗があったけど、人に対してつくっている壁を壊していくと、人に対して無理しなくてもいいので心地よく、これから自分が変わっていきそうな、ワクワクした世界が広がっていました。意見交換では、同じことを体験しているのに、人は自分とは違った考え方をしていて、自分が新たな考え方もできるようになることがおもしろく、また楽しかったです。教職メンバーの新たな一面を知り、絆が強くなりました。この４日間で別人のように明るく変わった人もいて、人の性格の奥深さや無限の可能性を感じました。先生が書かれていたことで、私に当てはまっていて、思わずドキリとして納得した文があります。「他者との回路を失えば、人との間に居場所を築き損ねた喪失感から逃れるように自分を閉ざし、〈自分なくし〉につながる」。大学２年生のときに自分が大学にいる意味がわからなくなり、考えつめるうちに大学にいくのがイヤになって休んだことがあります。だんだん他者との交流が少なくなり、自分がわからなくなってしまいました。大学３年生になるとき、自分にとって大学は「思考の枠組みを広げる場所・理論を構築する場所」だと考え、勉強に対して前向きにとりくむようになったら、教職などの新たな居場所もできました。今は、楽しく学生生活を送っています。自分にとって他者は、自分を映す鏡だと思っています。つまり、他者なくして自分は存在しません。今回の授業では、他人を信頼することや自分をリラックスさせることによって、自

分を大切にするからこそ他人を大切にできることに気づきました。他人を知ろうとしたら、まず自分を知ることの大切さを学びました。

チャレンジすることの大切さを学んだ
＊この授業は、私にとって反省の連続でした。思い起こせば、小学校のころより数学が苦手だったものを、他の好きな科目に特化して、それで補えばいいやと開き直り、極力ふれないように努めてきましたが、それは「数学のできない自分」からの逃避であり、なにひとつ得るものがない行為だったのです。一連の講義で、「嫌いなものに直面したとき、そこで"ハイ、おわり"ではなく、正面から立ち向かっていくことで、今まで知らなかった新たな発見がある。自分という存在がいかなるものか、みえてくる。よい自分を知ることもあれば、悪い自分の面を知って絶望することもあるだろう。しかし、表裏双方の自分を知ることなくして成長はない」ことを学びました。まずは、夏休みを利用して、遡って数学を再勉強することにします。その先こそ、これまでとは違う自分がいることを信じて挑戦します。

2) 島大生の反応

島根大学の集中講義終了時に提出してもらった授業評価（2006年8月31日分）の内容をまとめると、10個に集約できた。それは、①あっという間におわった、②精神的にも肉体的にも本当に疲れた、③モヤモヤして、自分のなかで整理されていない、④自分について考えることをサボってきた自分が恥ずかしい、⑤ひっかかるものがあってスッキリしないけど、これからに生かしたい、⑥言葉にできないなにかを得た、⑦なにかを得て、なにかが変わる確かであたたかな感覚を得た、⑧自分が変わった・自分が変われた、⑨生き方を変えます、⑩教師になりたい、の10個である。

あっという間におわった
＊あっという間におわったけど、やっぱり学ぶことにかぎりはないですね。心も体も柔軟にして、たくさん吸収していくようにします。ありがとうございました！

精神的にも肉体的にも本当に疲れた
＊4日間の短い間だったけど、今まで人にみせたこともない自分を話したこともない人にみせたので、自分が変わったと思えた。精神的にも肉体的にも疲れたけど、それ以上に得るものがあった授業だった。ふりかえってみると、あっという間だった。4日間、ありがとうございました。

モヤモヤして、自分のなかで整理されていない
＊4日間、講義を受けてみて、私はすごく頭が疲れました。普段考えないことをいっぱい考えたし、人の意見もしっかり聞くこともできました。今は、モヤモヤって言葉が私にはぴったりだと思います。

自分について考えることをサボってきた自分が恥ずかしい
＊この講義を受けていて、普段あまり考えない、もしかしたら無意識に避けていた自分について考えました。わかったこともありましたが、わからなくなることも多々ありました。今までサボってきた自分が、恥ずかしくなりました。ありがとうございました。

ひっかかるものがあってスッキリしないけど、これからに生かしたい
＊結局、まとまらない授業だった。しかし、これでいいと思える。今までの「～を学習する授業」だとまとまらなければスッキリしないが、この授業はそうではなかった。「～を学ぶ」以前の、基本的で、忘れていたことに気づくことができた。まだ気づいただけだが、これから考えていきたいと思える授業だった。

言葉にできないなにかを得た
＊この授業で、表現できないなにかを得ることができたと思います。この経験を、これからに生かしていきたいです。

なにかを得て、なにかが変わる確かであたたかな感覚を得た
＊この授業で得たモノ…、やはり今は言葉にできません。頭のなかはごちゃごちゃ…。いつか整理できたときに、表せるかもしれません。でも、

"なにか"を得られたコトは、確実です。それも、私を変えてくれるほどの大きな"なにか"を。ありがとうございました。

自分が変わった・自分が変われた
＊4日間の集中講義で、少しだけ自分が変われた気がします。今まで人に対して壁をつくりがちな私でしたが、もっとオープンになれる気がします。4日間で感じたことは書ききれませんが、先生には本当に感謝しています。ありがとうございました。

生き方を変えます
＊私は、嫌われるのがとても怖いです。それを実感したのは、中学校のころです。自分の意見や友達に対して思っていることをほとんどいえませんでした。もちろん、今もそうです。思っていることをいえば、ケンカになり、人間関係が面倒になるから…。でも、本音でぶつかれば、今まで以上のものが生まれ、今まで以上に仲よくなれるかもしれないと思えるようになりました。自分はとても弱いな、と改めて感じました。でも、このままでは疲れてしまうので、少しずつではあるけど、その場その場で思ったこと、感じたことをいうようにします。とてもいい授業をしていただいて、ありがとうございました。

教師になりたい
＊この集中講義を受けて、人に教えるってなんだろう、逆に教わるってなんだろうと考えるようになりました。僕の目標は、教師になること。その目標を達成することは難しいですが、乗りこえられる気がしました。勇気ややる気を与えてくれた、とてもよい講義が聞けて、よかったです。ありがとうございました。

4.「自縛解き」の試みをふりかえって

2006年度前期は、今の自分の状態を自分でくじく言葉（自縛呪文）を反転させる仕掛けとして自縛返しの試みと流転対話の試みからスタートし、そ

のハイブリッド形として自縛解きの試みが生まれた。

　自縛解きの試みは、大学3年生が対象である。ここでは、自縛呪文に対して「強いNO」をいう「自縛返し」をモノにするために、異なる年齢の自分と対話することを促している。自縛解きの試みは、自縛返しの試みと流転対話の試みの、それぞれ足りない部分を補うものとなっている。

　2つの広がり、つまり時間的な広がりと空間的な広がりをもたせることで、試みの難易度はアップしている。しかし、しんどい分だけ、それを乗りこえたとき、見返りは多くなるはずである。

　実際、そのようになったようである。

5. 自縛呪文打破II〜IVをふりかえって

　自縛返しと流転対話と自縛解きの、3つの自縛呪文打破の試みに共通するもの、それは「自分の本当の気持ちに気づく」ということである。いつもの思考パターンから、一歩も二歩も離れて、別の考え方に自分をさらしてみる。すると、自分について別の見方ができるようになってくる。

　今ある自分を強く否定してみることで、自分が本当はどうしたいのかを意識化し、言語化し、新たな行動へと誘う試みでは、その人の意志の強さが問われる。しかし、ひとたび思いが形になり、言葉になると、それは具体的な目標となり、思いの実現可能性は高まっていく。人は、言葉に縛られ、言葉で拓かれていく。

　ところで、自縛返しの試みをする際、過去の試みに倣い、【自己紹介】欄を設け、そこで自分の美的基準の紹介をしてもらった。

　しかし、流転対話の試みと自縛解きの試みでは、本への収録を考えたとき、【自己紹介】欄は、一番には予算の制約があることから発生するスペース不足の問題があり、現実的にはコンパクトな読み物にしたかったので、外した。

　結果として、これはいい判断となった。美的基準は、今を生きる上での自分らしさ（個性）の表現となる。しかし、それが妙なこだわり（わがまま）になると、そこにとどまり、変化を促しにくくなってしまう。世の常である「諸行無常」の流れに反して、動きが自然でなくなってしまう。美的基準が、変わらぬ我の強さの象徴となると、本末転倒である。

こうした危惧は、〈未来との対話〉と〈過去との対話〉の収録者数を比較すると、明確になる。流転対話づくりをした甲南女子大学の「教育社会学A」のクラスでは54名対30名、自縛解きづくりをした島根県立大学の「教育方法論」のクラスでは8名対1名、同じく自縛解きづくりをした島根大学の「特別活動指導論」のクラスでは62名対27名、合計で124名対58名となっていた。「〈未来の私〉との対話」の方が生まれたばかりのころの「〈過去の私〉との対話」の約2倍となっていた。

　過去の私と語るには、過去がうまく自分のものとして収まってないと難しい。今がつらいときは、過去が自分のなかで収まってない可能性が高く、なにが起こるかわからない可能性に満ちた未来の私と語る方が話しやすくなる。となると、今の私の状態にあまりこだわらない方が、未来が拓けることになる。

　人間ならだれしももっている、変わる部分と変わらない部分。それらをどう表現し、人間としての可能性を拓いていくか。学生のキャリア形成をサポートするために行っているさまざまな試みに対して、今回つきつけられた新たな課題となった。

第 13 章
自戒づくり──「テキスト読書会」の誕生

PL12〜自己制御プロジェクト「自戒」（2006 年度後期）
PL13〜自己開陳プロジェクト「テキスト読書会」（2006 年度後期〜）

1.「自分さえよければ」の落とし穴

1) ヴィクトリア朝の意志

「意志」は、自分が自分らしくあるために必要である。
 とはいえ、「意志があれば、それでいい」というものではない。意志は、ときには悲惨な影響を及ぼす。それは、意志が意志本来の目的をはずれ、威圧的、抑圧的、禁止的に使われるときに起きる。このような意志は、「ヴィクトリア朝の意志」と呼ばれる[1]。その結果、意志は疎んじられるようになり、いかなるコントロールも拒否し、衝動に任せてしまう極端な「自発性」をもたらす。そうなると、「自分がしたいことだけをする」ということになりがちである。
 このことを証明する事例がある。最近、自分の心や行動を律する（セルフ・コントロールする）ためではなく、自分のしたいことをするために言葉を使う若者が増えている。
 たとえば、かつて「人に迷惑をかけることは、してはいけない」といわれた。これは、大人が子どもを教育するために自分の行動に一定の歯止めをかける、〈戒めの言葉〉〈掟の言葉〉〈規律正しい生活を促す言葉〉〈指導の言葉〉〈他者とのかかわり方を教える言葉〉だった。これは、他律から自律を促す教育的な仕掛けのひとつだった。
 しかし、この言葉が人を育む教育の言葉でなく、人を管理する経営の言葉となると、いわれる方も素直には聞けず、反発を強める。
 今や、それは反発にとどまらず、「人に迷惑をかけなければ、なにをしてもいい」という言葉にすりかわっている。これは、子どもが大人に対して自

分のしたいことをするために、自分の行動に歯止めがかからないようにする、〈ゴーサインの言葉〉〈掟破りの言葉〉〈放縦・放埒な生活を促す言葉〉〈口答えの言葉〉〈わがままな行動を促す言葉〉である。これは、一歩進んで「みんながやっているから、なにをしてもいい」に、もう一歩進んで「自分が（さえ）よければ、なにをしてもいい」となっていく。他者が目に入らない行動は、他者との関係を築く方向には向かわず、人間関係を破壊してしまう。

「自分が（さえ）よければ、なにをしてもいい」という行動がもたらすものは、結果的にもたらされる不自由さと呼ぶべきものである。

この対極にあるのが「武士道精神」である。藤原正彦『国家の品格』(2005)[2]では、勝者が全部をとってもかまわないという「ウィナー・テイクス・オール」のやり方に対して、「強いものが弱いものをやっつけるのは卑怯である」と諭している。そこでは、新渡戸稲造が、武士道の最高の美徳として「敗者への共感」「劣者への共感」「弱者への愛情」をあげたことを紹介している。そこには、慈愛、誠実、忍耐、正義、勇気、惻隠（他人の不幸への敏感さ）などの行動基準（道徳基準）がある。

この基準を採用すると、現実にはどんな行動や態度をとることになるだろうか。いじめでは、「弱いものいじめの現場をみたら、自分の身を挺しても弱いものを助けろ」「弱いものがいじめられているのをみて、みてみぬふりをするものは卑怯だ（生きている価値がない）」「弱いものを助けるときは力を用いてもよい」となる。児童を虐待したり、恋人を殴るドメスティックバイオレンスが増えたりするのはなぜか、減らすにはどうしたらいいのかを考える糸口は、ここにありそうである。また、万引きでは、「法律に書いてあるから、してはいけない」のではなく、「親を泣かせるから、あるいは先祖の顔に泥を塗ることになるから、お天道様がみているから、してはいけない」ということになる。万引きのような遊び型（初発型）非行が増えるのはなぜか、減らすにはどうしたらいいのかを考える糸口も、ここにありそうである。

一人ひとりが卑怯を憎む心をもつことがどういう社会をもたらすのか、そうしない社会はどんな社会になるのかを考えることは、とてもおもしろい。ここでは、いじめをみてみぬふりをしたり、軽い気持ちで非行に走ったりしてきたことを責めたいわけではない。ただ、その代償として、自分を磨く機会を失い、挑戦することで身につくはずの勇気や希望が、生まれるはずの夢

が消え去っていったのではないかを問いたい。もし自分がこうした行動をしているとしたら、なぜそうしたのか、本当はどうしたいのかを自分で確かめてみる必要がありそうである。

　自己中心的な気持ちで生きていると、自己中の隘路に落ちていく。他者との関係のなかで他者から与えられる「他者からのプラスの承認」を得られず、まして他者との人間関係のなかに自分を位置づけていないので、自分の居場所が築けないどころか居場所がなくなり、生きる実感が乏しくなっていく。かろうじてできることは、キャラをつくって、居場所はあるけど居心地の悪い居場所にすぎない仮の場所を得ることぐらいだろうか。

2）「自戒」という方法――他者といい関係を築くために

　そうならないようにするには、どうしたらいいだろうか。
　そのためには、これまで人からイヤなことをされても感じないようにしてきたことや、他の人がイヤなことをされているのをみてもかかわりのないようにしてきたことなどをふりかえる必要がある。心にひっかかっていたこと、自分の無力さを痛感したことなど、あまり難しく考えず、思いついたことをどんどん書きだしていくといい。その時点で、できないことがあってもいい。そのことに対処するだけの知識、知恵、力、勇気、夢がなかったのだから。でも、これからの人生を前向きに考えたいなら、逃げてばかりもいられない。
　その際、自分の意志と他者の意志とのかねあいが問題となる。生きる現場では、自分の利益と他者の利益がぶつかりあうこともまれではない。そのとき、つくったキャラでは、どうしようもなくなることが少なくない。自分の意志が欠如していたり、弱かったりすると、他者や状況に巻きこまれてしまう。
　試験前にくり広げられるノート狩りの風景は、まさにこの典型である。断れない人は、本当は貸したくないのに貸すことで、自分の本当の気持ちを押し殺す。相手に搾取されているにもかかわらず、「人の役にたっている」と無理に自分にいい聞かせ、自分の本当の気持ちをゴマかしたりする。「貸して」という相手を責めず、「NO」といえない自分をひたすら責める。「強いNO」がいえず、「弱いYES」ばかりいっていると、自分にイヤ気がさしてくる。そんな自分に気づくのがイヤで、人間関係を割りきったりする。自分

で状況を打開する意志に欠けるので、ストレスを抱えこむばかりで、疲れ果ててしまう。自分で自分を傷つけ、自分を被害者にするばかりである。そんな人は、自分を癒してと、人頼みばかりするようになる。

　自分が自分らしくあるためには、他者や状況に巻きこまれないことを学ぶ必要がある。

　自分の意志を示す方法のひとつに、「自戒」がある。ノート狩りにおいて、「強いNO」がいえないとどうなるか、身に染みて学ぶ必要がある。ここでの自戒は、気軽に「貸して」という相手に「強いNO」をいうことを実践することになる。そこでは、勇気や決断力が試される。その結果、得るものも大きい。自分の人生を自分でうまくコントロールできるようになっていく。

　自分がより自由になるために、自分らしく生きるために、「適切な意志」が必要である。それは、練習と実践で身につくだろう。そこに、遊び感覚が加わると楽しくできるだろう。

　「自戒」というと、本能や感情の抑圧や我慢を意味するイメージがあるかもしれない。だが、ここで目指すものはそうではない。もっと建設的に、より楽しく生きるためのものである。もっと人生をうまく生きるためのものといってもいい。意志は、自分が自分らしくあるために必要なものである。

2.「自戒づくり」の試み

　そこで、PL12～自己制御プロジェクト「自戒」を立ちあげ、親や先生がなにかを課すのではなく、自分が自分に課す「自戒づくり」に挑戦してもらうことにした。簡単なことでかまわないので、自分の心や行動をセルフ・コントロールする〈戒め〉をひとつつくり、それにのっとって日々を生きてみてもらうことにした。ねらいは、充実したキャンパス・ライフを、ひいては充実した人生を送ることにある。

　この自戒づくりは、これまでの試みのなかで自分がもっとも試される厳しいものとなっている。ポイントは、①自分が生きるために採用しているルールの束の発見、②そのルールが自分をしあわせにしているかの確認、③自分が生き生きと生きるためのルールづくり、などにある。結局、これは大人になるための階段となる。

この授業実践にとりくんだのは、甲南女子大学と神戸看護専門学校の学生である（¶15）。

¶15 〈授業の概略〉
　プロジェクトを実施した授業は、甲南女子大学人間科学部人間教育学科の専門科目で3年生対象の「教育社会学B」と神戸看護専門学校第三学科で1年生対象の基礎分野科目である「教育学」である。
　「教育社会学B」では、自戒する領域は「キャンパス・ライフ」に限定した。2回目で、自戒づくりレポートの課題を配布。レポートの提出は、1月中旬。提出者は、77名。『出会いカンタービレ』（2007）に収録したのは、全員分。
　「教育学」では、自戒する領域を広げ、「デイリー・ライフ」とした。4回目で、自戒づくりレポートの課題を配布。レポートの提出は、1月下旬。提出者は、41名。『出会いカンタービレ』には、紙面の都合で収録せず。

　「自戒づくり」の試みをまとめる自戒録（自戒レポート）は、以下の4項目から構成されている。ここでは、「教育社会学B」用に用意したものを提示しよう。なお、「教育学」では、〈自己紹介〉欄の文言のうち、「キャンパス・ライフ」が「日常生活やキャンパス・ライフ」となっている。

〈自己紹介〉　キャンパス・ライフにおける、自分にとっての美しさや気持ちよさにかかわる行動基準を、微妙な差にこだわり、好き嫌いの形式で、3セットほど簡潔に表現。次項の〈私の戒め〉にかかわる内容を1セット以上いれる。
〈私の戒め〉　キャンパス・ライフをふりかえってみて、キャンパス内で自分が行動するときに、これから新たに自分に課し、しばらく心がけたい「自戒」（たとえば、自分が人にされるとイヤだし、もし自分がしたら人もイヤな思いをするかもしれないから、行動や気持ちの上でしない方がいいことや、これまですべきだと思っていたけどできなかったこと）を自己決定し、「〜しない」という禁止形、あるいは「〜する」という断定

　　　　　　　形(「〜しよう」は、×)で、具体的かつ簡潔に記述。
〈自戒寸評〉　実施期間を「日数」で記入。さらに、戒めを3週間以上課した結果、いま感じていることを簡潔に記入(「3日坊主でおわった」という記述は、×)。
〈授業評価〉　授業で感じたことや授業の印象を「漢字一文字」で表現。さらに、解説を簡潔に記入。

　ところで、実施期間を「3週間以上」と明示とした理由は、一般になにかを習慣化するのには、最低でそれくらいの時間を要するといわれているからである。

3.「テキスト読書会」の実施——ブックレビューの提出・朗読会・コメント交換会

　甲南女子大学の「教育社会学B」の授業は、これまでにない授業展開となった。
　まず、1回目に、2005年度前期のまじないづくりの試みをまとめた『まじない』(2005)を、サブテキストとして配布した。
　2回目で、自戒づくりレポートの課題を配布し、レポートの提出は1月中旬とした。
　3回目に、「学習成果の共有化」の試みを深化させることを目的に、テキストの『他者との出会いを仕掛ける授業』[3]を読んで、どんな気づきや学びがあったかなどを780字程度の「感想文」(ブックレビュー)にまとめる宿題をだした。感想文は実名つきでひとまとめにし、改めてサブテキスト化して配布することを連絡し、提出は11月上旬とした。
　ところで、『他者との出会いを仕掛ける授業』は、これまで紹介してきた授業実践のうち、個人研究レポートづくりと自分史エッセイづくりと幸せのレシピづくりの3つをまとめたもので、この授業ではじめてテキストとして採用した。これを利用することによって、さらなる学びの成果の共有化を図るとともに、新たな試みである「自戒づくり」への動機づけを高めたいと考えた。

宿題の提出時期と重なる6回目の冒頭、自戒づくりのさらなる説明をしてほしいとの声を受け、補足説明用の資料を用意し、自戒づくりの試みが、自分が自分であるための意志力を育てることをサポートする役を担っていることと、さらに自戒を自分のものとすることにより意志力を育てることができたなら、それは自己成長につながっていくことを話した。

　8回目のラストに、提出された全員分の感想文をひとつにまとめ、編集を加えたものを学生に配布した。学生のなかには、実名つきで配布することを失念していた人もいて、とまどいを隠せない人もいた。

　9回目のラストに、感想文の内容が予想以上に充実していて、私自身が読みながらとても感動したため、急きょ学生一人ひとりの感想文に対する感謝のメッセージを送ることにし、それを「『他者との出会いを仕掛ける授業』評へのミニコメント」（以下、著者評）としてまとめ、全員に配布した。そして、次回の授業では『他者との出会いを仕掛ける授業』について授業を実施することを案内。そのために、テキストと感想文と著者評の3つをもってくるように連絡した。さらに、この日は、2006年度前期の、自縛返しづくりと流転対話づくりと自縛解きづくりの3つの試みをまとめた『雨、あがる』（2006）を、新たなサブテキストとして配布した。感想文を配って1週間がたち、この日学生と話をすると、実名がでるとは思っていなかった学生も、でてしまったものはしょうがないし、こうしてでてしまうと、素の自分を知ってもらえて、かえってよかったという反応に変わりつつあった。

　10回目は、まず導入として、人生における挫折と希望の意味を考えてもらい、未来を切り拓いていくには、個人の自助努力はもちろん、他者との出会いが必要なことを話した。その際、学内外を問わず、たまにしか会わない友達や知りあい程度の友達の存在に注目するよう、促した。弱い結びつきでつながった、いわゆる「ウィークタイズ」の友達は、たとえ同じ学内学科学年の友達だったとしても、自分とは違う世界に生き、自分とは違う価値観や経験をもっている。このため、自分の頭では考えられなかったさまざまな多くの情報を得ることができる。〈自分試し〉〈自分さらし〉のためには、島宇宙化したいつもいっしょにいる、かぎられた「ストロングタイズ」の仲間に安住しないことも、ときには必要だ、と語りかけた。

　続いて、基本的に5人1組をベースとする15グループに受講生をわけて、

PL13～自己開陳プロジェクト「テキスト読書会」を行った。まず、書き手本人の肉声による感想文（ブックレビュー）の朗読会を行った。これは、他者との出会いを、ただ文章を目で追うだけの文字的なものにとどめず、肉声を介することで身体的なものにするためである。朗読する本人にとっては、自己表現（セルフ・アサーション）の能力を高めることもできる。朗読会の実施を予想していた学生はまったくおらず、まさかの授業展開で、教室全体に緊張と不安が交錯した。しかし、ここでは勇気をだして、朗読するしかない。こうして、いつもの自分ではしないこと、できないことに次々とチャレンジしていくことになった。

その後、それぞれの感想文に対するコメント交換会をした。これは、他者への関心を高めるために、そして自分を知ってもらうためである。

この日に提出された授業感想に書かれていたコメントは、勇気をだした結果として得た、よかった体験やうれしかった体験などが書かれた、とてもいいものだった。そこで、ここでも急きょ学生一人ひとりの授業感想のみをまとめて、学生に配布することにした。もちろん、これはすべて匿名扱いである。

11回目のラストでは、次回の授業で自戒づくりレポートのヒントとなる内容についてのレクチャーと、レポート作成のための相談会を実施することを連絡した。そのために、できるだけ仮原稿を用意して、授業に参加するようにと案内した。

12回目のはじめに、前々回分の授業感想をまとめた「〈『他者との出会いを仕掛ける授業』評の朗読会とコメント交換会〉に対する授業感想」を配布した。

その後、自戒づくりレポートのヒントとなるよう、教育における自由と不自由の問題について、さまざまな角度から4～5人ずつの少人数でのディスカッションをしてもらった。

いよいよ授業のラスト10分で、学生同士のピアサポートという形で、自戒づくりレポートについてお互いに直接的な意見交換をしてもらった。「必要があれば、私にも声をかけてください」と伝えたが、終始学生同士で会話を重ねていた。

12月最後の13回目では、自戒づくりの補足資料として、3つの新聞記

事(4), (5), (6)のプリントを配布した。

　レポート提出後にあった15回目では、提出されたレポートに不明な部分のあった人たちに訂正を求める時間を設けた。

　なお、神戸看護専門学校の方は、12月上旬の10回目のラストに、自戒づくりの意味についてコメントし、11回目の後半とレポート提出直前の13回目に学生同士のピアサポートという形で、自戒づくりレポートについてお互いに直接的な意見交換をしてもらった。

4.「テキスト読書会」の反応──学習過程の共有化

1）初年度の反応

　甲南女子大学の10回目では、テキスト読書会として感想文の朗読会に続いて、感想文に対するコメント交換会を実施した。これは、感想文という「学習成果の共有化」だけでなく、その朗読会とコメント交換会という「学習過程の共有化」による学びの共同体づくりを目指すものであり、共生していることを実感できるようにもくろんだ。その様子を当日の授業評価（2006年12月4日分）より、なんらかの言及のあったもののみをチェックし、内容を分析した。この日の出席者75名のうち、62名分（82.7％）が対象となった。

　授業展開とともに、そこではなにが起きたのだろうか。まずは、いつもとは違う授業展開となったことで、学生のみなさんに動揺が起きたことがみてとれる。

　朗読会は、お互いに様子見で、ギクシャクした感じではじまる。不安（「不安でとまどった」15名、24.2％）や恥ずかしさ（「恥ずかしかった」11名、17.7％）の気配が漂っている。とくに人見知りする人は、緊張が高まり、イヤだったに違いない（「緊張して怖かった」9名、14.5％）。心の声をだすとすれば、「えっ、どうしよう」といったところだろう（「抵抗があって、イヤだった」6名、9.7％）。今回、感想文をキャラで書くのは難しく、素で心から正直に赤裸々に綴った人が大半だったことが、不安感を増幅している。

　しかし、朗読会をやりはじめてみると、勇気がいる（「勇気がいった」6

名、9.7％）けど、新鮮で刺激的なことに気づき、ドキドキ感やワクワク感が高まっていく（「新鮮で刺激的でハラハラ、ドキドキ、ワクワクした」20名、32.3％）。

　だんだん気持ちが入っていくことで、場の雰囲気が落ち着いていく。感想文を読む声がしていて、あたりには音が満ちているにもかかわらず、静かな空気が流れるようになる（「いつもは味わえない雰囲気や静かな空気が流れていた」2名、3.2％）。声を発するという身体性は、文字を読むだけの世界とは違う感覚を目覚めさせる（「朗読で気持ちがこもったし、気持ちをこめて感想が書けた」6名、9.7％）。

　自分と同じようなことを考えたり、感じたり、経験したりしている人がいることを知り、安心したり、パワーをもらったりしている（「自分と同じような意見や気持ち、体験の人がいる・自分だけじゃなかった」11名、17.7％）。日ごろ、仲間と本音トークをしない人ほど、そう感じるはずである。

　それだけではない。他者が、自分と同じようではなく（「違った意見や考え方、見方、捉え方をしている」21名、33.9％）、自分とは異なった思考をしている別の人格だと気づいていく（「他者や友達を知った・相手をみる目が変わった」4名、6.5％）。

　それは、自己反省的な思考を促し、（「自分と向きあって自分を知ることが大切・自分を見直したい」8名、12.9％）、自己発見につながっていく（「新たな自分を発見した」2名、3.2％）。

　今まで距離のあった人たちが、次第に近い存在になっていく（「親近感をもった・相手を近くに感じた」3名、4.8％）。

　場面は、朗読会からコメント交換会へと移っていく。交換会がおわってフリートークできたグループでは、普段話さないような人と話せたよさ（「普段話さない人や話したことのない人と話せた」14名、22.6％）や話しあうよさ（「もっと話したかった・もっと話したくなった」4名、6.5％）を発見している。時間不足でそこまでいかなかったグループでは、コメントを読むのを楽しみにしている（「コメントを読むのが楽しみ」3名、4.8％）。

　コメント交換会やフリートークを通して、他者という回路を開き（「他者という回路を開き、共有しあうことができたし、大切」5名、8.1％）、他者に受けいれられ（「他者に共感してもらえた、認めてもらえた、肯定された」

6名、9.7％）、うれしかったり安心したりして、自信がついていく（「自信がついた・成長できた」7名、11.3％）。

　こうして授業は、好感をもって受けとめられていく。うれしさ（「うれしかった・よかった」25名、40.3％）や楽しさ（「楽しかった・おもしろかった」19名、30.6％）だけでなく、安心感（「ホッとした・安心した」6名、9.7％）やスッキリ感（「気持ちよかった・解放感があった・晴れ晴れした・スッキリした」6名、9.7％）、あたたかさ（「和んだ・あたたかい気持ちになった・くすぐったかった」4名、6.5％）といった身体感覚もともなっている。

　それは、いい体験やいい経験ができた（「いい体験やいい経験をする機会となった」6名、9.7％）、いい授業だった（「有意義で、ためになる、いい授業でした」7名、11.3％）という評価を生みだしている。

　そして、テキスト『他者との出会いを仕掛ける授業』で試みてきたことの妥当性を確認する表現を生んでいる（「島田先生の授業の仕方が必要だと納得」2名、3.2％）。

　朗読会とコメント交換会の学生の反応をまとめると、以上のようになる。この試みは、学生がやるまでのプレッシャーは大きく、やりはじめは厳しい。しかし、やりおえたあとの達成感や喜びは大きい。以後、この授業では、この試みを定番化することにした。

　ただし、『出会いカンタービレ』では、感想文を収録して学習成果の共有化を進めたが、経費と文章の添削の手間がかかりすぎるため、それは2006年度後期のみのこととした。

2）　3年目の反応

　2008年後期、学科改組にともない、授業名は「子ども社会学」と変更になっていたものの、甲南女子大学でのみ実施していたテキスト読書会の試みは3年目を迎えていた。このとき提出された、テキストの感想文の内容を紹介しよう（2008年11月26日分）。

友達に相談した

＊私は、「〈自分探し〉の悪循環」という項目に釘づけになった。ここは、私がもっとも学びたかったところである。私の知りたかった悪循環の構造が、この本には書かれていた。私はこの問題を客観的に捉えることができ、今後の課題が明白になった。相手に〈自分さらし〉を先に求めるのではなく、私の〈自分さらし〉により〈他者さらし〉を促せるよう努力し、自己理解や他者理解を促進させ、そこから全体の関係性を理解していきたい。「キャラを生きる」という話では、私もかつて友達によりキャラを変え、日々生活するなかで本当の自分がわからなくなったり、こうでありたい自分、また私の思う自分とは違ったキャラでいたりすることに激しく嫌悪を感じていた。まさに、どこか自分を生きていないという心境である。キャラを生きる自分を棚にあげ、「キャラをつくらざるを得ない」とまわりの環境や他者を否定し、自ら〈他者なくし〉を誘発していた。キャラを生きることは、大学生活のなかで生まれた私の課題でもあった。柔軟にキャラを変えて生活することが一番賢く、素の自分をださなくていいからラクだと考えていた。しかし、どこかで素の自分に自信がなく、無理に別の自分を装ってまでも友達がほしかったのかもしれない。今は、たとえひとりになっても、「素の自分」をだせる場所があれば自分を見失わないですむ、「素の自分」をだせる場所が私にはある、といったように、キャラを生きることで悩むことはなくなった。このように考えが変わったのも、「友達に相談する」という形で〈自分さらし〉をしたことで自己理解が深まり、自分の存在意義、存在価値を理解する結果へとつながったからである。そしてこれは、この本を読んだことではじめて気づき、自覚することができた。

あとに続く人たちの道標になれたら

＊一番印象に残ったのは、「キャラの苦しみ　素の自分はどこに？」の箇所だ。私自身、現在４年生だが、１年生の入学したころは必死でキャラづくりをしたものだ。高校生のころに雑誌をみていたら、甲南女子大学の人がたくさん雑誌に載っていて、その人たちはとてもキレイでオシャレだった。こんな女の人ばかりいて、神戸にある大学なんてとても素敵

だなと思い、入学した。しかし、そんな人ばかりいるだろうというイメージをもって入学したために、すごく背伸びをしていた。普段はあまりしない服装をし、必ずブランド物の鞄をもち、みんなの盛りあげ役として、楽しくふるまっていた。そうやってがんばって友達づくりをしたため、グループはできたが、毎日がとてもしんどくなり、疲れてしまった。学校にいくのがイヤで、友達に話をあわせる自分がつらかった。「今日、テンション低いやん。なんで？」といわれる日々が続いた。そんな私から、みんなはすんなりと離れていってしまった。私はというと、悲しさよりもホッとする気持ちだった。キャラづくりをして得た居場所は、どんなに友達がいてもしんどかった。それ以降、私はひとりだった。2年生になっても3年生になっても、ずっとひとりだった。寂しくないといえば嘘になるが、以前のようなしんどさは一切なかった。学校にいけば、学科の友達も話してくれるし、いろんな人がいっしょにお昼ご飯を食べてくれる。無理に友達なんてつくらないでよかったんだなぁ。4年生になった今、私にはいっしょに遊んだり、相談しあったりする"大学"の友達ができた。気がついたら横に友達がいた。友達づくりにキャラなんてつくらなくていい。このことに気がつくのに4年間もたってしまったけど、「先入観」というのは恐ろしい。そのヒントは、自分史エッセイづくりをまとめた『ケルン』に載っているのだから、本当にありがたい。この私の文章が、あとに続く人たちの道標になれたらと思う。

　自分の本当の気持ちに気づき、そしてそれを大切にしようとしてリアルに受けとめ、さらに自分の生き方を変えようとするとき、一番エネルギーがいる。なぜなら、これまで慣れ親しんだやり方に別れを告げる必要があるからである。どんなことでも、動きはじめはかなり力がいる。新たなことにチャレンジするときも同じである。こんなときは、なりふりかまわず、自分から打ってでる必要がある。しかし、一気に変えるのはしんどすぎて、挫折しやすい。

　では、どうしたらいいか。学生の感想文を読むと、打開策のヒントがみえてくる。そこには、自分のまわりで、自分のやれることを、少しずつ、しかも確実にやっていったことで、あるいはやりたくないことはやめていくこと

によって、変化が起きた様子が記述されていた。「やればできる」と力むのではなく、「やるとできる」「するとできる」といったリラックスした感じでやるとうまくいっていた。

それから、素（直）になる大切さも書かれていた。

素直さについては、神戸看護専門学校のある学生が最終授業で提出してくれた授業評価用紙に書かれていた言葉が胸に迫ってくる（2008年11月21日提出）。

＊まるで、私の心を読みとっているかのような言葉。一言ひと言が胸に沁みる。こんなにも自分の心が硬く、バリアを張っているとは思わなかった。今までの私は、素直になっているつもりでしかいなかったのだ。そう気づくことができたときには、心のなかのモヤモヤしていたものがスーッととれたようになった。すると、驚くほどに視野が広がり、いつもの帰り道がとても清々しく、吹く風すら新鮮に感じるほどであった。これが本当の素直な私のあるべき姿なのだと感じた。なにをしていても楽しく、自然に笑みがこぼれる。今までイヤだと思いながらしていたことも、がんばろうと気合いが入る。なんでも前向きに考えることができた。このような体験を通して、今のありのままの自分を受けいれることが、今後の自身の成長につながっていくのだ、なにより人に優しくなれるのだと、心の底から実感した。"まずは自分が変わらなければ、なにも変わらない"と、全身で感じることができた。私の人生をも左右するといっても過言ではないくらい、一生の大切な学びになった。

まずは自分が変わらなければ、なにも変わらない。頭と心が切り替われば、あとは行動あるのみである。この点で、感想文を書き、朗読会とコメント交換会を通して、「あとに続く人たちの道標になれたら」と書いた甲南女子大学の学生の文章が役立つ。

5. 自戒録の実際

話を自戒に戻そう。

学生は、なにをどのように自戒し、なんらかの成果はあったのだろうか。30日以上試みたもののなかから、〈私の戒め〉と〈自戒寸評〉部分のみを拾ってみよう。

〈私の戒め〉　なるべく自分からあいさつをする。
〈自戒寸評〉　「30日」。自分から話しかけることが苦手なため、これまではいつも相手からのあいさつに返事をするだけだった。最初自分からあいさつするのは勇気がいり、ほとんどできていないようなものだった。でも、自分があいさつをして、相手がかえしてくれるのは、とてもうれしかった。一歩踏みだせたのではないだろうか。

〈私の戒め〉　人としゃべるとき、相手の目をみてしゃべるようにする。
〈自戒寸評〉　「60日」。相手の目をみることで、相手がどう感じているのかわかりやすくなった。真摯にものごとを受けとめることができるようになった。コミュニケーションは、目で会話することも大切だ。

〈私の戒め〉　どんなに些細なことであっても、人に親切にしてもらったときには、必ず笑顔で心の底から精いっぱい"ありがとう"って感謝の気持ちを、相手の目をみて伝える。
〈自戒寸評〉　「60日」。車椅子を使用していることで、自分に自信がもてないでいる。介助されている自分を受けいれることができず、助けてもらってすごくうれしいのに恥ずかしさで笑顔がつくれず、いつも親切にしてくれている人たちに100％の"ありがとう"の感謝の気持ちを伝えられずにいた。ある日、親切にしてくれた人の目をみて、勇気をだして"ありがとう！"とにっこりと笑ってみた。すると、にっこりと笑いかえしてくれた。すごくうれしかった。その瞬間、今まで自分が知らぬ間につくっていたバリアが崩れだし、気持ちがとてもラクになった。自然に笑顔がだせるようになった。

「笑顔であいさつする」や「人の目をみて話をする」などは人間関係の基本だが、それが大学生にとっての自戒となっていた。「知らない人には、あいさつをするな。話をするな。ついていくな」と教育された世代ならではのことかもしれない。

友人関係では、相手と距離をおいたり、適当に流したりするのではなく、向きあうことが模索されている。その結果、素の自分がだせて、相手との距離が縮まっている。

授業関係では、迷惑をかけないことをめぐって、さまざまな自戒がなされている。そのことで、授業への集中力が高まっている。

6.「自戒づくり」の試みをふりかえって——学生の反応とともに

自分の人生を自分のものとするためには、自ら自分の「目標」を設定し、チャレンジし続けていくことが大切である。やればできることも、やらなければなにもできない。

これまで実施してきた「まじないづくり」の試みや「自縛返し」の試み、「自縛解き」の試みなどでは、「なにか」をする前に「できない」といってなにもしないのではなく、それをやり遂げるために「やればできる」とばかりに自分の気持ちを高めていく試みだった。

これに対して、「自戒づくり」の試みは、「なにか」の部分を意識化するために各自が自分の「目標」となる「自戒」を設定し、ある期間（3週間以上）それを守り抜く試みとなっている。そこでは、目標をたてることや、その目標を達成するために努力し、がんばることが試される。結局、自分の意志で自分の人生を切り拓いていく姿勢が問われる。

「自戒」を守りきることができなかった人は、「目標」が現実味のあるものだったか、「目標」に甘さがなかったか、「目標」に向かってがんばることをダサく思ってはいなかったか、ラクすることやまわりに期待する（できないことやしないことをまわりのせいする）ばかりで自分の「目標」をたてられなくなってはいなかったか、などをチェックするといい。今後、自分のこえるべき課題が明らかになるはずである。頭で考えておわりにするのではなく、どう行動したらいいのか。どうすれば、行動できるようになるのか。

この授業づくりでも、持続的な行動ができる「目標」のたて方に注目する必要があることがみえてきた。いろんなレベルの学生がいるなかで、どういうレベル設定をさせていったらいいのか。

第14章
傾聴力養成

PL14〜傾聴力養成プロジェクト「聞き上手」(「傾聴力」養成講座)(2007年度前期〜)

1.「自戒づくり」の試みが残した宿題

「自戒づくり」の試みをして気づくことがいくつかあったが、とりわけ気になることが2つあった。ひとつは、「笑顔であいさつする」とか「目をみて話をする」といった人間関係の基本(人間関係力)が身についていないことである。もうひとつは、持続的な行動ができるための目標設定の仕方と行動し続ける方策についてのサポートの必要である。

これらの課題をクリアするために、次々とプロジェクトを立ちあげていくことになる。人間関係力を高めるために、2007年度前期にPL14〜傾聴力養成プロジェクト「聞き上手」(「傾聴力」養成講座)を立ちあげた。その後、これは定番化していく。

目標の設定の仕方と持続的な行動の促し方に特化した試みとしては、2008年度前期にPL17〜強化力養成プロジェクト「負荷指令」(「強化力」養成講座)が生まれた。その後、これも定番化していく。

ここでは、真っ先にスタートした、プロジェクト「聞き上手」(「傾聴力」養成講座)を紹介しよう。

2.「聞き上手」の試み

1) 学生へのメッセージ

「聞き上手」の試みをするにあたって、まずは自分の状況を知ることが、今後自分がどう行動していったらいいかを考える糸口になる。そのために、さらにこの試みをする学生を励ますために、「納得できる自分の人生を送り

たい」と自分の夢を叶えてキャビン・アテンダントになった先輩からのメッセージや、私が唱える「ワクワク・ウキウキ・ドキドキ理論」、さらには中野民夫の『ワークショップ―新しい学びと創造の場』(2001)[1]や上田紀行の『生きる意味』(2005)[2]、菅原裕子の『コーチングの技術―上司と部下の人間学』(2003)[3]らの考え方を援用した文章を用意し、学生を鼓舞した。ここでは、その文章のラスト部分を抜粋して紹介したい。

「〈聞き上手〉になるためのレッスン」に挑戦

　すべてのことが自分の思いどおりになるとはかぎらないし、それは所詮無理な話です。そればかりか、つまらないものです。恋は、壁があるといっそう盛りあがるのと同じです。壁があるからこそ、その苦難を乗りこえる歓びが生まれ、乗りこえたあとには達成感や充実感で満たされます。

　そこで、どの分野で自分は達成感を得るのか、充実した人生を送るかが問題となります。

　それをみつけるには、自分のキャンパス・ライフにおいて、「譲れないなにか」（生きる意味：自分が人生において大切だと思うもの）をもつことが大切です。「譲れないなにか」がなければ、人生は空しいです。たとえいい大学に入ったとしても、入ることだけが目的なら、入っておわりで、先がみえず、空しいです。入れなかったら入れなかったで、未練タラタラで「おもしろくない」「つまらない」を連発するだけで、空しいです。

　「譲れないなにか」以外のことは、自分にとってはどうでもいいことで、あまり気にならないし、気にしないことです。

　あなたにも、きっとできます。「譲れないなにか」の実現をサポートするために、だれにでも必要なコミュニケーション能力を高める試みに挑戦してもらいます。題して、「〈聞き上手〉になるために」。ねらいは、**充実したキャンパス・ライフを送る**ことにあります。それには、自分が自分の人生の主人公となる必要があります。

　この文章を受け、学生は指定された期間内で、「聞き上手」になるためのレッスンを受けることになる。

2) **実践にとりくんだ授業**

この授業実践にとりくんだのは、3大学の5つの授業である（¶16）。

¶16 〈授業の概略〉

　プロジェクトを実施した授業は、甲南女子大学では、全学共通科目で1年生対象の「自分の探求」と、甲南女子大学人間科学部総合子ども学科の専門科目で2年生対象の「教育社会学」（学科改組にともない、新学科の総合子ども学科2年生のみ対象）、人間科学部人間教育学科の専門科目で2年生対象の「教育社会学A」（総合子ども学科2年生以外が対象）。島根県立大学では、教職科目で3年生対象の「教育方法論」。島根大学では、教職科目で3年生対象の「特別活動指導論」。

　「自分の探求」は、教師2名によるティームティーチングで、初回の全体オリエンテーションと、それに続く7回分の授業を担当。3回目で、聞き上手になるためのレポートづくりの説明。4回目から6回目まで、随時レポートづくりに役立つワークショップの実施。6回目の後半から、レポートづくりに着手。7回目は、レポートづくりの続行。麻疹発生のための全学休校の関係で1週間順延での開講となった8回目は、聞き上手になるためのワークショップの実施に続き、レポートの完成と提出。提出者は、33名。『島梟の森』（2007）に収録したのは、30名分。

　「教育社会学」と「教育社会学A」では、6回目のラストに、レポートづくりの説明。10回目は、聞き上手になるためのワークショップの実施（ただし、麻疹発生のための全学休校の関係で、「教育社会学A」はこの日から授業日が1週間ずつ順延）。12回目のラストに、レポート作成のためのピアサポートの実施後、レポートの提出。「教育社会学」と「教育社会学A」の提出者は、それぞれ106名と67名。『島梟の森』に収録したのは、102名分と59名分。

　「教育方法論」では、8月上旬に夏期集中講義として4日間開講し、1日目最後の授業開始時に、レポートづくりの説明。2日目の2時間目後半と3日目の4時間目冒頭に、聞き上手になるためのワークショップの実施。4日目の2時間目後半に、レポート作成相談会を開くと同時に、ピアサポ

ートを実施し、レポートの提出。提出者は、14名。『島梟の森』に収録したのは、全員分。

「特別活動指導論」では、8月下旬に夏期集中講義として4日間開講し、1日目の2時間目のおわりに、レポートづくりの説明。2日目の2時間目に、関連講義。3日目の2時間目に関連講義と聞き上手になるためのワークショップの実施。4日目の3時間目のラストに、レポート作成相談会を開くと同時に、ピアサポートを実施し、レポートの提出。提出者は、117名。『島梟の森』に収録したのは、115名分。

ところで、〈聞き上手〉になるためのレッスンは、雑誌『AERA』で紹介されていた、以下の「"聞き上手"になるための10か条」[4]に挑戦する企画である。

①相手に関心をもつ
②会話を勝ち負けの道具にしない
③相手から視線を外さない
④話を最後まで聞く
⑤わかっていることでもあえて聞く
⑥否定的に聞かないで、肯定的に聞く
⑦相手の言葉の意味を確認する
⑧むやみに励まさない
⑨先回りして結論をださない
⑩反論するときは「私」を主語にする

いきなり10か条すべてに挑戦するのはなかなか難しい。また、人によってはすでにクリアできている課題もある。そこで、これらのうち、とくにどれか3項目を意識し、授業を含めた日常生活で一定期間（3週間以上）にわたって試してもらった。

当初、甲南女子大学の3つの授業では、実施期間をレポート提出までの6週間のうち、3週間以上にわたって試してもらう予定だった。だが、麻疹発生のための全学休校の関係で、「自分の探求」と「教育社会学A」は実施期

間が1週間延長となり、結果的に7週間のうちにしてもらうことになった。集中講義となった「教育方法論」と「特別活動指導論」は、4日間である。

なお、「〈聞き上手〉になるためのレッスン」の顛末をまとめるレッスン録（聞き上手レポート）は、以下の4項目から構成されている。

〈自己紹介〉　キャンパス・ライフにおける、**自分にとっての美しさや気持ちよさにかかわる行動基準**を、微妙な差にこだわり、好き嫌いの形式で、3セットほど簡潔に表現。次項の"聞き上手"にかかわる内容を1セット以上いれる。

〈私の課題〉　「"聞き上手"になるための10か条」の現状評価を100点満点で。続いて、とくに挑戦する3項目をピックアップ。

〈なじみ度〉　事後評価を100点満点で。続けて、挑戦して感じたことや考えたこと、今後の課題などを簡潔に記入（150字以内）。

〈授業評価〉　授業で感じたことや授業の印象を「漢字一文字」で表現。さらに、解説を簡潔に記入（100字以内）。

ここで工夫したのは、〈私の課題〉で「"聞き上手"になるための10か条」の現状評価をし、〈なじみ度〉で事後評価をすることで、自己成長による達成感や充実感を目にみえる形で表現してもらうことで、自己肯定感や自信がもてるように仕掛けたことである。

3. ワークショップ「悩み相談会」の実施

「〈聞き上手〉になるためのレッスン」では、「聞き上手になるためのワークショップ」を2つ実施した。

まずは、「悩み相談会」である[5]。悩み相談会では、できるだけ見知らぬ者同士で4人1組となり、相談者は相手にあまり負担にならない話題を選んで相談事をもちかけ、被相談者は共感的態度で聞いて解決のためのアイデアをだしあう。最後に、グループごとに聞き上手と話し上手の人を選出し、栄誉を称えあう。

ここでは、「教育社会学」と「教育社会学A」の授業でワークショップを

実施した日の授業評価より、その日の様子を把握しよう。該当する10回目の授業は、2007年の6月11日と6月18日である。

　まず、「私は、とくに自分の話をするのが苦手だと思う。話にオチがないし、まとまっていない。でも今日、「ほとんど初対面なのに、ちゃんと話を聞いてくれてるんだな」と思って、こわいながらも話すことができた。練習はまだまだ必要だと思う」や、「聞き上手な人は、受けいれる心の余裕がある人なのだと思う。受けいれようとしている人なのだと思う。「いっしょにいて楽しくなるのは、聞き上手だから」ということがわかれば、少し気をつけることで、だれでも聞き上手になれるのだ。まわりをみて、イメージすることから聞き上手になれる。心がけが大切なんだなぁ」などのように、心がけや練習の必要性を実感する声があがっていた。

　それから、「「赤の他人に悩みをいうなんて、抵抗があって、イヤだ」と思っていたが、意外とぜんぜんイヤじゃなかった。「テキトーな悩みで、ごまかそうかな」と最初思っていたけれど、他の3人の真剣な悩みを聞いて、自然に「私も聞いてもらいたい」「よいアドバイスをもらえるかもしれない」と思うようになった。的確なアドバイスをもらえたわけではないが、聞いてくれただけでスッキリした。赤の他人だったからこそ話せた、とも思った」や、「悩み相談会が、けっこう楽しかったです。自分にとって重かったことが、軽くなったように感じました。私が最初で、聞いて答えてもらってラクになったから、他の人にもラクになってもらいたいなと思いました」などからは、話を聞いてもらってスッキリし、心が軽くなったり落ち着いたりしたことがみてとれる。

　「相談する」という手法のよさを指摘するものに、「今日の体験は、とても貴重なものになりました。はじめて会った人の悩みを聞いているだけで、親しい間柄になったような感覚を味わい、驚きました。私も相談をしているうちに、その空間が居心地のよいところに変わりました。不思議なもので、人は悩みを打ち明けたり、誠実な姿勢で相談にのったりすることで、仲が深まるものですね。もっと話をしたいと思いました。この教室にいる人たちとどんどん会話できるようになって、うれしいです」がある。

4. ワークショップ「レポート作成のためのピアサポート」の実施

2つ目のワークショップは、「レポート作成のためのピアサポート」である。ここでも、「教育社会学」と「教育社会学A」の授業でワークショップを実施した日の授業評価より、授業の様子を紹介しよう。該当する12回目の授業は、6月25日と7月2日である。

ワークショップでは、「書き方のポイント11か条」[6]を示して、レポートの仮原稿を自己チェックするとともに、受講生同士でクロスチェックしてもらった。これについて、「自分で完璧と思っていたレポートも、人にみてもらうと間違いだらけで、驚いた。自分の視点と他者の視点は違う」や、「人にみてもらうことで、とてもうまく文を整えることができた。いらない形容詞をたくさんつけて、文章をダラダラ書いてしまっていることに気がつけた」などには、第三者の目が入ることで、自分の書いた文章を客観視することの大切さが書かれていた。それが、「私が書いた文章は、自分だけがわかっている文章だった。相手に読んでもらうと、自分がいいたいことがちゃんと伝わっていなかった。はじめて読む人にもわかってもらえるような文章を書けるようになりたい」とあるように、人にわかってもらえる文章を書きたいという向上心につながる学生もいる。また、「自分も相手に指摘したときに「ありがとう」っていわれて、なんかうれしかった」と相手に感謝され、人の役にたつうれしさを体験した学生もいる。

漢字一文字評価についても、「ふと疑問に思った。授業感想を漢字一字で表現するというのが、みんなそれぞれ考えが違うことがみえて、人にみせてもらうことにワクワクした」とあるように、同じ授業を受けていても、受ける感じは人それぞれということで、ここでも授業や自分を客観視できたことが報告されている。

それから、「聞き上手になりたいなって、このレポートを書いていて、何回も強く思った。でも、思っただけじゃなく、先生の書いていたことを、レポートのためだけでなく実行していきたい。口先だけでなく、実行したい。それは、この聞き上手だけでなく、なにごとにおいても」では行動すること

の大切さが、また「レポートの交換をしたとき、自分から話しかけた。少しドキドキしたが、気軽に返事してくれた。安心した。知らない人に話しかけるって、前はイヤだったけど、この授業では、話しかけないとはじまらない。話しかける勇気もついた」では勇気の必要への気づきなどが書かれていた。

5. 学生の反応

1) 南女生の反応

　甲南女子大学の3つの授業は、6〜7週間のレッスンとなった。ここでは、「自分の探求」において、ティームティーチングで教えているもうひとりの先生が担当している14回目（7月18日）の授業開始時に時間をもらい、Eメールでの授業評価を自由提出にて求めた。内容的には、「聞き上手レポート」づくりを中心に感想を書くように指示した。

　人は相手ありきである〜卑屈になり、自己完結していた私
　＊島田先生に、「"10か条"あるうちの3つをなし遂げてください」といわれた。私は、大切だと全部やろうとして失敗する方なので、ちゃんと3つに絞った。私は困ったとき、相手に助けを求めておきながら、相手から意見をもらっても「他人事ならなんとでもいえる」と卑屈になり、「（そのようにしても）うまくいかない」と自己完結していた。相手に失礼だとわかっていても、どうしようもなかった。普段の会話で、私は自分の本心をどこかにおき去りにし、いかに相手を軽んじていたことか。聞くことは、私の課題だった。だから、せめて授業では、誠意をもって相手の話を聞き、また話そうと決めた。この授業を受けて気づいた、あるいは思いだした最たるものは、「人は相手ありきである」ということである。それは、私にとって否定できないほど大きなことであった。

　ここには、〈聞き上手〉になるためのレッスンを通しての自己発見と、それをふまえて今後も「10か条」にとりくむ意志が書かれている。総じて、レッスンは好評だった。

2) 県大生の反応

島根県立大学では、どうだったろうか。最終日の授業評価より、言葉を拾おう（2007年8月12日分）。

根拠なき自信の崩壊～とまどう私
＊この授業を通して、私はコミュニケーションを円滑にするための「聞き手」の大切さを学んだ。この授業を受けた当初、「いっさい口を挟まずに聞き役に徹する」という行為がつらくて仕方なかった。聞き役に徹することを意識すればするほど、口を挟めない歯痒さと苛立ちが募り、気を紛らわすために目を泳がせたり、体のそこかしこをつねったりした。「意識して聞き役に徹する」という行為を行うことによって、「自分は聞き手としては申し分ない人間である」という根拠のない自信は完全に崩壊した。この授業を通して、相手の話に自分の話をかぶせたり、話の腰を折ってしまったりするという、自分でも気がついていなかった自分の欠点が徐々に明らかになり、とまどいを隠せなかった。この欠点に気づいた私は、より意識して聞き役に徹することを心がけた。当初は本当に苦しかったのだが、意識して続けることによって「話を聞く」という行為そのものに慣れてきた。慣れてくると今度は相手の感じることに同調し、素直に頷けるようになり、相手に親しみを覚えられた。この4日間だけでは完全に自分を変えるところまでは至らなかったが、この先も続けていくことできっと自分は生まれ変われるだろう。

ここからは、聞き上手になることが行動目標となったことが形を変えて語られている。

3) 島大生の反応

島根大学では、どうだったろうか。ここでも、最終日の授業評価より言葉を拾おう（2007年8月30日分）。まず、聞き上手関係のものを紹介しよう。

思いこみが強すぎた〜客観的な視点にたってものごとを見極めなければ

＊この授業を通して、自分の行動や態度が相手にどんな印象を与えているかを理解した。たとえば、目線があっていなかったり、相手に対して変に構えてしまったりといったことで、私としてはたんに慣れていないだけなのに、あんなにもマイナスの印象を与えてしまうとは思わなかった。この行動や態度については、今後気をつけることにする。また、先生が授業中にいっておられた「人間関係は聞くことと話すことで決まり、聞くことの方が大切である」といった言葉や、「人は生まれたときはコミュニケーションがとれなかったのだから、コミュニケーションは磨くことができる」といった言葉には感動した。私は、「人間関係は話すことによって決まり、コミュニケーション能力は生まれつきのもので伸ばすことはできない」と思いこんでいたので、今までコミュニケーション能力を伸ばすことはあきらめていたが、今後は努力する。こうして考えてみると、私はずいぶん自分の思いこみで世界をみているのだということがよくわかる。いや、主観性が強すぎたのかもしれない。もう少し客観的な視点にたってものごとを見極めなければならない。これからは反省して、もっと多面的な考え方ができるように努力する。

　もうひとつ紹介したいのは、さまざまなプロジェクトを通して、学生に育ててもらいたいと考えている力に関する記述である。

自分にない感情や考えを学べる場になった

＊「だるい」とか「めんどくさい」が口癖の私が、珍しく授業を真剣に聞いていた。それは、この授業が私にとって必要なものを補ってくれる気がしたからだ。これまでの人とのかかわりを見直してみると、相手にどう思われているかがすごく気になったり、相手の性格を決めつけたりして、自分から積極的に話しかけることを避けてきた。しかし、この授業を受けて、知らない人と会話したり、触れあったりすることで、いろんな人とのかかわりあいは大切なことだと気づいた。また、自分にない感情や考えを学べる場にもなった。4日間という短い時間のなかで、こんなにも自分の考えが変わるとは思ってなかったため、びっくりしている。

第Ⅱ部　実践研究

　　今では、なぜあんなに避けてきたのだろうと、不思議に思うくらい前向きになった。私が教える側になったとき、ただ教科を教えるだけではなく、今回の体験を生かして、他人とかかわることの楽しさや向きあうことの大切さを伝えられるような教師になりたいと思った。このような場に出会えて、ほんとによかった。

　こうした授業評価は、必ずしも「〈聞き上手〉になるためのレッスン」だけによるものではないが、4日間という短い時間でも〈自分試し〉や〈自分さらし〉や〈自分開き〉に向けて、いいきっかけを提供していることがみてとれた。

6.「聞き上手」の試みをふりかえって

1）定番化とその後の変更点

　この試みは、集中講義ではとりわけ定番化するのにふさわしいと考えるようになった。「〈聞き上手〉になるためのレッスン」は、その後2008年度は「傾聴指令」、2009年度以降は「傾聴力」養成講座と名称は変わるものの、実態はほとんどそのまま島根県立大学と島根大学で行う4日間の集中講義では必ず実施するようになった。また、2010年度には、再び甲南女子大学の講義でも行い、さらに神戸看護専門学校でも行うようになった。2008年度以降に実施した授業の授業評価などの記述から判断して、その都度学生の反応は期待にたがわぬものになっているようである[7]。

　とはいえ、2009年度に実施するにあたって、"聞き上手"になるための10か条」のうち、第6条の内容を少し変更した。それまでは、『AERA』で紹介されたものを尊重し、「⑥否定的に聞かないで、肯定的に聞く」を踏襲していたが、この条文の内容は不十分だと考えたからである。レッスンをはじめた当初から、学生には、「"肯定的に聞く"といういい方は、ある意味でわかりやすいが、本当は"受容的に聞くことが大切だ"」と説明していた。

　ここでいう「受容」とは、相手のいうことを認めたり肯定したりすることではなく、非受容の言葉をかえさないことである。この態度は、アクティブ・

リスニング（傾聴法）の基本といえるものである[8]。否定的はもちろん、肯定的に聞くことがまずいのは、一度肯定してしまうと、あとの会話の流れが決まってしまい、話がうまくふくらまなかったりする。なによりもまずいのは、十分に聞かずに肯定してしまい、あとで誤解に気づいて訂正したりすると、話す方は裏切られた気持ちになり、イヤな空気が流れ、受容を妨げる。

ところが、2007年度と2008年度に提出された学生のレポートを読んでいると、第6条について授業時に口頭で行った私の説明が十分に伝わっていないようだった。そこで、2009年度からは、レポート作成を指示する文面で、「⑥否定的に聞かないで、肯定的に聞く」という表記をやめ、新たに「⑥否定も肯定もせず、相づちを打つなど受容的に聞く」とし、学生にトライするように促すようになった。

2) 学生はどの課題に挑戦したのか

ところで、学生は、「"聞き上手"になるための10か条」のうち、どの課題に挑戦したのだろうか。2007年度から2010年度にかけての4年間のデー

表7 「傾聴力」養成講座における挑戦課題（年度別）

	①	②	③	④	⑤	⑥	⑦	⑧	⑨	⑩	合計
2007年度	93	28	140	186	96	107	80	64	124	42	960
	%9.7	%2.9	%14.6	%19.4	%10.0	%11.1	%8.3	%6.7	%12.9	%4.4	%100.0
2008年度	37	14	38	84	17	36	25	21	38	8	318
	%11.6	%4.4	%11.9	%26.4	%5.3	%11.3	%7.9	%6.6	%11.9	%2.5	%100.0
2009年度	40	11	71	104	42	61	38	10	48	10	435
	%9.2	%2.5	%16.3	%23.9	%9.7	%14.0	%8.7	%2.3	%11.0	%2.3	%100.0
2010年度	78	20	76	107	36	65	44	9	55	14	504
	%15.5	%4.0	%15.1	%21.2	%7.1	%12.9	%8.7	%1.8	%10.9	%2.8	%100.0
合計	248	73	325	481	191	269	187	104	265	74	2217
	%11.2	%3.3	%14.7	%21.7	%8.6	%12.1	%8.4	%4.7	%12.0	%3.3	%100.0

注）年度別の実施大学と養成講座の実施期間は、以下のとおり。
　　2007年度は、〈6～7週間コース〉（南女）と〈4日間コース〉（県大＆島大）。
　　2008年度と2009年度は、〈4日間コース〉（県大＆島大）。
　　2010年度は、〈5～6週間コース〉（神戸看護専門＆南女）と〈4日間コース〉（県大＆島大）。

タを検証しよう（表7）。

　全体でみると、4年連続でトップは変わらず、「④話を最後まで聞く」がきている。普段、いかに人の話を途中で折っているのかが窺える。話したがりが多く、聞き手不足が垣間みえる。

　トップ3まででは、4年連続で「③相手から視線を外さない」が入っている。「KY」（空気読めない）という言葉があるが、人の表情をみなければ、空気が読めなくなるのも当然のことだろう。

　その後、「⑨先回りして結論をださない」「⑥否定も肯定もせず、相づちを打つなど受容的に聞く」（否定的に聞かないで、肯定的に聞く）「①相手に関心をもつ」などが続いている。これら3つのうち、「⑨先回りして結論をださない」は「④話を最後まで聞く」の、また「①相手に関心をもつ」は「③相手から視線を外さない」の延長線上にあるだろう。

　そうしたことを勘案すると、「④話を最後まで聞く」「③相手から視線を外さない」「⑥否定も肯定もせず、相づちを打つなど受容的に聞く」の3つが、「傾聴力」アップのための基本中の基本といえそうである。

第15章
対話力養成

PL15〜対話力養成プロジェクト「7つの質問」〔質問個人企画版〕(2007年度前期〜)

1. コミュニケーション能力の必要

　大学で、キャリア教育に重点がおかれるようになってきた。人が仕事につこうとするとき、なによりも求められるのは「コミュニケーション能力」だろう。それは、ただたんに雑談ができることを意味しない。必要とされるのは、適切で的確な情報のやりとりと感情のわかちあいである。これらの要素がそろってこそ、いい仕事がいい人間関係のなかでできる。

1) 自分語りする若者

　ところで今、他者との会話がうまくできない、いやそればかりか、そもそも他者に関心がない人が少なくない。そんな人と話をすると、延々と自分語りにつきあわされてしまう。こちらが話そうとすると、興味のある話なら聞くが、そうでない話だと途端に心がどこかにワープしてしまう。こんな相手からは、話を聞く誠実さが感じられない。話す気が失せるとは、まさにこのことである。
　それでも話を続けようとすれば、適当に話をあわせたり、無味乾燥な話に終始したりするしかなくなる。軽い気晴らし程度の話はできる。しかし、お互いがお互いを刺激しあうような感性や理性が目覚めるような話にはならない。結局、コミュニケーションを深めることはできそうにない。
　といっても、こちらもいつも深い話がしたいわけではない。それは、しんどすぎる。望んでいるのは、ときと場合に応じて自由自在にコミュニケーションがとれることである。

2) 人見知りする若者

　自分語りに興ずる学生がいる一方で、最近急増中なのは、一見聞き上手にみえる学生の一群である。しかし、その実態はといえば、うまく会話ができず、せいぜい聞き役に甘んじることしかできない、人見知りする若者である。

　これまで紹介してきた、PL13〜自己開陳プロジェクト「テキスト読書会」やPL14〜傾聴力養成プロジェクト「聞き上手」(「傾聴力」養成講座)の授業評価の記述をみていても、「人見知り」という言葉が何度かでてきている。

　「人見知り」というと、一般的には「8ヶ月不安」といわれ、生後8ヶ月ごろから起きる[1]。人はこの世に誕生して以来、見知らぬ人、なじみのない人と出会い続ける。にもかかわらず、しばらくは人見知りをしない。

　人見知りは、安定した信頼関係が培われてこそ出現する。さらに、「見知らぬ人」や「なじみのない人」を「まさにそうだ」と感じるほどに、本人の情緒性が発達して出現する。見知らぬ人やなじみのない人をうさんくさく感じるようになり、人見知りするようになる。以後、人には内と外の世界ができ、対人不安を抱えるようになる。

　不安を解消する道は、2つある。ひとつは、長期的な見通しにたつもので、他者と接触を重ねることで場数を増やし、その状況に徐々に慣れていくことである。もうひとつは、短期的な視点にたつもので、いずれ齟齬をきたすようになるものの、とりあえずできることとして、自分が信頼している人の言葉や態度を信じることである。

　ところが、いま注目する人見知りは、思春期になってから、あるいは大学生になってから人見知りする学生のものである。「8ヶ月不安」ならぬ、「思春期不安」。大学生に限れば、「18歳不安」といってもいいほど一般化しつつある。これは、人見知りに対する短期的視点にたった対処法がほころびをみせるシーンといっていいだろう。

　ここ数年、このほころびがとても気になるので、私の講義で「人見知り」をテーマにミニトークをしている。2006年度の「教育社会学A」の授業評価に、ある学生は次のように書いていた。「優柔不断で、人見知りしてしまう私は、変わりたくても変われない。"ありがとう"じゃなくて、"ごめん"が私の口癖」(2006年4月10日分:2年)と。なお、ここでは何年生の意見

かも重要だと考え、付記している。

　こうした事態を受け、2007年度前期の「教育社会学」と「教育社会学A」の授業では、「人見知り」を語る際に「信頼」をキーワードにして、学生に問いかけてみた。学生からの反響を拾ってみよう。

大学生になって人見知りに
　＊改めて、人を信じることの大切さや意味について考えた。私は、人見知りを大学に入ってからするようになった。「なんでか？」なんて考えもしなかったけど、これって自分を守る心理なんだ。中学校のころ、友達とケンカして、それから自分の心に薄い壁をつくったのかな。「この人、安心できる」とか「この人、私と似てるかも」って思った人には、壁を乗りこえて話せる。自己防衛もいいけど、チャレンジっていう気持ちで積極的な行動をしたい。やっぱり人との出会いは大切で、かけがえのないものです。(「教育社会学A」2007年5月21日分：4年)

小中学生のころに人見知りに
　＊「信頼への揺らぎ」の話、とってもガーンってきた…。人見知りをする背景にある心の内側を、先生はノンストップで心に語りかけてきた。だから、大学生になった今でも本当に信頼できる友達をつくれてないんだって、気づいた。自分が傷つくのがイヤで、傷つくことを承知で信頼を築いていこうとしなかった。大学入学当初はすべてを見失って、ウソの自分、偽りの自分で、やさしい仲間のなかにひたってきた。でも大学入って、冷静に「仲間」をみつめることができた、成長したと思っている。でも思っているだけで、小6のトキから変わってないのかな…。その答えは、もっともっと自分に課題を課して、他者とかかわっていくなかでみつかっていくのかな。(「教育社会学」2007年6月11日分：2年)

　とはいえ、「人見知りの人が他の人に迷惑をかけているか」というと、そうではない。人見知りの問題は、他者にとってというより、本人にとって他者との橋渡しをするときにそれがうまくいかない、といった程度のことである。「人見知りは悪いことなのか」、あるいは「人見知りを直さないといけな

いか」というと、必ずしもそうとはいえない。そうならざるを得ない事情があれば、自己防衛のためにも必要である。
　だが、損か得かといわれれば、損といえるだろう。強いていうならば、「人見知りの人は、自分に迷惑がかかる」といった感じである。ある学生の言葉は、このあたりの事情を説明してくれる。

> ＊人に話をしても大半は信じてもらえないのですが、私は高校に入るまで人見知りをしていました。それまで、自分から友達をつくる必要ってあまりなかったので（幼小中と、地元でみんないっしょだったから）。私の人見知りは、その人（相手）の外見や話し方で、「この人はこういう人で、こんな環境で育ってきて、友達はこんな人たちで…」と勝手に妄想して、自分にあわないと勝手に決めつけて排除していました。いつのころからかそれで損をしていると気づいたとき、人見知りを直そうとしたわけではなく、自然と"壊れていった"という感じです。人見知りが悪いことだとは思いません。が、まわりには先生が今日おっしゃった「慣れること」自体を拒否してしまう人が多いと思います。自分の好きな人くらいは、人見知りをしないでほしい、直してほしいと思うのですが、周囲の人間（友達）として、なにかかけてあげられる言葉はあるのでしょうか？（「教育社会学Ａ」2007年5月21日分：4年）

　授業では、その後コミュニケーション力を高めるためのワークショップのひとつとして、悩み相談会を実施した。そのレッスンについての授業感想に、人見知りする学生から寄せられたものがある。

> ＊今日の体験学習では、知らない人とたくさん話す機会があり、人見知りの私でもがんばれたと思います。私は話し上手では絶対にないと思うのに、私を"話し上手"に選んでくれた人がいて、新しい自分をみられたと思います。（「教育社会学Ａ」2007年6月18日分：4年）

　「できるならがんばって、知らない人とたくさん話したい」。この願いは、深く強い。人見知りする不安を解消する王道は、やはり接触を重ねることで

場数を増やし、その状況に徐々に慣れていくことである。ならば、コミュニケーションの機会を増せばいい。

2. 谷川俊太郎の「33の質問」の試み

　そのためには、どうしたらいいだろうか。そこで浮かんだのが、詩やエッセイ、脚本、翻訳など幅広い創作活動を行っている谷川俊太郎の試みである。
　谷川俊太郎の著作のなかに、『谷川俊太郎の33の質問』(1986)[2]がある。そこには、選び抜かれたであろう「33の質問」がピックアップされている。各界の著名人にこれらを浴びせ、コミュニケーションを図っている。交わされたトークは、なかなか楽しい。
　早速、私もやってみたくなった。2007年7月12日の「総合子ども学基礎演習II」(通称、2ゼミ)と「総合子ども学基礎演習I」(通称、1ゼミ)で試したところ、学生同士の会話は異常に盛りあがった。みんなの想像をこえたり、意外だったりする答えが続出した。授業はお互いを知るよい機会となった。

3. 「7つの質問」の試み

　そこでひらめいたのが、PL15～対話力養成プロジェクト「7つの質問」〔質問個人企画版〕で、「質問自体を自分でつくって、舞台をナビゲートする」という「7つの質問」の試みである。
　まず、舞台では、ナビゲーターは用意してきた質問を片手に、「質問力」と「つっこみ力」を駆使し、ゲストと対峙する。対するゲストは、どんどんくりだされる質問への「回答力」と「切りかえし力」が試される。
　舞台の流れは、ナビゲーターの立場でみると、次のようになる。

　①自分が人にしたい質問を自分でつくる
　②それらの質問をゲストに発する
　③(ゲストからかえしてもらった答えを、うなずいたりしながら共感的に
　　受けとめ、)ゲストにミニコメントをかえしたり、さらにどんどんつっ

こみをいれたりする

逆に、ゲストの立場でみると、次のようになる。

①自分にぶつけられた質問に答える
②ナビゲーターからのミニコメントやつっこみに対応する

これらの応答にかかる一舞台当たりの所要時間は、10分程度とした。この舞台を実現するために、次のような3つのステップからなるワークショップ「15の質問」を用意した。

①とりあえず質問を15個用意する
②それらを授業で用意された舞台で試してみる
③それらを洗練して、最終的に7個ピックアップする

舞台がおもしろくなるかどうか、その成否のカギを握るのは「質問の品揃え」と「質問の順番」にある。そこで、学生には、以下のような「質問作成ガイド」を用意し、考えるヒントを与えた。

　このプロジェクトの目的は、「7つの質問」をきっかけにしてコミュニケーション（対話）能力を高めることにあります。そのことの意味は広いです。第一に、相手に質問することで、相手に関心があり、相手を尊重している気持ちを伝えることができます。
　第二に、どんな質問をするかで、その人のセンスや経験が問われます。相手を元気にさせる質問があれば、そうでない質問もあります。答える気になる質問があれば、そうでない質問もあります。非常に個人的な関心から発せられる質問があれば、多くの人に共通する関心から入る質問もあります。相手を尊重する質問もあれば、失礼な質問もあります。
　第三に、どのような順番で質問するかも考慮する必要があります。答えやすい質問があれば、答えにくい質問もあります。質問の形式をみれば、回答を選択させるものは比較的答えやすいのに対して、自由に回答させる

ものはしばらく時間がかかることがあります。いきなりは答えにくいけれど、いくつかの質問を受けたあとなら答えやすいものもあります。

　第四に、相手の回答を受けて、次に話をどう展開するかも力量が問われます。相手の声や顔つきから反応をみて、次にどう話をつなげていくかということです。話題を広げる質問があれば、絞る質問もあります。話の中身を深める質問があれば、新たな話の糸口を探していく質問もあります。相手の答えがわかりにくかったり、いろいろな意味にとれたりする場合には、話の内容を確認する必要もあるでしょう。

　第五に、どんなふうにやりとりするかも重要です。出だしの空気づくりは、とりわけ大切です。明るく楽しく和やかに入り、だけどダラダラとはならず、次第にマジ（真剣）に深くなっていくような受け答えが、ナビゲーターにもゲストにも求められます。高飛車にでたり、自己卑下したりするばかりでは、対話の雰囲気は壊れてしまいます。ハートウォーミングで、受容的なやりとりが好ましいです。基本的には、質問には誠意をもって答える必要がありますが、立ちいりすぎだと感じれば、もちろんNGもありです。

　第六に、オーディエンスも、ナビゲーターとゲストのやりとりを、関心をもってあたたかく見守る必要があります。ただし、2人の舞台なので、舞台ののっとりは厳禁です。

　こうして、それぞれの個性が発揮され、自ずと自己表現が進んでいきます。実際の問答により他者理解や自己理解を深めたり、自分さらしにより他者受容や自己受容を促進したり、相互承認により他者への配慮や自己への配慮が深まったりします。

　かくして、コミュニケーション能力を養成するための「7つの質問」という企画ができあがった。この舞台をまっとうできれば、いま社会が必要としているコミュニケーション能力が高まることは間違いない。

　最終的には、学習成果の共有化を促進するために、質問部分を集めた「7つの質問」をレポートとして提出してもらい、それらを「7つの質問」集としてまとめ、学習成果を受講仲間だけでなく多くの人たちと共有することをもくろんだ。

この授業実践にとりくんだのは、4つの授業である（¶17）。

¶17 〈授業の概略〉

　プロジェクトを実施した授業は、島根県立大学では、教職科目で3年生対象の「教育方法論」。島根大学では、教職科目で3年生対象の「特別活動指導論」。甲南女子大学では、人間科学部人間教育学科3年生対象の専門科目である「教育社会学B」。神戸看護専門学校では、第三学科1年生対象の基礎分野科目である「教育学」。

　「教育方法論」では、8月上旬に夏期集中講義として4日間開講し、1日目最後の授業開始時に、レポートづくりの説明。2日目の1時間目後半に、「谷川俊太郎の33の質問」の体験学習。2時間目前半に、レポートの説明に続き、「15の質問」づくり。3日目の2時間目終了前と3時間目終了前も、引き続き質問づくり。4時間目の途中から、5人1組になり、もち時間ひとり当たり10分で「15の質問」の体験学習をし、まとめとしてお互いの質問について感想交換。4日目の2時間目後半に、受講生全員でお互いをピアサポートするレポート作成相談会で「7つの質問」を選定し、レポートの提出。提出者は、14名。『7つの質問』（2008）に収録したのは、全員分。

　「特別活動指導論」では、8月下旬に夏期集中講義として4日間開講し、1日目の3時間目後半に、レポートの説明に続き、「谷川俊太郎の33の質問」の体験学習。4時間目前半と3日目の3時間目冒頭に、「15の質問」づくり。4日目の3時間目前半に、5人1組になり、もち時間ひとり当たり10分で「15の質問」の体験学習をし、まとめとしてお互いの質問について感想交換。その後、そのメンバー同士でピアサポートするレポート作成相談会で「7つの質問」を選定し、レポートの提出。提出者は、117名。『7つの質問』に収録したのは、112名分。

　「教育社会学B」では、3回目のラストに、レポートの説明。11回目に、5人1組になり、もち時間ひとり当たり8分で「15の質問」の体験学習をし、まとめとしてお互いの質問について感想交換。その後、そのメンバー同士でピアサポートするレポート作成相談会で「7つの質問」を選定し、レポートの提出。提出者は、55名。『7つの質問』に収録したのは、51名

分。

　「教育学」は、変則開講で、最初8回は週2時間、続く6回は週1時間。3回目に、レポートの説明に続き、「谷川俊太郎の33の質問」の体験学習。12回目の冒頭に、「15の質問」づくり。14回目に、5人1組になり、もち時間ひとり当たり9分で「15の質問」の体験学習をし、まとめとしてお互いの質問について感想交換。その後、そのメンバー同士でピアサポートするレポート作成相談会で「7つの質問」を選定し、レポートの提出。提出者は、40名。『7つの質問』に収録したのは、39名分。

4.「7つの質問」の実際

　学生のつくった「7つの質問」をいくつか紹介しよう。そこでは、おもしろい質問が次々と飛びだしてくる。

①貧乏でも家族や友人に恵まれるのと、金持ちだけど孤独な生活を送るのとでは、どちらがいいですか？
②思い出の場所はありますか？
③だれにも負けない特技はありますか？
④歴史上の人物になれるとしたら、だれになりたいですか？
⑤あなたの生活に欠かせないものはなんですか？
⑥あなたが信じているジンクスはありますか？
⑦愛って、なんですか？

①年賀状はメール派ですか、ハガキ派ですか？
②自分を乗り物にたとえてください。
③なにかをはじめようと思うときにピッタリだと思う季節はいつですか？
④小さいときに聞いて、衝撃を受けた昔話やおとぎ話があれば、教えてください。
⑤自分の意見につっこみをいれられるのは苦手ですか、望むところですか？
⑥「間違ったやさしさ」という言葉から、なにを思い浮かべますか？
⑦未来の自分を想像すると、幸せな気分になれますか？

5. 学生の反応

　仲間とのおしゃべりを嫌い、ちょっとしたおつきあいも苦手とする若者が増えつつある。対人能力の低さも問題だが、人に対する基本的信頼が乏しいことが気になる。

　自分がなにかをいったりしたりすると、相手を傷つけるのではないかと心配したり、自分が傷つくのではないかと恐れたりする。この傾向が強まれば、人間関係において、相手を信頼度ゼロの人物として無視するか、全幅の信頼を寄せられる人物として依存するかになりがちで、身動きがとれなくなってしまう。

　「7つの質問」という試みをはじめて、その成果をまとめようとしていたとき、ある技法があることを知った。それは、「異和感の対自化」という方法で、対人関係の改善を図るための技法である[3]。これは、相手の言動が自分の予測と期待に反していたことからくる異和感に注目し、自他への理解を深めようとしている。異和感を覚えた場面をふりかえり、以下の8つの質問を自分に投げかけ、素直な気持ちで応答していく。

　①いつどんな異和感を覚えたか？
　②誰のどういう言動から異和感が生じたか？
　③相手の言動のどこが気に入らなかったか？
　④相手の側に正当化ややむをえない事情はなかったか？
　⑤自分の側にとらわれや相手に対する認識不足はなかったか？
　⑥相手の立場をとれなかったやむをえない事情はなかったか？
　⑦自分と相手のどこが共通し、どこが違うか？
　⑧どんな気づきが得られ、異和感はどうなったか？

　この一連の作業をすることで、自分らしい感性や生活をとり戻そうというのである。これらの8つの質問は、対人関係の改善を図るために、さらには自分が自分を理解するためにする質問で、個人の自助努力に注目する方法である。

他方、今回試みた「7つの質問」は、対人関係を紡ぐために、さらには他者を理解するためにする質問で、他者との協同作業に注目する方法である。ナビゲーターは「質問力」と「つっこみ力」が試され、ゲストは「回答力」と「切りかえし力」が試される。同じ質問をするにしても、「7つの質問」では他者が介在する分、勇気がいる。ストレスもたまるし、自分を安全な場所においてばかりはいられなくなる。

　はてさて、コミュニケーション能力を高めるためにはじまった「7つの質問」の試みは、それぞれの学生になにをもたらしたのだろうか。

　たとえば、甲南女子大学でワークショップ「15の質問」とレポート作成相談会を実施した11回目の授業後の様子はといえば、全体的にほのぼのとして、名残を惜しむ空気があたりを満たしていた。その日の授業感想を紹介しよう（2007年12月17日分）。ちなみに、この日の授業は時間が押して、舞台のもち時間は8分である。

あっという間で、楽しさいろいろ

＊出会ったこともない回答に出会えるのは楽しかったです。ナビゲーターをしたとき、答える側の存在はとても大きく、もち時間の8分は、相手が答えてくれないとひどく長く感じましたが、答えてくれると8分は短く感じました。

質問する難しさ

＊どういった質問をするかは、一見簡単そうだけど難しい。

＊質問することは、答えることよりも難しい。相手の答えから話につながりそうな言葉を拾い、会話を続けていくのは大変だ。そのことを考えて、話になりそうな質問を考えておかないと、答えをかえされたとき、本当に困る。多分、コミュニケーション以外の目的でも、質問という行為は、その内容から相手の力量をはかるいい目安だと思う。また、コミュニケーションをとる場合では、質問する側だけが一生懸命になっても変な感じの雰囲気になってしまう。できれば答える側も、質問の意図から相手の気持ちをくみとろうとする働きかけは必要だと思う。

受け答えについて
＊いま思えば、自分の聞かれたことを私も聞きかえした方がよかったかなと思います。

私のことを知ってほしい・あなたのことを知りたい
＊先週、今日の授業内容についての予告を聞いて、きたくないと何度も思った。人前で話す自信がなかった。自分で考えた質問に対し、「それ、おかしいよ」って非難されたらどうしよう…、と不安だった。しかし、いいメンバーに恵まれて、やってよかったと思った。自分が質問に答えるときも、「Yes／No」だけでなく、「なぜか」とか、自分の考えをたどたどしいながらも答えることができて、よかった。話したいことがいっぱいで、もっと聞いてほしいと思ったくらいだ。自分が考えた質問に対して、「これ、話が広がるいい質問だよね」っていってくれたときは、うれしかった。

仲よくなれた
＊このサポートをして、人は見かけじゃないことと、どんどんお互いが心を開いていっていることを感じた。そして、「もっとこの人のこと知りたい！」って思うようになった。きっかけさえあれば、こんなに簡単に人と人が仲よくなるんだなと思ってうれしくなった。

記録を残したい
＊もうずっとこれをやっていたいくらいです。すべての質問を日本の女子大生、女子高校生、女子中学生に聞きたいです。とりあえず、この授業を受けている人全員に聞いて、記録を残したいです。いっしょのグループになった子の質問もみんなユニークでかわいくて、とても幸せな気持ちになりました。また、ピアサポートしたいです。本も、できあがるのがとっても楽しみです。

予想どおり、なかなか好評を博したといえる。
ところで、授業を受けていた島田ゼミの3ゼミ生たちは、口々に「ゼミで

もう一度やりたい」といっていた。それは、A部門第5章の「5. ゼミ活性化の方法V―学生発の企画」で紹介したように、「7つの質問」という舞台の違うバージョンを3つ生みだし、ゼミ本の『キャラ立ち塾』('07)として結実していく。

6.「7つの質問」の試みをふりかえって

この後押しも受け、「7つの質問」の試みは、PL13〜自己開陳プロジェクト「テキスト読書会」とPL15〜対話力養成プロジェクト「7つの質問」〔質問個人企画版〕とともに定番化していく。

第16章
利他力養成

PL16～他者探しプロジェクト「利他指令」(転じて、「外開指令」)(2008年度前期)

1.「利他指令」の試み

1) 学生へのメッセージ

〈自分探し〉の隘路から抜けだすには、〈自分試し〉や〈自分さらし〉だけでなく、〈他者探し〉が必要である。そこで、〈他者探し〉に特化したプロジェクトとして、PL16～他者探しプロジェクト「利他指令」(転じて、「外開指令」)を実施することにした。

学生に、レポートづくりの説明をする際には、森真一の『ほんとはこわい「やさしさ社会」』(2008)[1]に触発されながら、以下のような文面を用意し、学生にトライするように促した。ここでは、その文章の一部を抜粋して紹介したい。

1.「自由と不自由」の不思議な関係
　—中略—。
4)「自分探し」ブームの帰結～「透明な自分」の誕生
　他者に目をやることや他者を目にいれることを失うと、視線は自然と内向きとなり、「自分探し」が習い性のようになります。他者とのかかわりを恐れ、自分から率先して傷つく場面を回避し続けるようになります。「傷つく自分」を認めるのがイヤなので、「人を傷つけたくない」などといいかえて、人間関係からますます後退していきます。これでは、傷つくことへの耐性や傷ついた自分を修復する力がつきません。自分を守りきれなくなるくらい追いこまれたら、もうキレるくらいしかできません。
　内へ内へとこもるようになると、なにかができるようになって「自己有

能感」が育ち、自信をつけていくような環境から遠ざかっていきます。環境を失うばかりではなく、自らそのチャンスをしらみつぶしにすることで、「自己無能感」を営々と維持するようになります。「自信がない」若者が増えているのも頷けます。正確には、「自信をつけてきてない」というべきでしょうが…。

　まわりとのかかわりがなくなることで、自分の影が薄くなり、不透明化し、やがてすっかり脱色した「透明な自分」が誕生しました。これが、「自分探し」ブームの行き着く先でした。

　―中略―。

2. 〈利他〉指令の試み
1) 他者と向きあう必要～人生を棒にふらないために

　では、どうしたらいいのでしょうか。私は、自分の気持ちを優先させる内向きの生き方を見直し、生きるベクトルを外向きに調整し、バランスをとる必要があると考えています。自他ともに生かしあうために、改めて「他者と向きあう必要」があるでしょう。

　そこでみなさんには、〈利他〉指令に挑戦してもらいます。ねらいは、「いい距離感で人とうまくかかわれるようになること」と「ちょこっと人の役にたてるようになること」にあります。「他者を生かすことで自分を生かすようになること」といってもいいでしょう。お互いが補いあう「相補性」と、お互いの総和以上の大きな力になる「相乗性」のなかで生きる生き方を模索できないでしょうか。

　―中略―。

2) 〈利他〉指令にとりくむ際のポイント～相手の自由を尊重し、自分も楽しむ余裕を

　逆に、自分の人生を自分以外のものにも積極的に使っている人、人の役にたつことを自然にできる人たちとつきあうと、人生が豊かになっていきます。自分が尊敬できる人、大切に思える人と、いい人間関係をつくり、発展させていくことが〈自分づくり〉につながっていきます。「存在感のある人」「自分をもっている人」になっていきます。

　人が人の役にたつ形は、いろいろあります。どんなふうに人の役にたつことが、人間関係を育み、自分の影を濃くし、自分をとり戻していくこと

になるのでしょうか。

　トライする際のポイントは、楽しいことをするのではなく、人の役にたつことを楽しむことです。それから、感謝やお金、愛情などの代償を期待しないことです。相手には相手の人生があるのですから、相手の自由を守ることや、相手と自分は完全に対等であることを認識する必要があります。その上で、「どうしたら人の役にたつのか」と考え、それを〈利他〉指令にまとめ、チャレンジしてください。

　ノートハンターのように相手に対して一方的な要求をしたり、相手の自由を束縛したりするような関係にならないように、自分を戒めなくてはなりません。

　もちろん、ノートを貸し借りすること自体には、なんら問題ありません。ノーティー!?になるにしても、お互いに困ったときに助けあうのはいいことです。自分でノートをとったものをただ貸すだけでなく、仲間のためによりよいノートをつくりあげ、その内容について相手に説明する機会があれば、教えることで理解はますます深まるでしょう。自分のプレゼンテーション能力もあがっていきます。教えられた相手もいい成績がとれれば、嫉妬されることもなくなります。

　〈利他〉指令では、関係をもつべき人とどう関係を保ち、関係をもつべきでない人とどう距離をおくかが試されます。

3）〈利他〉指令の作成と実行方法

　自分のチャレンジが、自他にもたらすものはなんでしょうか。これを知るために、「**とりあえず、ちょこっと人の役にたつためのなんらかの〈利他〉指令を自分に課し、実際にしばらく行動する**」という課題に挑戦してもらいます。

　とりあえずなんでもいいから、「なにか人の助けになることをする」ことです。どうすればいいかというと、「自分から先になにかをする」といいです。なにも思いつかないようなら、「おはよう」とか「こんにちは」といった言葉かけをしてみるのもいいでしょう。また、なにか質問を投げかけ続けるというのもいいです。「それ、なに」「それ、どうしたの」などの軽いところから入り、「どんなこと感じたの」「あなたはどう思うの」というふうに、話を広げていくといいです。それから、「人から好かれるた

めに、自分はなにができるか」を考えるのもいいでしょう。あれこれしていると、そのうちギブ・アンド・テイクの関係が自然に!?できあがり、人の役にたつことが自分にはねかえってくることを実感できるようになるかもしれません。ともあれ、「とりあえずやってみよう」の精神が大事です。

　日数的には、**最低 21 日（3 週間）以上にわたってトライし続けてください。〈利他〉指令の文章は、「～しよう」ではなく、「～をする」という断定形で記述してください。**指令は、すごいことでなくて、ささやかなことでかまいません。なにか新しいことをはじめてみることが大切です。自分でやったら、その日からすぐに結果がでるでしょう。

2）　実践にとりくんだ授業

　この文章を受け、学生は指定された期間内で、「利他指令」を実行することになる。この授業実践にとりくんだのは、甲南女子大学の 2 つのクラスである（¶18）。

¶18　〈授業の概略〉
　プロジェクトを実施した授業は、総合子ども学科の専門科目である「教育社会学」の 2 クラスで、総合子ども学科 2 年生のみを対象とするクラスとそれ以外の学生を対象とするクラス。いずれのクラスも、6 回目に、レポートづくりの説明。レポートの提出は、6 月下旬から 7 月上旬まで。提出者は、それぞれ 125 名と 72 名。『とりあえずやってみよう！』(2008) に収録したのは、111 名分と 60 名分。

なお、利他指令録（利他指令レポート）は、以下の 3 項目から構成するように指示した。

〈利他指令〉　指令内容を簡潔に記入。
〈利他結果〉　最初に、実施期間を「日数」で記入。続いて、'どのように声をかけたり行動を起こしたりしたか' と '結果' をできるだけ簡潔に記入。

〈自己発見〉 指令を実施して気づいたことを「漢字一文字」で表現し、ミニ解説。

2.「利他指令」、転じて「外開指令」となった経緯

　学生から提出されたレポートをみると、利他指令というにはほど遠いものが少なくなかった。その結果、この試みは当初「利他指令」と呼んでいたが、のちに転じて「外開指令」と呼ぶことになる。これに連動して、利他指令録は「外開指令録」と呼ぶことにする。これにともない、『とりあえずやってみよう！』では、〈利他指令〉は〈外開指令〉に、〈利他結果〉は〈外開結果〉に置換して収録することになる。
　どうしてそうなったのか。

1)「利他指令」のねらい

　「利他指令」の試みは、「私が私が」と自己主張し、自分の気持ちを優先させる内向きの生き方を見直し、生きるベクトルを外向きに調整し、バランスをとるために企画した。自他ともに生かしあうために、改めて「他者と向きあう必要」があると考えた。そこで、「いい距離感で人とうまくかかわれるようになること」と「ちょこっと人の役にたてるようになること」に挑戦してもらった。
　指令づくりのポイントは、「自分個人の問題にだけとらわれないこと」にあった。「自分ひとりの利益のためになにかするのではなく、自分のことはさておいても、世のため、人のためになることをしよう」「公共のために尽くそう」などと、いきなり大きなことを考えてやろうとしても、日々自分のことで精いっぱいでは、自発的に「なにもしないこと」を選択してしまい、なにかをやる前にあきらめてしまうことになりがちである。そうならないようにするために、自分以外の他者のために「ささやかなことでいいから、とりあえずできることからやってみよう」というわけである。

2) 大局としての「利他指令」・小局としての「外開指令」

　この試みは、感覚的にいえば、将棋や囲碁の世界でいう「着眼大局、着手

小局」といった立ち位置にある。少しずつできることが増え、強くなっていくことで、一人ひとりが明るく元気になって生き生きと生き、結果的に個人の自律性や自立性が高まる教育的な試みになればよい、また個人が身近なところで社会とのつながりの糸口をみつけることで、より不特定の人たちであふれる一般社会とつながっていけばよいと考えた。

　利他指令は、他者を視野の外においてきぼりにして内向きがちになって、自分の世界に閉じこもってしまわないようにする試みである。裏をかえせば、外に向かっていくことも忘れず、さらには自分を外側に開いていこうとする試みである。「私が私が」という利己的な世界から、「世のため、人のために」という利他的な世界へと誘い、大きな世界のなかに自分の居場所をみつけられるようにする試みといってもいい。そうした大局観のもとに、この利他指令はある。

　とはいえ、現実問題・教育問題としては、「とりあえず、小さなことから、身近なことから、できることからやっていくこと」になる。そこで、「利他」を目指しながらも、とりあえずは自分を外側に開いていこうというのである。

　この小局観のもとに、よくいわれる「内閉」という言葉の反対概念として「外開」（がいかい）という用語を新たに作成し、理念レベルでは「利他指令」と呼び、実践レベルでは「外開指令」と呼ぶことにした。

3.「利他指令」、転じて「外開指令」の試みをふりかえって

1)「外開指令」の中身

　「外開指令」を内容別に分類すると、17項目にわたった。さらに、だれに対する行為かという点から細分類すると、6項目がピックアップできた（表8）。

　5％以上の項目に着目すると、「あいさつをする」41名（23.6％）、「家事手伝いをする」31名（17.8％）、「声をかける・メールを送る・連絡をとる」19名（10.9％）、「感謝の気持ちを言葉にする」11名（6.3％）、「話をする」11名（6.3％）となっている。上位には、「おはよう」「さようなら」「こんにちは」「こんばんは」などの「あいさつをする」や、「ありがとう」「すみ

表8 「外開指令」一覧

	不特定多数	家族	友達	バイト先の客	近所の人	その他	合計
あいさつをする	26	4	2	3	4	2	41
	63.4%	9.8%	4.9%	7.3%	9.8%	4.9%	23.6%
家事手伝いをする	—	31	—	—	—	—	31
	—	100.0%	—	—	—	—	17.8%
声をかける・メールを送る・連絡をとる	8	4	2	0	1	4	19
	42.1%	21.1%	10.5%	0.0%	5.3%	21.1%	10.9%
感謝の気持ちを言葉にする	7	2	1	0	0	1	11
	63.6%	18.2%	9.1%	0.0%	0.0%	9.1%	6.3%
話をする	3	8	0	0	0	0	11
	27.3%	72.7%	0.0%	0.0%	0.0%	0.0%	6.3%
笑顔でいる	0	0	1	2	0	5	8
	0.0%	0.0%	12.5%	25.0%	0.0%	62.5%	4.6%
人の話を聞く	7	1	0	0	0	0	8
	87.5%	12.5%	0.0%	0.0%	0.0%	0.0%	4.6%
人をほめる・悪口をいわない	5	0	2	0	0	1	8
	62.5%	0.0%	25.0%	0.0%	0.0%	12.5%	4.6%
なにかいいことをする	5	0	0	0	0	0	5
	100.0%	0.0%	0.0%	0.0%	0.0%	0.0%	2.9%
人にやさしくする	3	2	0	0	0	0	5
	60.0%	40.0%	0.0%	0.0%	0.0%	0.0%	2.9%
席を譲る	5	0	0	0	0	0	5
	100.0%	0.0%	0.0%	0.0%	0.0%	0.0%	2.9%
子どもの面倒や勉強をみる	0	4	0	0	1	0	5
	0.0%	80.0%	0.0%	0.0%	20.0%	0.0%	2.9%
自分から率先して行動する	2	1	1	0	0	1	5
	40.0%	20.0%	20.0%	0.0%	0.0%	20.0%	2.9%
人に自分の感情をぶつけてあたらない	2	3	0	0	0	0	5
	40.0%	60.0%	0.0%	0.0%	0.0%	0.0%	2.9%

	不特定多数	家族	友達	バイト先の客	近所の人	その他	合計
相手の気持ちをくみとる・歩み寄る	1	1	1	0	0	0	3
	33.3%	33.3%	33.3%	0.0%	0.0%	0.0%	1.7%
気配り（心配り）をする	0	0	0	2	0	0	2
	0.0%	0.0%	0.0%	100.0%	0.0%	0.0%	1.1%
素直に伝える	1	0	0	0	0	1	2
	50.0%	0.0%	0.0%	0.0%	0.0%	50.0%	1.1%
合　　計	75	61	10	7	6	15	174
	43.1%	35.1%	5.7%	4.0%	3.4%	8.6%	100.0%

注）　内容的に2項目に該当する指令が3つあったため、合計は延べ人数でだしている。

ません」などの「感謝の気持ちを言葉にする」などがきている。

　ここからみえてくるのは、結局なにはともあれ、人間関係の基本が身についておらず、人間関係力を身につける必要性である。

2）　3つの疑問

　ところで、こうした分類を試みた結果、3点ほど疑問が湧いてきた。それは、①あいさつするのは人のためか、②席を譲るのはボランティアなのか、③「人」とはだれのことか、の3点である。それぞれ検討しよう。

①あいさつするのは人のためか

　小中学校などでの教育指導では、「あいさつ」は「基本的なマナー（エチケット）だから」とか「いわれるとお互い気持ちいいからしましょう」などと説明されることがよくある。

　事実、今回「あいさつをする」という指令を試みた結果、「自分もすごく気持ちいいし、清々しい気分になった」といった記述を残した学生が何人かいた。さらに、学生と話をしていると、「あいさつするのは人のため」と、なんの違和感もなく、ごく普通にそう思っているようである。

　これには、ちょっとアレッといった違和感を覚える。あいさつは「人のためにするもの」というより「自己防衛するために最低限必要なもの」で、厳しい現実社会をサバイバルしていくために必要なストラテジーのひとつだと

いえる。とどのつまり、「自分はあなたの敵ではない」ことを意志表示するためにある。

②席を譲るのはボランティアなのか

次に、違和感を覚えたのは、「席を譲る」という項目である。学生と話していて、「席を譲るのはボランティア」という声を耳にした。

この文脈でいう「ボランティアって、なに」という疑問が湧いてきた。時代の変化、社会の変化が「世のため、人のために」というイメージを変えつつあるのと同じように、「ボランティア」の捉えられ方も変わりつつあるようである。

「いい距離感で人とうまくかかわれるようになること」と「ちょこっと人の役にたてるようになること」を目指した〈利他指令〉が、実際に試みていくなかで、現代という時代を背負った教育活動として〈外開指令〉となっていったのは、いわば当然だったのかもしれない。

③「人」とはだれのことか

今回、「いい距離感で人とうまくかかわれるようになること」と「ちょこっと人の役にたてるようになること」を目指した。ここで、「人」とはだれのことを指しているのだろうか。

かつてなら、不特定多数の人が自然に想定されていたのではないだろうか。ここで改めて、表をチェックしよう。

5％以上の項目に着目すると、「不特定多数」75名（43.1％）、「家族」61名（35.1％）、「（学校の）友達」10名（5.7％）となっている。なるほど「不特定多数」がトップを占めるものの、「家族」や「友達」も両方あわせると4割になる。かつて「世のため、人のために」といったとき、それは公益性や公共性を目指すため、家族や友達などの身近な人を想定することはなかったはずである。その世界をこえていくことが求められた。家族や友達がいる世界は、あくまでも社会にでるための地ならしの場、練習の場にすぎなかった。

ということは、その場にさえ足を踏みこめてないのかという疑念が湧いてくる。さらには、家族すら他人なのかもしれないという疑念も湧いてくる。

「家族にボランティア」ということなのかもしれない。

第 17 章
基礎力養成

PL17〜強化力養成プロジェクト「負荷指令」(「強化力」養成講座)(2008 年度前期〜)

1.「負荷指令」の試み

1) 学生へのメッセージ

2006 年度後期に実施した PL12〜自己制御プロジェクト「自戒」が残した宿題に、目標の設定の仕方と持続的な行動の促し方がある。これに特化した試みとして、PL17〜強化力養成プロジェクト「負荷指令」(「強化力」養成講座) が生まれていく。

学生に、レポートづくりの説明をする際には、「強化学習」の考え方を応用するために、以下のような「負荷指令作成ガイド」を用意し、学生にトライするように促した。ここでは、その文章の一部を抜粋して紹介したい。

1. 自分の生かし方〜「できない」から「できる」へ
　茂木健一郎という人が『脳を生かす勉強法—奇跡の「強化学習」』(PHP研究所、2007) という本を書いています。そこには、「脳は、学ぶことがうれしくてしかたがない」と書かれています。「いったん勉強の仕方がわかると、やみつきになる。勉強の仕方がわからないうちは、勉強はつまらないものになりがちだ」というのです。

　これは、いったいどういうことでしょうか？　どのように勉強すれば、脳を喜ばせることができるのでしょうか？　それには、次の3つのしくみが必要だといいます。

　①「ドーパミン」による「強化学習」によって、脳を強化する。
　②「タイム・プレッシャー」によって、脳の持続力を鍛える。

③「集中力」を徹底的に身につける。

　「ドーパミン」とは、神経伝達物質のひとつで、「快感」を生みだす脳内物質として知られています。人間の脳は、ドーパミンが分泌されたとき、どんな行動をとったか記憶し、ことあるごとにそれを再現しようとします。2回、3回とくりかえしていくうちに、その行動が上達していきます。これが「学習」のメカニズム（強化学習）だ、というのです。
　—中略—。
　自分に負荷をかけて、「これは無理かもしれない…」というような難しい課題にチャレンジし、それに成功することで、人は以前の自分とは違う自分に生まれ変わっていきます。
　これこそ、「自分の探求」です。「自分の探求」は、「今ある自分を知る」ことにとどまらず、「新たな自分を自分で開拓していく」ところに本領が発揮されます。

2.〈負荷〉指令の試み
　そこで、みなさんには、〈負荷〉指令に挑戦してもらいます。その際、今の自分の実力を100％とするならば、「120％、130％と、自分のキャパシティ以上の負荷をかけること」が重要になります。ここには、「ラクに」という発想はありません。
　—中略—。
　さて今回、〈負荷〉指令を自分なりに設定し、日数的には最低21日（3週間）以上にわたってトライし続けてください。〈負荷〉指令は、「とりあえず、～をやってみよう！」という形式で記述してください。
　〈負荷〉指令は、ささやかなことでかまいません。まずは、とりあえずなにか新しいことをはじめてみることが大切です。「朝から晩まで」というのもなかなか続かない話なので、〈負荷〉指令はその日のうち、1分でも2分でもいいから集中してやることが重要です。
　—略—。

2) **実践にとりくんだ授業**

この文章を受け、学生は指定された期間内で、〈利他〉指令を実行することになる。この授業実践にとりくんだのは、甲南女子大学の学生である（¶19）。

¶19 〈授業の概略〉
　プロジェクトを実施した授業は、全学共通科目で1年生対象の選択科目である「自分の探求」で、2007年度まではティームティーチングだったが、2008年度からはひとりで担当。10回目に、レポートづくりの説明。13回目と14回目に、レポートづくり相談会を実施。レポートの提出は、15回目の授業終了時まで。提出者は、40名。『とりあえずやってみよう！』（2008）に収録したのは、35名分。

なお、負荷指令録（負荷指令レポート）は、以下の3項目から構成するように指示した。

〈負荷指令〉　指令内容を簡潔に記入。
〈負荷結果〉　最初に、実施期間を「日数」で記入。続いて、'どのような行動を起こしたか'と'その結果'をできるだけ簡潔に記入（100字以内）。
〈自己発見〉　指令を実施して気づいたことを「漢字一文字」で表現し、ミニ解説（100字以内）。

2. 負荷指令録の実際

学生のまとめたレポートをいくつか紹介しよう。

〈負荷指令〉　毎日、本を1頁ずつでも読む！
〈負荷結果〉　「25日」。私は、普段本を読むことがなかった。毎日読んでみるとおもしろいことがわかり、1日1頁ずつどころではな

〈自己発見〉　「楽」。私は、本を読むのが嫌いではなく、好きだった。

〈負荷指令〉　とりあえず、毎日30分、机に向かって勉強をする！
〈負荷結果〉　「23日」。家に帰って晩ご飯を食べる前の30分間、部屋で大学在学中に取得しようと思っているカラーコーディネートの資格の勉強をした。学校の勉強だと続かなかっただろう。
〈自己発見〉　「夢」。私は勉強嫌いだし、3日坊主だ。自分の夢のためだったら、苦にならない。自分の夢を叶える努力を、これからもしたい。必ず夢を叶えたいと、改めて決意した。

　負荷指令を内容別に分類すると、6項目になった。それは、①「勉強・練習関係」9名（25.7％）、②「家事関係（料理・洗濯・掃除など）」7名（20.0％）、③「寝起き関係」6名（17.1％）、④「健康関係（運動・ダイエットなど）」6名（17.1％）、⑤「儀礼（あいさつなど）」4名（11.4％）、⑥「その他」3名（8.6％）、の6つである。
　日ごろから先延ばしにしていたことが指令に選ばれたようである。課題にとりくむ時間や分量を自分が無理なくできる範囲に設定することで、これまでだと続かなかったことをどんどんクリアしていった様子がみてとれる。その結果、ものごとに向かうときの構えとして、どのように負荷をかけたらいいか、ちょっとだけコツがつかめたようだった。

3. 学生の反応

1）初年度の反応

　15回目の終了時に提出された授業評価より、負荷指令について書かれていたものをいくつかにわけて紹介しよう（2008年7月23日分）。それは、①脱「無理・しんどい・面倒」、②継続は力なり、③「あいさつ」という指令、④自分から挑戦する、⑤その他、の5つである。

脱「無理・しんどい・面倒」
＊「無理」「だるい」「めんどくさい」「あとでたぶんする…」という言葉を毎日発している私にとって、自分から自分に「負荷」をかけるなんて考えられないことだった。でも、してみたら思っていたよりもラクにできたので、驚いた。これからは、もう少し「めんどくさい」というのを減らし、ものごとに挑戦していきたい。

継続は力なり
＊負荷指令は、続けるということが大変だった。あまり勉強する習慣がなかったので、今回の課題をきっかけにこのまま続けていこうと思っている。時間を決めてとりくむこと、短時間でも続けること、これらを心がけるようにしてから、本当に覚えられるようになってきた。自分なりに成果をあげられたので、自信につながった。

「あいさつ」という指令
＊私は、「あいさつをする」という目標をたてた。実際にやってみて、「あいさつは、人と人とをつなぐもので、なくてはならないものだ」と感じた。最近、あいさつできない人が増えている。人とうまく話をしたりすることが苦手な人は、まずあいさつからはじめたらいいと思った。

自分から挑戦すると、世界が変わる、生活が変わる
＊今まで（高校生まで）なら、親や先生から「なにかしなさい」とか「手伝いをしなさい」などといわれて行動することが多かった。けど、大学に入って、まともに家の手伝いなどをしなくなった。そのような状況のなかでのこの負荷指令は、なにか忘れているものを思いださせてくれて、「なんだか新鮮だなあ」と感じた。自分から手伝いをすることは、小学生のときなら自分から進んでできていたことなのに、今の自分勝手な行動や言動を思い知らされた。これからは、この負荷指令をもとに自分から進んでいろんなことにとりくんでいきたいと思った。

その他
*私がとても印象に残っているのは、負荷指令で実行したことを短い文のレポートにすることだった。短い文章になるほど相手に伝えるのは難しいし、いらない言葉を使っていたのがわかった。それだけ言葉は考えて使わないといけないのだと感じた。

総じて、強化学習のやり方は、目標の設定の仕方と持続的な行動の促し方として有効であることがわかった。
PL17〜強化力養成プロジェクト「負荷指令」(「強化力」養成講座）は、PL13〜自己開陳プロジェクト「テキスト読書会」やPL14〜傾聴力養成プロジェクト「聞き上手」(「傾聴力」養成講座）、PL15〜対話力養成プロジェクト「7つの質問」〔質問個人企画版〕とともに、4つ目の定番となっていく。

2）　2年目の反応

定番化後、2年目にあたる2009年度は、〈自己発見〉欄の「漢字一文字」評価より、どんな発見や成果があったかを、①気持ち面の変化、②技量面の変化、③反省の弁、の3つの観点からまとめた。
「気持ち面の変化」は、さらに①楽しくなった、②明るくなった、③親やまわりの人に喜んでもらえてうれしくなった、④爽やかな気持ちになった、⑤気持ちがラクになった、に5分類できた。

楽しくなった
「楽」：体を動かす楽しさを改めて知ることができた。
「変」：続ければ続けるほど、字を綴るだけでも楽しくなってきた。
「得」：規則正しい生活にもなった。親子のコミュニケーションもとれて楽しい。
「楽」：実際やってみると、毎日料理を考えるのも、つくるのもとても楽しかった。
「慣」：慣れると楽しくなって、早く洗うことが身についた。
―中略―。

明るくなった

「明」：いつもより自分が明るくて生き生きしていた。

「明」：自分からしゃべるようになって、明るくなった。

「疲」：なんとなく明るくふるまえるようになった。疲れた。でも、まわりの態度が変化した。

親やまわりの人に喜んでもらえてうれしくなった

「慣」：親にも喜んでもらえて、うれしくなった。これからも継続して、親の助けになれるように自主的にがんばっていきたい。

「嬉」：「ありがとう」という言葉と笑顔がかえってきて、うれしくて私まで笑顔になった。自分から進んですることはとても気持ちがいい。

「甘」：母が「やっと自分からするようになったのね」と喜んでいた。やれば簡単なことなのに、母に甘えすぎていたようだ。これからは、自分から進んでなんでもしたい。

爽やかな気持ちになった

「爽」：とても爽やかで、気持ちよかった。

「締」：気持ちが引き締まった。とても爽やかな気分になれた。

気持ちがラクなった

「明」：自然と気持ちがラクになり、周囲の人々にも明るく接せられるようになった。

「楽」：自分の考えなどがまとまって、気持ちがラクになり、人づきあいがしやすくなった。

「技量面の変化」は、さらに①スキルアップできた、②自信がついた、の2つに分類できた。

スキルアップできた

「志」：自らのスキルアップにつながった。

「奏」：楽譜を読むのが早くなり、滑らかに曲が弾けるようになった。「継

続は力なり」を、身をもって理解した。
「驚」：聞き上手になれた。会話しやすい環境を、これからもつくれるようにしたい。
「聴」：聴く作業を意識的に行うことで相手も話しやすくなり、私自身も以前より話の内容を理解できるようになった。
「知」：世間のことが少しわかるようになった。
―中略―。

自信がついた
「信」：毎日続けられて、自分に少し自信がついた。

「反省の弁」は、さらに①まだまだ甘いところがある、②長続きしなかった、の2つに分類できた。

まだまだ甘いところがある
「甘」：自分に甘いところがあった。もっと努力しなくては…。
「源」：朝食を摂らずに授業を受けると、集中力が欠けた。食べ物はエネルギー源になる。毎日起きる時間を決め、朝食は必ず摂るべきだ。

長続きしなかった
「衰」：やる気は最初だけで、継続できなかった。

以上より、『「美人力」養成講座』(2009)に収録した30名中27名が強化学習の成果を実感しているようである。
　反省の弁を残した残り3名のうち2名は、自分の甘さを認め、努力の必要を認めている。残り1名は、長続きしなかったようだが、課題とした負荷が高すぎたことが影響している。
　定番化後、3年目にあたる2010年度も、『ゆっくり歩もう！』(2011)に収録した30名中29名が強化学習の成果を実感しているようである。
　なお、2010年度は、「負荷指令作成ガイド」部分をほんの少しだけ書き直した。それは、「やれば、できる！」という記述を「やるとできる！」に変

更したことである。ちょっとした違いだが、学生の受ける印象はまったく異なり、プレッシャーが大幅に軽減し、やる気が湧くという声が多くでた。

4. 負荷指令録づくりをふりかえって──3働(動)のススメ

　ところで、若者の様子をみていて気になることがある。それは、「妙な」といってもいいほどの「かたさ」である。それは、動けるものが動かないでいるために生まれた「かたさ」といえる。

　動きにストップをかける言葉の代表格は、「無理・できない・面倒・しんどい」である。これらの言葉で、自分から動くのをやめてしまう。同じように、周囲からの働きかけがあっても、この言葉で動きをとめてしまう。そのうち、まるっきり動けなくなってしまう。

　なにかが動きはじめるような変化のきっかけが訪れても、それを受けとめないし、受けいれない。成長のスイッチは、いつも OFF 状態である。そのうち、変わることが怖くなり、変われなくなっていく。

　変われなくなることで、成長の機会を失っていく。いつまでたってもバージョンアップできなくなっていく。そのみっともなさを一番痛感するのは、本人である。本来なら成長のために費やすべきエネルギーを、成長できないみっともなさをまわりから隠すために使うため、ますます成長できなくなってしまう。

　動きをとめているうちに、動かないどころか、動けなくなっていく。それまでは、何気なく動けていたことにも、妙にパワーが必要になってくる。心や体や頭が妙に重くなってくる。やがて心や体や頭が錆びついて、すっかり動けなくなってしまう。

　動けなくなってしまった人間。これを、はたして人と呼べるだろうか。

　人間も動物で、動けるものが動いていれば成長が促される。人が成長し、変わっていくには、「心と体と頭が働くこと」が基本となる。心と体と頭が働くこととは、「心を働かせ、体を働かせ、頭を働かせること」である。自他と向きあい、自然と向きあうことがきっかけとなり、感覚や感性が育ち、行動力が身につき、思考力を深めることができる。動くと、人は自然と変わっていく。そうなれば、自然と人は生き生きとしてくるし、人を生かせるよ

うになってくる。

　一般に教育の課題は、なにかのなかで、なにかと向きあいながら、そこでまさに動く人間、動ける人間を育てることにある。そのためには、どうしたらいいだろうか。

　それには、動き続けることのメカニズムの理解が欠かせない。人がその気になって動けるようになるには一定の時間がかかり、そこまではつらい。しばらくは、意識的に身体を動かす必要がある。とくに動きだしには、かなりの力がいる。動きだすのはしんどいし、面倒である。たとえ動きだしても、はじめのうちは苦しさが続く。そのうち、身体が慣れて、自然に動いてくれるようになる。不思議と気分が爽快になって、ますます動き続けられるようになっていく。心と体と頭に次々とローギアが入っていき、その気になってギアがあがっていくほど、ラクラクこなしていけるようになる。さらに、経験値をあげていけば、快適にすらなっていく。たとえば、「ランナーズ・ハイ」とか、「セカンド・ウインド」とか呼ばれる状態がそれである。

　負荷指令は、改めてこのことに気づかせてくれた。このメカニズムに気づいたなら、次は行動や習慣をどう変えるかが問題となる。

終 章
実践研究のまとめ

　1999年度から2008年度までの10年間に、次々とプロジェクトを立ちあげた。実践研究として行ったすべてのプロジェクトに共通するのは、SLGEモデルのなかで、社会変動があっても、いつの時代でもコアの部分であるS型の世界をどう確保し、その上でL型の世界やG&E型の世界をどう広げていくかという方向性である。そこで、学びの共同体づくりでは、S型の世界をコアにおき、その場を確保するなかで、さまざまな目的に特化したプロジェクトが過去のプロジェクトの成果やそのときどきの学生の状況をふまえ、新たな展開をみせた。

　プロジェクトの対象となった授業は、ゼミ形式と講義形式の2つである。以下では、それぞれのプロジェクトの成果をまとめよう。

1. ゼミ形式の授業を対象としたプロジェクトの成果

　ゼミ形式の授業を対象としたプロジェクトの成果は、どうだったろうか。

1）個人研究レポート

　ゼミ形式の授業を対象としたプロジェクトのなかでも、ベースとなった試みは、PS1〜学びの共同体プロジェクト「個人研究レポート」（1999〜2008年度）である。

　PS1では、個々人が自分の興味・関心のあるテーマを拾い、自由研究レポートを作成している。このプロジェクトは、参加した島田ゼミと會田ゼミのかかわり具合により、離陸期・転換期・確立期の3期にわけることができる。1999年度からの離陸期は、「個人研究レポート集づくり」が中心である。

スタート時は、島田関係では前後期に1ゼミ生、3ゼミ生、M1が、會田ゼミでは後期に3年生が、それぞれとりくんでいる。2001年度からの転換期は、両ゼミとも年に1度の試みとなり、3年生と4年生のみの参加となる。ただし、會田ゼミでは、4年生は個人研究レポート集づくりに代わる試みとして「卒論発表ライブ集づくり」と「ゼミ活動総括集づくり」を試行している。2004年度からの確立期は、両ゼミとも個人研究レポート集づくりは3年生のみになり、4年生は新たに後述するPS3を立ちあげ、島田ゼミもゼミ活動総括集づくりをすることにした。

ところで、個人研究レポートづくりは、学生自身になにかを知りたい、学びたい、研究したい、表現したい、伝えたい、学びの成果を共有したいという気持ちがなければ、楽しむことはできない。だが、ゼロ年代もしばらくすると、そのような気持ちを湧きたたせること自体が困難な学生が散見されるようになり、その後どんどん増加していった。最終的には、このプロジェクトは、共同実施していた會田氏が異動することになったため、2008年度で終了した。

2) 自分史エッセイ

PS1の試みをはじめてすぐに、ある問題に直面した。それは、論文をまとめる基本となる文章力不足である。文章力をつけさせていく方法を模索するなかで、自分史のやり方に「エッセイ」という形式をもちこんだ、PS2〜自己確認プロジェクト「自分史エッセイ」（2001年度）が生まれた。自分史といえば、一般に高齢者のためのものというイメージがある。そこに、「エッセイづくり」という仕掛けを用意することで、〈若者のための自分史〉という場を設定した。

PS2は、まず2001年度前期に1ゼミ生を対象に試みた。2001年度後期になると、3ゼミ生を対象に実施するとともに、講義形式の授業でも実施した。「14歳と17歳のころ」というテーマで行ったところ、エッセイを書くことで、文章力アップだけでなく自己理解を深めるとともに、学習成果としてエッセイを共有化することで他者理解が進み、エッセイを他者に伝えることの意味を発見したようである。〈若者のための自分史〉は、〈自分のための自分史〉であると同時に、〈仲間のための自分史〉となり、さらに〈あとに続く

もののための自分史〉となった。

　社会的反響も大きく、読者層の拡大という、新たな「他者という回路」を切り拓く社会的な効用があることなどがみえてきた。文章力をつける必要からはじめた自分史エッセイづくりが、より多くの読者を意識した試みへと別の歩みをはじめる分岐点となった。

　ゼミ形式の授業と講義形式の授業でした結果、ゼミ形式の授業では2001年度で中止した。他方、講義形式の授業では、PS2をPL1〜PL4に衣替えし、2002年度前期以降も引き続き、エッセイづくりの目的とともにエッセイのテーマを変えて実施することになった。こちらの方は、後述するが、新たな課題への対応を図るため、2003年度で終了する。

3)　ゼミ活動総括

　2004年度以降、PS1が3年生対象の専門ゼミのみの参加となったことを受け、専門ゼミの4年生を対象としたPS3〜学びの共同体プロジェクト「ゼミ活動総括」（2004〜2008年度）がはじまった。内容は、①「私の卒業論文」、②「私のゼミ生活」、③「Before・After・Future」の3つの柱からなっている。

　その結果、「ゼミ活動総括」をまとめることで、学びの共同体づくりが促進されるとともに、人生の次のステージへの移行が促された。このプロジェクトは、ゼミ形式の授業の中核プログラムであるPS1が2008年度に終了するまで続く。

4)　ブックレビュー

　2005年度になると、学びの共同体プロジェクトのさらなる展開を目指して、PS4〜応答力養成プロジェクト「ブックレビュー」（2005〜2006年度）を試みた。

　この試みは、ブックレビューをしたときにはとりあえず動機づけになったようだが、ブックレビューをすることが目的化するところがあり、すぐに尻つぼみとなった。2006年度は、形式を変更して行ったが、なかなかその効果を実感できず、この年度で終了した。

5) 対話力養成〔質問共同企画版〕

PS5〜対話力養成プロジェクト「7つの質問」〔質問共同企画版〕（2007年度後期）は、全プロジェクト中、後述するPL15を元に、唯一の学生発のプロジェクトとしてはじまった。

この試みは、学生発のプロジェクトということでとても盛りあがったが、ゼミ生が集まって7つの質問を厳選したり、やりとりをすべて記録し、さらにそれを文字化したりする手間がずいぶんとかかった。さらに、次年度からは学科改組でカリキュラムの変更もあって専門ゼミの位置づけが変更されたりしたため、この年度で終了した。

以上が、ゼミ形式の授業を対象としたプロジェクトの総括である。

2. 講義形式の授業を対象としたプロジェクトの成果

講義形式の授業を対象としたプロジェクトの成果は、どうだったろうか。その手法や目的によって10グループにわけることができるので、グループごとに紹介しよう。

1) 自分史エッセイ

講義形式の授業を対象とした初のプロジェクトは、ゼミ形式対象のプロジェクトであるPS2のなかから生まれた。

その成果への社会的な反響を受け、自分史エッセイづくりの別の可能性がみえてきたことで、PL1〜PL4の4つのプロジェクトを立ちあげた。

PL1〜学校生活回顧プロジェクト「14、17歳のころ」（2002年度前期）は、甲南女子大学ではじめたPS2を学外にも広げる試みで、自分さらしをすることで他者さらしを促し、自己理解と他者理解を促進させていくことをもくろんだ。PL2〜大学生活サポートプロジェクト「ケルン」（2002年度後期）は、自他の現状を知ることと、後輩たちに読まれることで後輩のサポーターになってほしかった。このために、「入学したころの私」と「現在の私」についてエッセイを書いてもらった。PL3〜学校生活回顧プロジェクト「運動

会」(2003年度前期)は、ちょっとのことでは傷つかないタフさや他者の痛みを思いやるやさしさを身につける方途を探るために、「小中高の運動会」についてエッセイを書いてもらった。PL4～大学生活サポートプロジェクト「ケルンⅢ」(2003年度後期)は、PL2での試みの結果、キーワードとして〈自分飾り〉を抽出した。この点を意識してもらい、「入学したころの私」と「現在の私」についてのエッセイにとりくんでもらった。

いずれのプロジェクトでも、エッセイで自分さらしをすることで他者さらしを促し、自己理解と他者理解を促進させていくことがわかった。

その後、PL1、PL2、PL4のプロジェクトは、通称「ケルン」シリーズと呼ばれることになる4つの本がまとまることになった。まず、PL1の成果をまとめた『ケルン―「自分史エッセイ」の試み』が反響を呼び、それをもとに新入生用に【特別完全版】が作成されることになった。その成果を受け、キーワードとして〈自分飾り〉に着目してエッセイを書いてもらったPL4の成果である『ケルンⅢ―〈自分飾り〉からの脱出物語』は、新入生にも配布されることになった。これまた反響を呼び、受験生や高校の先生用に【大学ガイド版】が作成されることになった。

このように反響は大きかったが、課題もみつかった。それは、2003年度までに実施したこれらの4つのプロジェクトに加え、ゼミ形式の授業でのPS1やPS2に共通することだが、「自分への働きかけ」という点ではよかったが、「他者への働きかけ」という点では弱かった。学生の現状をみていて、もう一歩踏みこんだ学習指導や教育指導、生活指導が必要になってきた。それは、教育現場に「父性原理」を呼び戻す試みといってもいい。

プロジェクトとしては、受動的に「体験したことを書くこと」から能動的に「なにかを体験していくこと」へと軸足をシフトする必要がでてきた。「過去を整理(清算)し、未来の人生を切り拓く」きっかけとなるだけでなく、実際の行動力につなげていく。さらに、「自己という回路」だけですむような自己完結的ものではなく、「他者という回路」を通すような他者との交流があることの重要性もみえてきた。

「体験したことを書くこと」の限界や学生気質の変化や「他者という回路」の必要性などが次のプロジェクトにつながっていく。

第Ⅱ部　実践研究

2)　幸せのレシピ

　そこで考えだしたのが、「人とうまくつきあえるようになること」と「人をうまく動かす企画を考えだすこと」を中核にすえた、〈ライフスキル〉向上のためのプログラムである。それは、〈自分試し〉や〈自分さらし〉の視点を鮮明に打ちだした PL5〜自分試しプロジェクト「幸せのレシピ」（2004年度前期）である。自分試し・自分さらし・自分開きを目指し、それぞれの学生が自分のレベルにふさわしい企画（レシピ）を考えて、実行してもらった。その結果、全体的にはとてもうまく展開した。

　これを受け、PL6〜自分試しプロジェクト「幸せのレシピ2」（2004年度後期）では、冬シーズンを体感できる「季節のレシピ」づくりと、異年齢（異世代）の人たちが交流体験する「交流のレシピ」づくりに挑戦してもらった。ところが、「交流のレシピ」づくりでは、学生の身近に異年齢の人が少なく、レシピを実行する相手を探すので一苦労し、家族や親戚頼りとなってしまった。また、行動レシピの企画の方向性を2つに限定したために自由度が失われ、その範囲内でレシピをつくらざるを得なくなり、PL5にあった大胆さやおもしろさがなくなり、こぢんまりとしたものとなった。

　この結果、幸せのレシピづくりをするなら、学生にとってオープンエンドな、ある種のオールラウンドな試みが可能になる PL5 が望ましいことがわかった。

　ところで、PL1〜PL6 は、指導者がいるとできるがひとりではなかなかできなかったり、そのときはできても時間がたつと元の木阿弥となったりしがちで、結局単発的な試みにおわりがちだった。教師のサポートをあまり必要とせず、学生本人の意思さえあればひとりでも実行可能で、持続可能な行動パターンとして習慣化する試みができないかが課題だった。

　この事態を受け、教師による「サポート」プログラムから、教師がいなくても自己教育できる「自助」プログラムの開発へと軸足を移した。

3)　自縛呪文打破

　あれこれと思案した結果、PL7〜自分支えプロジェクト「まじない」（2005年度前期）では、自らを励ます言葉かけをする「まじないづくり」の

試みに挑戦してもらった。

　その結果、5つの課題がみつかった。それは、①まじないの効果をあげるには一定期間の時間が必要なこと、②自分の口癖に気づくことの難しさ、③自分へのポジティブな言葉かけがうまくみつからないこと、④たとえ①～③の条件を満たしていても、うまくできないこと、⑤たとえ①～④の条件を満たしていても、まじないも使っているとマンネリ化し、リニューアルが必要になること、の5つである。持続可能な行動パターンを習慣化するには、まだまだ課題が残る結果となった。

　これ以外にも、自分で自分を励ますことで課題にとりくんだというより、他者によって励まされたことで課題にとりくめたという学生がいたことも思案のしどころだった。これ自体は、なにも問題はないし、いいことではある。だが、このプロジェクトの核心は、〈自分から自分へ〉という流れを自分でつくることにある。他者によって自分が救われるのではなく、自分で自分を救う発想である。

　これらをふまえ、新たにプロジェクトを2つ立ちあげ、さらにその2つのプロジェクトのハイブリット形として3つ目のプロジェクトが生まれた。

　ひとつ目のプロジェクトは、PL9〜自分支えプロジェクト「自縛返し」（2006年度前期）である。ここでは、「自縛呪文」に対して、その呪縛を解放する「返し文句」を自分で自分にいえるかどうかを試した。

　その結果、生きる意志を育てる導入教育として役立つことがみえてきた。とはいえ、返し文句をいう自分に対してなんらかの強いフィードバックがなければいつしか尻すぼみになり、結局元の状態に戻りそうだった。「授業がおわれば、それで終了」という感じにならないようにするには、どうしたらいいか。未来に向けた時間的な広がりをもつ試みにするには、どうしたらいいか。具体的には、時間軸をどう導入したらいいか。

　この課題にとりくんだのが、2つ目のプロジェクトとなる、PL10〜自己確認プロジェクト「流転対話」（2006年度前期）である。それは、異なる年齢の自分との対話を促すことで、自己成長を確認する、あるいは予感することで、自己の存在を自分で受けいれ、承認していく試みである。

　なるほど、これは、自分の現状と課題を把握するにはいい方法である。実際、未来に向けて夢とか目標をもつことができたり、過去が自分のものとし

てすんなり自分に収まったりした人もいた。ところが、なかには、今の自分をみつめることがつらすぎたり、今を生きている実感が乏しかったりして、今の自分との距離をうまくとれない人がいた。「今、ここにいる」自分と対話することに違和感があるようである。それは、「今、ここにいない」自分という他人と、いったいなにを話していいのかわからない、といった感じだろうか。あるいは、「未来を生きている」自分を想像できないのに、今の自分と対話をするのは無理、といった感じだろうか。結局、「なんか遠い話をしている感じがして、切実感が乏しい」ようである。

異年齢の自分との対話を、「今」という日々の空間的な広がりにつなげるには、どうしたらいいか。試みに切実感をもたらすには、どうしたらいいか。

そこで、ひらめいたのが、PL9とPL10をミックスした、PL11〜自分支えによる自己確認プロジェクト「自縛解き」(2006年度前期)である。ここでは、「自縛呪文」をしっかり意識して、呪文に対して「強いNO」をいう「自縛返し」をしっかりとモノにするために、異なる年齢の自分と対話することを促した。2つのプロジェクトを合体させたことで、試みの難易度はアップしている。しかし、しんどい分だけ、それを乗りこえたとき、見返りは多くなるはずである。結果として、実際にそのようになったようである。

ところで、PL7、PL9〜PL11のいずれも「対話」という形式をとったものの、レポート提出の書式の都合上、対話は不十分なものになりがちだった。さらに対話を重ね、内容を深めた方がよいものが少なくなかったが、そうすると本づくりを進める上で編集が大変で、コストもかさむので、この試みはこれで打ちきった。

4) 自他との問答

話は少し戻るが、幸せのレシピづくりをしたPL6では、「他者という回路」の確保が不十分なものとなった。「他者という回路」をどのようにしたら確保できるのか。

このために、〈自分探し〉と対になる〈他者探し〉をくみこんだ、PL8〜自他確認プロジェクト「自他問答」(2005年度後期)が誕生した。その際、「大学生なぜなに集づくり」と「子どもなぜなに集づくり」の2つを用意した。

終章　実践研究のまとめ

「対話」ではなく、「問答」という形式をとったことで、学生はかなり自然体でとりくめたようである。ただし、これまたレポート提出の書式の都合上、一問一答形式をとったため、問答は不十分になりがちだった。これまた、さらに対話を重ね、内容を深めた方がよいものが少なくなかったが、そうすると本づくりを進める上で編集が大変で、コストもかさむので、この試みもこれで打ちきった。

5) 自己制御力養成

「他者という回路」をいかに確保し、他者といい関係を築くにはどうしたらいいか。生きる現場では、自分の利益と他者の利益がぶつかりあうこともまれではない。そのとき、自分の意志が欠如していたり、弱かったりすると、他者や状況に巻きこまれてしまう。自分が自分らしくあるためには、他者や状況に巻きこまれないことを学ぶ必要がある。「意志」は、他者といい関係を築くために、自分がより自由になるために、自分が自分らしくあるために必要である。

自分の意志を示す方法のひとつに、「自戒」がある。そこで、PL12～自己制御プロジェクト「自戒」(2006年度後期)を試みた。これまで実施してきたPL7、PL9、PL11などは、「なにか」をする前に「できない」といってなにもしないのではなく、それをやり遂げるために「やればできる」とばかりに自分の気持ちを高めていく試みだった。これに対して、PL12は、「なにか」の部分を意識化するために各自が自分の「目標」となる「自戒」を設定し、ある一定期間、それを守り抜く試みとなっている。そこでは、目標をたてることや、その目標を達成するために努力し、がんばることが試された。

その結果、とりわけ気になることが2つあった。ひとつは、「笑顔であいさつする」とか「目をみて話をする」といった人間関係の基本(人間関係力)が身についていないことである。もうひとつは、持続的な行動ができるための目標設定の仕方と行動し続ける方策についてのサポートの必要である。

6) 交流力養成

PL12の試みを授業で進めていく最中に、学生になぜこうした試みをしているのか、その理由や必要性を理解し、動機づけを高めてもらうために、

「協同学習の場」を用意した。ゼミ形式の授業では、協同学習をする場面がふんだんにある。そこで、講義形式の授業でもその場を用意できないかと考えた。そこで生まれたのが、PL13～自己開陳プロジェクト「テキスト読書会」(2006年度後期～)である。テキストのブックレビューをまとめ、それを少人数の仲間の前で朗読してコメントを交換しあってもらった。

　学生にとって、他の学生の前で朗読やコメント交換をすることはプレッシャーが大きく、授業にでてくることにすら勇気のいる学生も少なくなかった。とくに朗読会のやりはじめは厳しかった。しかし、すべてをやりおえたあとの達成感や喜びは大きかった。「私の文章が、あとに続く人たちの道標になれたら」という積極的な発言もとびだした。以後、この試みを定番化した。

　ただし、読書感想文を本の形でまとめるのは2006年度後期のみとし、2007年度以後はプリントの形でまとめて配布したり、2009年度は各グループのみで共有しあったりし、「本」という形での学習成果の共有化より、「肉声の交換」という学習過程の共有化に重点をおくようになった。

　なお、これをきっかけに、以後のプロジェクトでは、学生同士が互助しあい、共生を促す仕掛け（場面）をできるだけ用意していくことになる。

7) 傾聴力養成

　PL12の試みをした結果、人間関係力の養成が必要なことがみえてきた。そこで、人間関係力を高めるために、PL14～傾聴力養成プロジェクト「聞き上手」(「傾聴力」)養成講座）(2007年度前期～)を立ちあげた。

　このプロジェクトでは、あらかじめ「"聞き上手"になるための10か条」を提示し、ある一定期間、それらの行動目標のなかから3か条を選んで挑戦してもらった。その結果、比較的短期間でも自分試し・自分さらし・自分開きに向けて、いいきっかけになることがみてとれた。この結果、この試みも定番化していく。

　2007年度から2010年度にかけての4年間で、学生が挑戦した行動目標のなかで上位を占めたものに着目した結果、「話を最後まで聞く」「相手から視線を外さない」「否定も肯定もせず、相づちを打つなど受容的に聞く」の3つが「傾聴力」アップのための基本中の基本といえそうなこともみえてきた。

8） 対話力養成〔質問個人企画版〕

人間関係力のなかでも、とりわけ対話力をつけるために、PL15〜対話力養成プロジェクト「7つの質問」〔質問個人企画版〕（2007年度後期〜）を立ちあげた。谷川俊太郎の著作である『谷川俊太郎の33の質問』にヒントを得て、質問づくりをするところから追体験し、実際に仲間相手に問答をし、最終的に自分で「7つの質問」をセレクションする試みである。

結果は、なかなか好評だった。その結果、専門ゼミで別バージョンとして〔質問共同企画版〕のPS5が生まれることにもなった。PL15の試みも、定番化していく。

9） 利他力養成

他者探しに特化したプロジェクトとして、PL16〜他者探しプロジェクト「利他指令」（2008年度前期）をはじめた。「利他指令」は、「私が私が」という利己的な世界から、「世のため、人のために」という利他的な世界へと誘い、大きな世界のなかに自分の居場所をみつけられるようにする試みで、利他的な行動をするために、なんらかの指令を自分に課してもらうことにした。

ところが、「利己」の意味がわかっても、「利他」の意味がわからない学生が続出した。経験上、そうしたことをいわれた体験もなく、言葉も知らず、なにをいわれているのかわからない学生が少なくなかった。

あれこれ説明するものの、十分に伝わったとはいえず、結果として、理念レベルでの「利他」の意味が漂白されて、あるいは換骨奪胎されてしまう。現実レベルとして、学生にとっては、他者を視野外において内向きになって自分の世界に閉じこもってしまわないように、気持ちが外に向かっていくことも忘れず、さらには自分を外側に開いていこうとする試みとなった。

そこで本にまとめる際には、「内閉」という言葉の反対概念として「外開」という用語を新たに作成し、理念レベルでは「利他指令」と呼び、実践レベルでは「外開指令」と呼ぶことにした。

学生が自分に課した「外開指令」の中味を整理すると、上位は「あいさつをする」「家事手伝いをする」「声をかける・メールを送る・連絡をとる」

「感謝の気持ちを言葉にする」「話をする」などとなっていた。ここからみえてきたのは、結局なにはともあれ人間関係の基本が身についておらず、人間関係力を身につける必要性である。

10) 基礎力養成

PL12をした結果、持続的な行動ができるための目標設定の仕方と行動し続ける方策についてのサポートが必要なこともみえてきた。これらの課題をクリアするために、PL17〜強化力養成プロジェクト「負荷指令」(「強化力」養成講座)(2008年度前期〜)が生まれた。学生には、強化学習の考え方に基づき自分のキャパシティ以上の負荷をかける「負荷指令」に挑戦してもらった。

その結果、課題にとりくむ時間や分量を自分が無理なくできる範囲に設定することで、これまで続かなかったことをどんどんクリアしていった様子がみてとれた。ものごとに向かうときの構えとして、どのように負荷をかけたらいいか、ちょっとだけコツがつかめたようだった。この試みも、定番化していく。

以上が、講義形式の授業を対象としたプロジェクトの総括である。

3. プロジェクトの総括

これまで試みてきたプロジェクトをトータルでみたとき、どんなことがいえるだろうか。プロジェクトの意味を簡単にまとめてみよう（表9）。

プロジェクトの意味を表にしてみると、アウトプットは同じ本という形式でも、内実は多様であることが一目でわかる。そのなかで、定番化したプロジェクトが6つも誕生した。これは、授業開発という点では、とても意義があったといえるだろう。

ところで、第II部では、〈自分試し〉や〈自分さらし〉をすることによって個性・自尊感情・社会性などのライフスキルを育もうとする教育的課題に対して、大学授業の場でとりくんだ模索の過程を検証した。そこでは、ひとつの試みがつまずきを生み、それが新たな試みの着想につながってきた。こ

終章　実践研究のまとめ

表9　プロジェクトの意味

	ねらい	求められるもの
PS 1：個人研究レポート	学びの共同体	自分磨き・自分さらし
PS 2：自分史エッセイ	自己確認	自分探し・自分さらし
PS 3：ゼミ活動総括	学びの共同体	自分磨き・自分探し・自分さらし・自分開き
PS 4：ブックレビュー	応答力養成	自分試し・他者探し
PS 5：7つの質問〔共〕	対話力養成	自分試し・他者探し・自分開き
PL 1：14、17歳のころ	学校生活回顧	自分探し・自分さらし
PL 2：ケルン	大学生活サポート	自分探し・自分さらし
PL 3：運動会	学校生活回顧	自分探し・自分さらし
PL 4：ケルンⅢ	大学生活サポート	自分探し・自分さらし
PL 5：幸せのレシピ	自分試し	自分試し・他者探し・自分開き
PL 6：幸せのレシピ2	自分試し	自分試し・他者探し・自分開き
PL 7：まじない	自分支え	自分試し
PL 8：自他問答	自他確認	自分探し・他者探し・自分開き
PL 9：自縛返し	自分支え	自分試し
PL10：流転対話	自己確認	自分探し
PL11：自縛解き	自分支えによる自己確認	自分探し・自分試し
PL12：自戒	自己制御	自分試し
PL13：テキスト読書会	自己開陳	自分試し・自分さらし・自分開き
PL14：聞き上手	傾聴力養成	自分試し・他者探し
PL15：7つの質問〔個〕	対話力養成	自分試し・他者探し・自分開き
PL16：利他指令	他者探し	自分試し・他者探し・自分開き
PL17：負荷指令	強化力養成	自分試し・自分磨き

	ベクトル	基づくもの	育成されるスキル
PS 1：個人研究レポート	研究	事実	研究スキル
PS 2：自分史エッセイ	内省	真実	文章作成スキル・ライフスキル
PS 3：ゼミ活動総括	研究・内省	事実・真実	研究スキル・ライフスキル
PS 4：ブックレビュー	内省	事実	読解スキル・ライフスキル
PS 5：7つの質問〔共〕	行動	真実	ライフスキル
PL 1：14、17歳のころ	内省	真実	文章作成スキル・ライフスキル
PL 2：ケルン	内省	真実	文章作成スキル・ライフスキル
PL 3：運動会	内省	真実	文章作成スキル・ライフスキル
PL 4：ケルンⅢ	内省	真実	文章作成スキル・ライフスキル
PL 5：幸せのレシピ	行動	意志	ライフスキル
PL 6：幸せのレシピ2	行動	意志	ライフスキル
PL 7：まじない	内省	意志	ライフスキル

	ベクトル	基づくもの	育成されるスキル
PL 8：自他問答	行動	真実	ライフスキル
PL 9：自縛返し	内省	意志	ライフスキル
PL10：流転対話	内省	真実・意志	ライフスキル
PL11：自縛解き	内省	真実・意志	ライフスキル
PL12：自戒	内省・行動	真実・意志	ライフスキル
PL13：テキスト読書会	内省・行動	事実・真実・意志	読解スキル・ライフスキル
PL14：聞き上手	行動	意志	ライフスキル
PL15：7つの質問〔個〕	行動	真実	ライフスキル
PL16：利他指令	行動・内省	意志	ライフスキル
PL17：負荷指令	行動・内省	意志	ライフスキル

	構成内容
PS 1：個人研究レポート	研究論文
PS 2：自分史エッセイ	エッセイ・自己PR
PS 3：ゼミ活動総括	卒論の抄録・エッセイ（私のゼミ生活＆BAF）
PS 4：ブックレビュー	感想文
PS 5：7つの質問〔共〕	7つの問い
PL 1：14、17歳のころ	エッセイ・自己PR
PL 2：ケルン	エッセイ・自己PR
PL 3：運動会	エッセイ・自己PR
PL 4：ケルンⅢ	エッセイ・自己PR
PL 5：幸せのレシピ	指令・結果・自己PR→自己紹介（L&Hを含む）
PL 6：幸せのレシピ2	指令・結果・自己紹介（L&Hを含む）
PL 7：まじない	自己紹介（L&H）・口癖・まじない・なじみ度・授業評価＊
PL 8：自他問答	問い・答え［大：私の問／自分＆友達＆大人の答］［子：子の問／親＆私の答］
PL 9：自縛返し	自己紹介（L&H）・私の口癖・返し文句・なじみ度・授業評価＊
PL10：流転対話	自己紹介（L&H）・いまの私・○歳の私・対話寸評・授業評価＊
PL11：自縛解き	私の口癖・返し文句・いまの私・○歳の私・対話寸評・授業評価＊
PL12：自戒	自己紹介（L&H）・私の戒め・自戒寸評・授業評価＊
PL13：テキスト読書会	感想文
PL14：聞き上手	自己紹介（L&H）・私の課題・なじみ度・授業評価＊
PL15：7つの質問〔個〕	7つの問い
PL16：利他指令	外開指令・外開結果・自己発見＊
PL17：負荷指令	負荷指令・負荷結果・自己発見＊

終章　実践研究のまとめ

	学生の とりくみ期間	累計年	完成度	コメント
PS 1：個人研究レポート	半年以上	10	定番	教師の同僚性の構築が重要
PS 2：自分史エッセイ	2〜3ヶ月	1	○	添削作業が大変
PS 3：ゼミ活動総括	半年以上	5	定番	卒論提出後の動機づけに難
PS 4：ブックレビュー	短期間	2	△	動機づけの持続性に難
PS 5：7つの質問〔共〕	半年あまり	0.5	△	学生の意欲次第
PL 1：14、17歳のころ	4日〜1ヶ月半	0.5	○	添削作業が大変
PL 2：ケルン	1ヶ月	0.5	○	添削作業が大変
PL 3：運動会	4日〜1ヶ月半	0.5	○	添削作業が大変
PL 4：ケルンⅢ	2ヶ月	0.5	○	添削作業が大変
PL 5：幸せのレシピ	4日〜1ヶ月半	0.5	◎	とくに問題なし
PL 6：幸せのレシピ2	2ヶ月	0.5	△	レシピ作成条件は不要
PL 7：まじない	4日〜1ヶ月半	0.5	△	マンネリ化の危険
PL 8：自他問答	1ヶ月	0.5	△	一問一答形式で、内容が不十分
PL 9：自縛返し	1ヶ月半	0.5	△	習慣化するのに難
PL10：流転対話	1ヶ月半	0.5	△	日常生活の切実感に乏しい
PL11：自縛解き	4日	0.5	○	難易度がやや高い
PL12：自戒	2ヶ月半〜3ヶ月	0.5	◎	目標のレベル設定の必要
PL13：テキスト読書会	1ヶ月	3	定番	達成感や充実感がある
PL14：聞き上手	4日〜1ヶ月半	2	定番	対人関係の基本が身につく
PL15：7つの質問〔個〕	4日〜1ヶ月半	2	定番	対人関係の基本が身につく
PL16：利他指令	1ヶ月	0.5	×	利他の意味がわからない
PL17：負荷指令	1ヶ月	1	定番	強化学習で行動が上達

（注）　1.「構成内容」欄は、初年度実施分を紹介。「＊」印は、「漢字一文字評価」を含む。
　　　2.「累計年」欄は、プロジェクトの累計での実施年数を表示。半期実施の場合、「0.5」と換算。
　　　3.「完成度」欄は、プロジェクトの完成度を提示。完成度の判断は、①特定のスキルの育成が可能か、②新たな行動パターンを習慣化できるか、③課題を設定する際に、課題選択や難易度設定の余地が十分にあるか、あるいは、無理なく自己責任で自己決定できる余地があるか、④学生は充実感や達成感を味わえるか、⑤学生がレポートを作成するとき、内容を簡潔にまとめて表現できるか、⑥本づくりにおいて、教師による添削作業などの負担が過大にならないか、などの観点から総合的に判定。なお、記号は以下を参照のこと。
　　　　定番：プロジェクトとしての完成度が高く、継続して実施したもの（ゼミ形式の授業では、2008年度終了時点で複数年にわたって継続していたもの／講義形式の授業では、2009年度以降も引き続き実施しているもの）。
　　　　◎：プロジェクトとしての完成度が高い。
　　　　○：プロジェクトとしての完成度は高いが、実施上やや難があるもの。
　　　　△：プロジェクトとして、よりよいものが期待されるもの。
　　　　×：プロジェクトとして、もくろみどおりの結果が得られなかったもの。
　　　4.「コメント」は、完成度の補足説明として、指導上の要点や問題点などについてミニコメント。

の連鎖は、今もとぎれることなく続いている。

　裏返していえば、これは自尊感情の低下をはじめとする学生の成長の困難が深刻化し続けていることを意味している。自分が直面する課題を解決するためにポジティブに考えて行動しようと思う「意思力」まで衰弱している。

　こうした課題に対して、大学教育はどのようなことができるのか。これは、大学のみならず、キャリア形成やライフスキル形成という共通した課題を抱える学校教育全体にとっても重要な問いであろう。

　授業開発にあたって、学生自体の変貌とともに、大学授業まわりなどの周辺事情の変化はつきものである。こうしたものに臨機応変に対応していく力が求められている。

おわりに

　最後に、本稿で得られた知見と今後の課題を整理しておこう。
　まず、大学研究の基礎理論として、SLGEモデルを提示した。SLGEモデルは、学生の量的拡大に、消費化と情報化の要因を加味したときに、大学に現出する状況を示している。このモデルは、大学でなにが起きているかを俯瞰するマップを提供し、広く大学授業研究における問題群を提示するものとなっている。
　続く、実践研究では、「学びの共同体」づくりをベースにおいたさまざまなプロジェクトを仕掛けた。ねらいは、学生の社会化を促し、各種スキル（研究スキル、文章作成スキル、文章読解スキル、ライフスキルなど）を育成することにある。
　プロジェクトでは、学生が内向きの〈自分探し〉の隘路から抜けだすために、さまざまな〈自分試し〉や〈自分さらし〉の仕掛けを用意し、「他者という回路」を通す工夫をし、他者と向きあうようにした。また、どのような課題に挑戦するかを決定するときは、自分で挑戦課題を設定するか、こちらが用意した選択肢のなかから選ぶということで、自分で意思決定する場面を用意した。意思決定する際には本人に納得感があるかどうかは重要で、自己責任において自己決定することは自分の行動をセルフ・コントロールすることになる。その結果、自己不全感がある程度払拭できる。少なくとも、「無理」「できない」「しんどい」といってなにもせず、結果として自信がつかない状態からは脱出できる。さらに、各プロジェクトでは、できるだけ自分の体験したことを内省し、文章にまとめる欄を設けて、レポートを提出してもらった。最終的には、学習成果の共有化として1冊の本にまとめ、他の学生のレポートに触れることで、自分の経験をより客観的に見直すことができるようにした。
　その結果、各種スキルを育成するために実施したプロジェクトのなかから、十分に授業での利用が見込めるものをいくつか開発できた。

おわりに

まず、ゼミ形式の授業関係のプロジェクトでは、「3ゼミ生」を対象とするPS1〜学びの共同体プロジェクト「個人研究レポート」と「4ゼミ生」を対象とするPS3〜学びの共同体プロジェクト「ゼミ活動総括」の、2つのプロジェクトの定番化が実現できた。

また、講義形式の授業関係のプロジェクトでは、PL13〜自己開陳プロジェクト「テキスト読書会」、PL14〜傾聴力養成プロジェクト「聞き上手」(「傾聴力」養成講座)、PL15〜対話力養成プロジェクト「7つの質問」〔質問個人企画版〕、PL17〜強化力養成プロジェクト「負荷指令」(「強化力」養成講座)の、4つのプロジェクトが定番となった。それから、定番としては利用しなかったが、PL5〜自分試しプロジェクト「幸せのレシピ」とPL12〜自己制御プロジェクト「自戒」も十分使えるメドがたった。

とはいえ、これで安心していいのかというと、そうではない。

今後の課題としては、ゼミ形式の授業では、諸般の事情でメインとなったPS1〜学びの共同体プロジェクト「個人研究レポート」が一区切りを迎えた。共同実施していた教師が去り、新学科発足にともなってゼミの位置づけも変わり、新規プロジェクトの開発が必要となっている。焦点は、個人研究レポートづくりに代わるなにかの開発である。

ヒントは、学生発の初企画となった、PS5〜対話力養成プロジェクト「7つの質問」〔質問共同企画版〕(2007年度後期)にある。キーワードは、「共同」である。新たなプロジェクトでは、個人制作による「個人作品の共有化」ではなく、共同制作による「共同作品の共有化」を全面に押しだしたい[1]。

また、講義形式の授業では、プロジェクトが交流力や傾聴力、対話力、利他力などの人間関係力養成へとシフトしていった裏には、コミュニケーション力不足をはじめとする人間関係力不足が顕著になってきたことがあげられる。安心して人とかかわることが難しくなっている。

その原因に、S型の世界やL型の世界が空洞化し、G&E型の世界が優勢になりつつあることがあるだろう。S型の世界にコアがあり、そこがベース基地となっていないと、安心して学べなくなる。その部分の足場となる基本的な人間関係づくりを強化するプロジェクトの開発が望まれる。

いずれの形式の授業であるにせよ、「学びの共同体」づくりを目指す以上、安心して学べる人間関係があってこそ学びは深まる。とはいうものの、まわ

りの反応を気にしすぎて他者に同調しすぎれば、過度に自分を抑制するようになってしまい、自己不全感は募る。かといって、「自分は自分。人は人」と開き直って個人作業に集中し、自己中心的に動いてばかりでは、自閉的な世界に閉じこもることになりかねない。そうならないように、さまざまな「他者という回路」を通して、積極的に他者と向きあい、自分の現実と向きあい、他者とほどよい関係を形成しつつ、個人の活動の自由も保障するプロジェクトを用意していきたい。

　それから、新たなプロジェクトの立ちあげだけでなく、定番化しているプロジェクトの運用方法の見直しも課題となるだろう。その際、2つの視点が重要になる。ひとつ目は、マクロな視点にたつもので、同一学生を対象とした同一プログラムの複数回実施である。それによって、学生の行動の習慣化をより促進し、S型の世界というベース基地づくりに寄与することが見込まれる。2つ目は、ミクロな視点にたつもので、行動の習慣化を促進する道具立てなどのマイナーチェンジをしていくことである。

　今後も、引き続きそのときどきの課題に応じたプロジェクトをその都度開発していきたいと考えている。

注

はじめに
（1）　山内乾史「第3章　大学授業とは何か？―改善の系譜」『現代大学教育論―学生・授業・実施組織』東信堂、2004、pp. 58-117
（2）　杉谷祐美子「解説　進む実践と研究の統合」杉谷祐美子編『大学の学び―教育内容と方法』玉川大学出版部、2011、pp. 212-220
（3）　島田博司「4章　授業中の私語」片岡徳雄・喜多村和之編『大学授業の研究』玉川大学出版部、1989、pp. 65-77
（4）　島田博司『大学授業の生態誌―「要領よく」生きようとする学生』玉川大学出版部、2001
（5）　島田博司『私語への教育指導―大学授業の生態誌2』玉川大学出版部、2002
（6）　島田博司『メール私語の登場―大学授業の生態誌3』玉川大学出版部、2002
（7）　「情報化・消費社会時代の大学授業―SLGEモデルの提案」『武庫川女子大学教育研究所研究レポート』第20号、1998、pp. 1-10。なお、本論は、前掲書（4）に「Ⅵ章　大学授業を問う―SLGEモデルの提案」（pp. 219-238、pp. 250-251）として再録。

第Ⅰ部
第1章
（1）　山内乾史「第3章　大学授業とは何か？―改善の系譜」『現代大学教育論―学生・授業・実施組織』東信堂、2004、pp. 58-117
（2）　杉谷祐美子「解説　進む実践と研究の統合」杉谷祐美子編『大学の学び―教育内容と方法』玉川大学出版部、2011、pp. 212-220
（3）　松本賢治『大学と教育学』協同出版、1978
（4）　寺﨑昌男（代表）『講座日本の学力　別巻―　大学教育』日本標準、1979
（5）　仲原晶子『大学における授業実験（教育開発研究シリーズ2）』関西学院大学総合教育研究室、1980
（6）　和光大学「大学入門期教育の実践研究」グループ『大学の授業研究のために―和光大学の場合』あゆみ出版、1990
（7）　和光大学授業研究会『語りあい見せあい大学授業―小さな大学の大きな挑戦』大月書店、1996
（8）　浅野誠「大学教育実践論の構想―その原理と教育主体の確立を中心にして」『教育方法学研究』第6巻、1981、pp. 1-8
（9）　浅野誠「大学教育実践の教育学的検討をめぐって」『教育学研究』第53巻第3号、1986、pp. 258-267
（10）　日本科学者会議教育問題委員会　原正敏・浅野誠編『大学教師の仕事（大学教育における教育実践1巻）』水曜社、1983
（11）　日本科学者会議教育問題委員会　原正敏・浅野誠編『大学教育の工夫と方法（大学教育における教育実践2巻）』水曜社、1983

注

(12) ロンドン大学・大学教授法研究部、喜多村和之・馬越徹・東曜子編訳『大学教授法入門―大学教育の原理と方法』玉川大学出版部、1982
(13) 関正夫編『大学教育改革の方法に関する調査研究―Faculty Development の観点から（高等教育研究叢書2)』広島大学教育研究センター、1990
(14) 伊藤彰編『ファカルティ・ディベロップメントに関する文献目録および主要文献紹介（高等教育研究叢書4)』広島大学教育研究センター、1990
(15) 有本章編『大学教育の改善に関する調査研究―全国大学教員調査報告書（高等教育研究叢書5)』広島大学教育研究センター、1990
(16) 喜多村和之編『大学教育とは何か』玉川大学出版部、1988
(17) 片岡徳雄・喜多村和之編『大学授業の研究』玉川大学出版部、1989
(18) 島田博司「授業中の私語」、同上書、pp. 65-77
(19) 武内清「現代大学生の受講態度とその関連要因の研究―武蔵大学における講義・ゼミの分析を通して」『武蔵大学人文学会雑誌』第18巻第4号、1987、pp. 184-161
(20) 島田博司『大学授業の生態誌―「要領よく」生きようとする学生』玉川大学出版部、2001
(21) 島田博司『私語への教育指導―大学授業の生態誌2』玉川大学出版部、2002
(22) 島田博司『メール私語の登場―大学授業の生態誌3』玉川大学出版部、2002
(23) 島田博司、前掲書（20）、pp. 218-242、pp. 250-251
(24) 京都大学高等教育教授システム開発センター編『開かれた大学授業をめざして―京都大学公開実験授業の一年間』玉川大学出版部、1997
(25) 京都大学高等教育教授システム開発センター編『大学授業のフィールドワーク―京都大学公開実験授業』玉川大学出版部、2001
(26) 京都大学高等教育教授システム開発センター編『大学授業研究の構想―過去から未来へ』東信堂、2002
(27) 赤堀侃司編『ケースブック 大学授業の技法』有斐閣、1997
(28) 伊藤秀子・大塚雄作編『ガイドブック 大学授業の改善』有斐閣選書、1999
(29) 池田輝政・戸田山和久・近田政博・中井俊樹編『成長するティップス先生―授業デザインのための秘訣集』玉川大学出版部、2001
(30) 林義樹『学生参画授業―人間らしい「学びの場づくり」の理論と方法』学文社、1994
(31) 溝上慎一「学生を能動的学習者へと導く講義型授業の開発―学生の内面世界のダイナミックスをふまえた教授法的視点」『教育学研究』第70巻第2号、2003、pp. 165-174
(32) 杉江修治・関田一彦・安永悟・三宅なほみ編『大学授業を活性化する方法』玉川大学出版部、2004
(33) 安永悟「LTD話し合い学習法と不確定志向性」溝上慎一・藤田哲也編『心理学者、大学教育への挑戦』ナカニシヤ出版、2005、pp. 122-152
(34) 岩井洋「初年時教育におけるアクティブ・ラーニングの可能性」（『リメディアル教育研究』第1巻第1号、2006、pp. 22-28
(35) 田口真奈・吉田文「日本の高等教育におけるeラーニングの特質」『日本教育工学会論文誌』29巻3号、2006、pp. 415-423
(36) 藤田哲也「大学教育学『研究』であるために」『大学教育学会誌』第27巻第2号、

2005、pp. 16-20

第2章
（1） 見田宗介『現代社会の理論―情報化・消費社会の現在と未来』岩波新書、1996
（2） C・ブロード＆N・ラム、戸田真澄訳『クリエイティブ・チャイルド』ビジネス社、1993、pp. 69-71
（3） M・トロウ、天野郁夫・喜多村和之訳『高学歴社会の大学―エリートからマスへ』東京大学出版会、1976、pp. 194-195
（4） 佐藤学『教育方法学』岩波書店、1996、pp. 63-79
（5） Jackson, Philip, *The Practice of Teaching*, Teachers College Press, 1986.
（6） D・A・ショーン、柳沢昌一・三輪建二監訳『省察的実践とは何か―プロフェッショナルの行為と思考』鳳書房、2007
（7） 稲垣忠彦・佐藤学『授業研究入門』岩波書店、1996
（8） A・トフラー、徳山二郎監修・鈴木健次・桜井元雄他訳『第三の波』日本放送出版協会、中央公論社、1980／A・トフラー、徳岡孝夫監訳『第三の波』中公文庫、1982
（9） 島田博司「第3章　要領よく生きようとする学生たち」村山英雄編『子どもと学校―教育学入門』ぎょうせい、1997、pp. 89-90

第Ⅱ部
序章
（1） 福武書店教育研究所『モノグラフ・小学生ナウ　国際比較調査「7つの都市の子どもたち」』vol. 8-10、1989、pp. 52-53
（2） 福武書店教育研究所『モノグラフ・小学生ナウ　国際比較調査（2）「都市環境の中の子どもたち」』vol. 10-9、1990、pp. 33-34
（3） 福武書店教育研究所『モノグラフ・小学生ナウ　第3回国際比較調査「都市社会の子どもたち」』vol. 12-4、1992、pp. 71-73
（4） 福武書店教育研究所『モノグラフ・小学生ナウ　第3回国際教育シンポジウム報告書「都市社会の子どもたち」』vol. 13-2、1993、pp. 28-29
（5） 福武書店教育研究所『モノグラフ・小学生ナウ　第4回国際比較調査「家族の中の子どもたち」』vol. 14-4、1994、pp. 39-40
（6） ベネッセ教育研究所『別冊　モノグラフ・小学生ナウ　第5回国際教育シンポジウム報告書』1997、p. 16
（7） 日本青少年研究所ホームページ（http://www1.odn.ne.jp/youth-study/index.htm）
（8） 谷川俊太郎『谷川俊太郎の33の質問』ちくま文庫、1986（出帆社、1975）

A部門
第1章
（1） 濱谷英次「大学・短大における情報発信型教育の試み」『武庫川女子大学教育研究所研究レポート』第12号、1995、pp. 189-220
（2） 島田博司「情報編集能力の育成の試み」島田博司編『サンバースト―2000年度前

注

期個人研究レポート作品集』六甲出版、2000、p. 7、pp. 23-24
（３）　島田博司「「学習成果の共有化」の是非」、同上書、pp. 143-156

第３章
（１）　澤圭一郎「講義中　無言で"私語メール"　過半数「やってます」　甲南女子大助教授調査　大半が「友人と世間話」　迷惑かけてないからいいでしょ」『毎日新聞』2000年10月21日（東京本社版）
（２）　澤圭一郎「うるさい教室　今は昔…　メール熱中"静寂"モード　講義中にピコピコ　甲南女子大島田助教授7大学調査　過半数が「メール私語」　一学生は「迷惑かけなきゃいい」」『毎日新聞』2000年10月21日夕刊（大阪本社版）
（３）　澤圭一郎「講義の大敵　私語は昔　今や携帯私メール　甲南女子大島田助教授調査　授業中発信しない学生は17％　半数は「迷惑かけない」」『毎日新聞』2000年10月23日（西部本社版）

第４章
（１）　朝日新聞社編『17歳のころ』ブレーンセンター、2002
（２）　島田博司『大学授業の生態誌―「要領よく」生きようとする学生』玉川大学出版部、2001、pp. 15-56
（３）　島田博司「「競争のない運動会」を考えるために」『武庫川女子大学大学院臨床教育学研究科臨床教育学研究』第11号、2004
（４）　島田博司「「競争のない運動会」を考えるためにⅡ」『甲南女子大学研究紀要（人間科学編）』第41号、2005

第５章
（１）　「視点●「自分探し」が「自分なくし」にならないためには」『学研・進学情報』第38巻第14号、2005年11月号、pp. 2-5
（２）　島田博司「学生たちに必要なのは「他者」という回路」『学研・進学情報』第38巻第14号、2005年11月号、pp. 20-25
（３）　島田博司「学習成果の共有目指す個人研究レポート集」『学研・進学情報』第38巻第15号、2005年12月号、pp. 12-17
（４）　島田博司「情報編集能力育成の試み」『武庫川女子大学教育研究所研究レポート』第24号、2000、pp. 105-129。なお、この論文は、『サンバースト』（'00前期）に再録したばかりか、「情報編集能力育成の試み〈個人研究レポートづくりとその作品集化〉」として「教育アンケート調査年鑑」編集委員会編『教育アンケート調査年鑑2000年　下』（創育社、2000、pp. 515-524）や、「情報編集能力育成の試み」として論説資料保存会『教育学論説資料　第20号　第5分冊』（論説資料保存会、2003、pp. 620-632）にも収録された。その意味では、社会的な注目度が高かった論文である。

第６章
（１）　アルボムッレ・スマナサーレ『ブッダの幸福論』ちくまプリマー新書、2008、p. 58

注

B部門

第1章
（1）　ここでいう「新学習指導要領」とは、中学校では2002年度から実施され、高校では2003年度の第1学年から学年進行で実施されたものを指している。

第3章
（1）　荻原健司「スポーツの楽しみ方」『朝日新聞』2003年10月7日（大阪本社版）
（2）　野田照彦「新教育内容をどう教えるか」『日本教育新聞』2003年3月14日
（3）　島田博司『大学授業の生態誌―「要領よく」生きようとする学生』玉川大学出版部、2001
（4）　島田博司『私語への教育指導―大学授業の生態誌2』玉川大学出版部、2002
（5）　島田博司『メール私語の登場―大学授業の生態誌3』玉川大学出版部、2002

第4章
（1）　島田博司「大学の教育力に関する研究（人間教育学科編）」『甲南女子大学教育研究ネットワーク研究レポート』第2号、2004、pp. 33-74

第6章
（1）　日比野克彦『100の指令』朝日出版社、2003
（2）　小浜逸郎『「弱者」とはだれか』PHP研究所、1999、p. 88

第8章
（1）　「詩人の工藤直子さんとおまじない作り　心を元気にする「言葉のつえ」を」『朝日新聞』2004年12月19日（大阪本社版）
（2）　大越俊夫『6000人を一瞬で変えたひと言』サンマーク出版、2003
（3）　岡本太郎『強く生きる言葉』イースト・プレス、2003
（4）　山田忠雄・柴田武・酒井憲二・倉持保男・山田明雄編『新明解国語辞典』三省堂、2005
（5）　R・K・マートン、森東吾・森好夫・金沢実・中島竜太郎訳『社会理論と社会構造』みすず書房、1961、pp. 382-398

第10章
（1）　「強いNO」「明るいNO」「開かれたNO」「建設的なNO」の議論については、上田紀行『日本型システムの終焉―自分自身を生きるために』（法藏館、1998）と、上田紀行『覚醒のネットワーク』（カタツムリ社、1989）を参照のこと。

第11章
（1）　「赤ちゃんの自分と会話」『朝日新聞』2005年12月20日（大阪本社版）
（2）　斎藤環『「負けた」教の信者たち　ニート・引きこもり社会論』中央公論新社、2005、pp. 216-223
（3）　土井隆義「キャラ社会の構造　「負け組」はなぜ格差社会を容認するのか」『世界』2006年2月号、pp. 112-119

注

第12章
（1） 茂木健一郎『脳はもっとあそんでくれる』中公新書ラクレ、2008、pp. 78-79、p. 116
（2） 松井英喜『不動心』新潮新書、2007、pp. 85-91

第13章
（1） R・アサジョーリ、国谷誠朗・平松園枝共訳『意志のはたらき』誠信書房、1989、p. 23
（2） 藤原正彦『国家の品格』新潮新書、2005、pp. 26-28、pp. 124-129
（3） 島田博司『他者との出会いを仕掛ける授業―傷つくことからひらかれる』人文書院、2006
（4） 西村欣也「〔EYE〕言葉の定義　にじむ感性」『朝日新聞』2006年12月19日（大阪本社版）
（5） 清水克雄「〔思想の言葉で読む21世紀論〕大きな物語」『朝日新聞』2006年12月18日（大阪本社版）
（6） 大宅映子「いじめ　限度判断できるように」『朝日新聞』2006年12月25日（大阪本社版）

第14章
（1） 中野民夫『ワークショップ―新しい学びと創造の場』岩波新書、2001
（2） 上田紀行『生きる意味』岩波新書、2005
（3） 菅原裕子『コーチングの技術―上司と部下の人間学』講談社現代新書、2003
（4） 「「聞き上手」の時代―軋む人間関係を解決する術」『AERA』1999年6月7日号、pp. 30-34
（5） 悩み相談会については、齋藤孝『話し上手　聞き上手』（筑摩書房、2007、pp. 58-62）を参照のこと。
（6） 「書き方のポイント11か条」は、B部門第3章2の「(2)マニュアルの実際」で提示した15項目のうち、③④⑫⑮の4項目を省略したもの。
（7） 2008年度以降については、『とりあえずやってみよう！』（2008）、『「美人力」養成講座』（2009）、『ゆっくり歩もう！』（2011）を参照のこと。
（8） アクティブ・リスニングについては、たとえば、鈴木秀子『心の対話者』（文春新書、2005）を参照のこと。

第15章
（1） 小浜逸郎『「弱者」とはだれか』PHP研究所、1999、pp. 150-153
（2） 谷川俊太郎『谷川俊太郎の33の質問』ちくま文庫、1986（出帆社、1975）
（3） 宮本真巳『「異和感」と援助者アイデンティティ　感性を磨く技法（2）』日本看護協会出版会、1995

第16章
（1） 森真一『ほんとはこわい「やさしさ社会」』ちくまプリマー新書、2008

おわりに

（1） SLGE モデルは、見田宗介の『現代社会の理論―情報化・消費社会の現在と未来』（岩波新書、1996）をヒントに誕生したが、見田は次の展開をまとめているという。見田は、「時の回廊　見田宗介「現代社会の理論」　幸福な社会　道筋示した」（『朝日新聞』2011 年 6 月 15 日夕刊、大阪本社版）というインタビュー記事のなかで、「現代社会の理論」の次の展開として、安定期に転じた社会で人々がアートや友情のような、資源浪費的でない幸福を楽しんでいることを、現代人の孤独の問題とともに、いま本にまとめていることを語っていた。ちょうど私の目指すプロジェクトの方向性とシンクロしており、どのように論が展開されているのか、新刊を待ちたい。

あとがき

　本書は、甲南女子大学大学院人文科学総合研究科に提出した、博士学位論文「情報化・消費化時代の大学授業―SLGE モデルに基づく授業実践研究」の簡略版です。簡略版を出版するにあたって、どんな実践研究を行ったかがわかるように、題目を『学びを共有する大学授業―ライフスキルの育成』としています。

　これまで、多くの方々に、ご教示、あるいはお世話いただきました。なかでも、甲南女子大学大学院人文科学総合研究科の香川豊教授、西尾新准教授、ならびに神戸大学大学院国際協力研究科の山内乾史教授には、ご多忙中、ご指導いただきましたこと、ここに厚くお礼申しあげます。

　なお、本書の出版に際しては、甲南女子学園の平成 23 年度学術研究及び教育振興奨励基金からの助成金を受けることができました。また、玉川大学出版部が、快く出版を引き受けてくれました。とくに出版にあたっては、編集課の成田隆昌氏に格別のお世話になりました。心から謝意を表します。

　それから、本格的に学位論文をまとめはじめた 2011 年 3 月、とりわけ私の誕生日でもある 11 日には東日本大震災に見舞われ、心穏やかにはなれない日々のなか、今の自分にできることをし続けることができる環境を与えてくれた人々に、感謝します。

2011 年晩秋
島　田　博　司

初出一覧

　各章の初出一覧は、以下のとおりである。本稿にまとめるにあたって、各章ともなんらかのリライトを施している。なお、初出が論文で、後に本に収録したものなどは、本を初出としている。

第Ⅰ部
第1章　書き下ろし
第2章　「Ⅵ章　大学授業を問う―SLGEモデルの提案」『大学授業の生態誌―「要領よく」生きようとする学生』玉川大学出版部、2001

第Ⅱ部
序　章　「はじめに」『他者との出会いを仕掛ける授業―傷つくことからひらかれる』人文書院、2006
A部門
第1章　「①〈自分試し〉と〈自分さらし〉」『他者との出会いを仕掛ける授業―傷つくことからひらかれる』人文書院、2006／「第三部「「学習成果の共有化」の是非」」『サンバースト―2000年度前期個人研究レポート作品集』六甲出版、2000
第2章　「①〈自分試し〉と〈自分さらし〉」『他者との出会いを仕掛ける授業―傷つくことからひらかれる』人文書院、2006
第3章　「①〈自分試し〉と〈自分さらし〉」『他者との出会いを仕掛ける授業―傷つくことからひらかれる』人文書院、2006
第4章　「②　自分史エッセイをつくろう」『他者との出会いを仕掛ける授業―傷つくことからひらかれる』人文書院、2006
第5章　書き下ろし
第6章　書き下ろし
B部門
第1章　「③　過去を掘り起こす〈自分さらし〉」『他者との出会いを仕掛ける授業―傷つくことからひらかれる』人文書院、2006
第2章　「④　キャラの苦しみ　素の自分はどこに？」『他者との出会いを仕掛ける授業―傷つくことからひらかれる』人文書院、2006

初出一覧

第3章 「⑤ 痛みを力に 傷つくことだって重要」『他者との出会いを仕掛ける授業―傷つくことからひらかれる』人文書院、2006

第4章 「⑥〈自分飾り〉からの脱出」『他者との出会いを仕掛ける授業―傷つくことからひらかれる』人文書院、2006

第5章 「⑦ 必要な父性原理 大ナタだってふるいます」『他者との出会いを仕掛ける授業―傷つくことからひらかれる』人文書院、2006

第6章 「⑧ はじまりは、自分から」『他者との出会いを仕掛ける授業―傷つくことからひらかれる』人文書院、2006

第7章 「⑨ 他者へひらかれる 「できない」から「できるかもしれない」へ」『他者との出会いを仕掛ける授業―傷つくことからひらかれる』人文書院、2006

第8章 島田博司編『まじない―生きる意味の遍歴〈私たちのプチ言行録〉』六甲出版販売、2005

第9章 島田博司編『なぜなに集―言葉がとびかう学びの広場』六甲出版販売、2006

第10章 「第一部 〈自縛返し〉の試み―甲南女子大学「自分の探求」編」島田博司編『雨、あがる―自縄自縛を解く"言葉の力"』六甲出版販売、2006

第11章 「第二部〈流転対話〉の試み―甲南女子大学「教育社会学Ａ」編」島田博司編『雨、あがる―自縄自縛を解く"言葉の力"』六甲出版販売、2006

第12章 「第三部〈自縛解き〉の試みⅠ―島根県立大学「教育方法論」編」「第四部〈自縛解き〉の試みⅡ―島根大学「特別活動指導論」編」島田博司編『雨、あがる―自縄自縛を解く"言葉の力"』六甲出版販売、2006

第13章 島田博司編『出会いカンタービレ―意志を育む"自戒の力"』六甲出版販売、2007

第14章 島田博司編『島梟の森―聞き上手になるために』六甲出版販売、2007／「第四部 「傾聴力」養成講座」島田博司編『ゆっくり歩もう！』交友印刷、2011

第15章 島田博司編『7つの質問―島梟の森で交響する』交友印刷、2008

第16章 「第一部 利他指令（転じて、外開指令）」島田博司編『とりあえずやってみよう！―3つの指令〔利他・負荷・傾聴〕』六甲出版販売、2008

第17章 「第二部 負荷指令」島田博司編『とりあえずやってみよう！―3つの指令〔利他・負荷・傾聴〕』六甲出版販売、2008

終 章 書き下ろし

著　者

島田　博司（しまだ・ひろし）
甲南女子大学人間科学部・大学院人文科学総合研究科教授。1959年生まれ。1981年、広島大学教育学部教育学科卒業。1986年、広島大学大学院教育学研究科博士課程後期単位取得満期退学。広島大学教育学部助手、武庫川女子大学文学部講師・同教育研究所助教授、甲南女子大学文学部・大学院文学研究科助教授などをへて、2003年より現職。専攻：教育社会学・高等教育。著書：『大学授業の生態誌』（玉川大学出版部、2001）『私語への教育指導』（同、2002）『メール私語の登場』（同、2002）『他者との出会いを仕掛ける大学授業』（人文書院、2006）ほか。

高等教育シリーズ156
学びを共有する大学授業
　―ライフスキルの育成―

2012年3月25日　初版第1刷発行

著　者――――島田博司
発行者――――小原芳明
発行所――――玉川大学出版部
　　　　　〒194-8610　東京都町田市玉川学園6-1-1
　　　　　TEL 042-739-8935　FAX 042-739-8940
　　　　　http://www.tamagawa.jp/introduction/press/
　　　　　振替　00180-7-26665
装　幀――――渡辺澪子
印刷・製本――株式会社三秀舎

乱丁・落丁本はお取り替えいたします。
©Hiroshi Shimada 2012 Printed in Japan
ISBN978-4-472-40455-9 C3037/NDC377

玉川大学出版部の本

大学教員のための 授業方法とデザイン
佐藤浩章 編

大学教員に求められる知識と技術を提供。授業で学習内容をどう構成・配置するか、どう教えるのかを説明する。すぐに使える資料や授業実践例を掲載。研修の教科書として最適。
AB判並製・160頁　本体2,300円

＊

学習経験をつくる大学授業法
L. ディー・フィンク 著　　土持ゲーリー法一 監訳

学生が能動的に学習できるようにするにはどのような授業をすればよいのか。意義のある学習経験をつくる統合的なコースデザインや学習目標を効果的に達成するツールを紹介。
A5判並製・344頁　本体3,800円

＊

学生の理解を重視する大学授業
ノエル・エントウィスル 著　　山口栄一 訳

教科を深く理解する力を学生に身につけさせるには大学教師はどのような授業をすればいいのか。教科の体系によって異なる教授法の具体例、よい授業のポイントを解説する。
B5判並製・212頁　本体3,300円

＊

学びのティップス
大学で鍛える思考法
近田政博 著

大学での学習法や自ら学ぶ習慣をつけるコツを紹介する大学生活のスタートガイド。冊子・ウェブ版『名古屋大学新入生のためのスタディティップス』を一般向けに編集。
A5判並製・104頁　本体1,200円

＊

大学生のための「読む・書く・プレゼン・ディベート」の方法
松本茂・河野哲也 著

知的な学生生活、社会人生活に必要な4つの基礎力の本質を、正攻法で伝授。情報の収集・整理のしかたから主張・議論のしかたまでを、実践的に身につける。
A5判並製・160頁　本体1,400円

表示価格は税別です。